Henry Kissinger

World Order

世界秩序

[美] 亨利·基辛格◎著

胡利平 林华 曹爱菊◎译

中信出版集团 · CHINACITICPRESS · 北京

图书在版编目（CIP）数据

世界秩序 /（美）基辛格著；胡利平等译. -- 北京：中信出版社，2015.8（2025.12重印）
书名原文：World Order
ISBN 978-7-5086-5269-6

I. ①世… II. ①基… ②胡… III. ①国际关系—研究 IV. ①D81

中国版本图书馆CIP数据核字（2015）第126585号

世界秩序

著　　者：[美] 亨利 · 基辛格
译　　者：胡利平　林　华　曹爱菊
策划推广：中信出版社（China CITIC Press）
出版发行：中信出版集团股份有限公司
（北京市朝阳区东三环北路27号嘉铭中心　邮编　100020）
（CITIC Publishing Group）
承 印 者：北京通州皇家印刷厂

开　　本：880mm×1230mm　1/32　　印　　张：18.5　　字　　数：326千字
版　　次：2015年8月第1版　　印　　次：2025年12月第55次印刷
京权图字：01-2014-6947
书　　号：ISBN 978-7-5086-5269-6
定　　价：88.00元

目录

Contents

序言

Preface

对世界秩序问题的思考

1961 年我作为一名年轻学者去堪萨斯城做讲演时，拜访了杜鲁门总统。我问他，在他担任总统期间，哪件事最令他感到骄傲。杜鲁门回答说："我们彻底打垮了我们的敌人，随后又把他们拉回到国际大家庭中。我认为，只有美国才会这样做。"杜鲁门总统深知美国拥有巨大的实力，但最令他感到骄傲的是这一实力所包含的人道和民主价值。他更希望后人铭记他是因为美国与敌人实现了和解，而不是战胜了敌人。

杜鲁门之后历届美国总统都做过类似的表述，他们都对美国在历史进程中表现出来的类似品质感到自豪。这一时期的大部分岁月里，他们致力于捍卫的国际大家庭反映了一项美国共识：不断扩展合作型秩序，各国遵守共同的规则和准则，实行自由经济体制，誓言不再攫取他国领土，尊重他国主权，建立参与型的民主治理体制。来自两党的美国总统始终敦促——常常是雄辩地力促——他国政府同意维护和促进人权。在很多情况下，美国及其盟友捍卫这些价值观，极大地改变了人类社会的境况。

然而今天这一“基于规则的”国际体系面临诸多挑战。我们频频听到各方面的呼声，促请各国在一个共同的体系内“尽自己应尽的一份力量”，遵守“21世纪的规则”，抑或充当一个“负责任的利益攸关者”。这反映了该体系没有一个各国均认可的定义，对什么是“应尽的”力量也没有一致的理解。西方世界之外的其他地区在这些规则的最初制定上发挥的作用微乎其微。它们对这些规则提出质疑，明确表示要推动修改这些规则。今天“国际社会”一词在各种场合出现的次数之频繁可能超过了任何一个时代，然而从这一词中却看不出任何清晰或一致的目标、方式或限制。

当今时代锲而不舍，有时几乎是不顾一切地追求一个世界秩序的概念。世界混乱无序，各国之间却又史无前例地相互依存，从而构成了种种威胁：大规模杀伤性武器在扩散，国家解体，环境恶化，种族灭绝现象层出不穷，以及有可能将冲突推向人类无法控制或无法想象地步的新技术正在扩展。新的信息获取和传播方式把世界各地区前所未有地连接在一起，使人们从全球视角审视各种事件。然而这种状况却让人无暇思考，使领导人不得不对任何事件都即刻做出反应。种种不受任何秩序约束的势力是否将决定我们的未来？

不同类型的世界秩序

从来不存在一个真正全球性的“世界秩序”。当今时代的所谓秩序源于近400年前在德国的威斯特伐利亚召开的一次会议。其他几个大陆和多数人类文明国家没有参加这次会议，甚至不知道有这么一个会议。此前中欧地区的教派冲突和政治动乱持续了一个多世纪，最终酿成了1618~1648年的“三十年战争”。这是一场各种政治和宗教争执相互交织的战争，卷入其中的各方针对人口稠密地区发动了“全面战争”。中欧将近四分之一的人口死于战火、疾病或饥饿。筋疲力尽的参战各方于是召开会议，为制止流血做出一系列的安排。新教的存活和发展导致了一统宗教的分裂。打成平手的各种自治的政治单元并存，呈现出政治多样化的特征。因此，当代世界的形态大致是在欧洲形成的：一批多元化政治单元探索用于管控自身行为、减缓冲突的中立规则，它们中间没有一方强大到可以战胜所有其他对手，很多政治单元信奉截然不同的哲学，或者有自己独特的信仰。

威斯特伐利亚会议建立的和平反映了各方对现实的妥协，而不是一种独特的道德洞察力。它以一个由独立国家组成的体系为基础，各国不干涉彼此的内部事务，并通过大体上的均势遏制各自的野心。在欧洲的角逐中，没有哪一方的真理观或普适规则胜出，而是每个国家各自对其领土行使主权。各国均把其他国家的国内结构和宗教追求当作现实而加以接受，不再试图挑战它们的存在。既然均势现在已被视为一种自然的、不无裨益的存在，各国统治者的野心因此受到相互制约，至少从理论上限制了冲突的范围。欧洲历史上偶然产生的分裂和多样性构成了新的国际秩序体系的特征，具有自己独特的哲学观。从这个意义上讲，欧洲为结束自己大陆上的战祸所做的努力预兆并催生了近代世界的智慧：避免对绝对价值做出评判，转而采取务实的态度接受多元世界，寻求通过多样性和克制渐渐生成秩序。

17 世纪巧妙地缔造了威斯特伐利亚式和平的谈判者没有意识到，他们正在为一个全球适用的体系奠定基础。这些谈判者根本没想过把比邻的俄国包括进来。经历了噩梦般“动荡时期”后的俄国当时正在重新巩固自己的秩序。它推崇的原则与威斯特伐利亚均势背道而驰：单一君主拥有绝对权力，信仰单一的东正教，奉行向四面八方扩张领土的计划。其他各大权力中心也认为，威斯特伐利亚会议（如果它们听说过有这么一个会议的话）与自己所在的地区无关。

当年世界秩序的概念只适用于那个时代的政治家已知的地理范围。世界其他地区的世界秩序概念也是一样，主要原因是当时的技术不鼓励甚至不允许一个单一的全球性体系的运作。由于缺少可以不断保持互动的手段，又没有一个可以衡量不同地区实力大小的框架，每一个地区都把自己的秩序视为独一无二，把其他地区视作“未开化之地”，这些地区的治理方式与自己的既有体系毫无相似之处，与既有体系的构想毫不相干，只是对既有体系的一种威胁。每一种秩序都把自己界定为合法组织人类社会的标准模式，好像自己在治理眼皮底下的领土时，就是在号令天下。

在欧亚大陆上与欧洲遥遥相对的另一端，中国位居自己建立的等级分明、理论上具有普适性的秩序中心。这一体系已经运行千年。早在罗马帝国一统欧洲时期，中国已存在这一体系。它不是建立在各国主权平等基础之上，而是基于自认为普天之下莫非王土的观念。根据这一观念，不存在欧洲意义上的主权，因为皇帝统御“天下”。皇帝位居一个独一无二的、全天下的政治和文化等级制度之巅。这一等级制度从位于世界中心的中国首都向外辐射到人类居住的所有地方。根据其他地方的人对中国典籍和文化体制的熟悉程度（这一宇宙观一直延续到近代），分别把他们视为开化程度不同的蛮夷。这种观点认为，中国的灿烂文化和繁荣经济令其他社会拜服，吸引它们前来与之建立关系。中国可以通过掌控与它们的关系号令世界，进而达到“天下大同”的目标。

在欧洲与中国之间的大部分地区，伊斯兰教的世界秩序观占统治地位。伊斯兰教也憧憬建立一个一统天下、消除战乱的单一的神授政权。公元 7 世纪，伊斯兰教跨越各大陆，开始了一波前所未有的弘扬宗教运动和帝国扩张，先后统一了阿拉伯世界，吞并了罗马帝国的残山剩水并降服了波斯帝国，继而把中东、北非、亚洲大片地区和欧洲部分地区收归翼下。伊斯兰教的普世秩序观认为，它命中注定要在“征伐之地”——不信奉伊斯兰教的人居住的所有地区——实现扩张，直到先知穆罕默德的圣训把全世界变成一个完整统一的和谐体系。正当欧洲建立了一个基于多国之上的秩序时，以土耳其人为主的奥斯曼帝国也声称自己代表唯一的合法统治，在阿拉伯世界的腹地、地中海、巴尔干半岛和东欧确立了至高无上的地位。奥斯曼帝国对欧洲基于各国关系的新生秩序并不陌生，认为它不仅不值得仿效，而且是孕育分裂的根源，奥斯曼帝国可以借此向西扩张。15 世纪，征服者穆罕默德告诫实行多极秩序的意大利诸城邦：“你们一共有 20 个国家……彼此争执不休……世界上只能有一个帝国，一种信仰，一个世界主权。”[1]

与此同时，在大西洋彼岸，一种新的世界秩序的基础正在“新大陆”形成。17 世纪，就在欧洲的政治和宗教冲突如火如荼时，一批清教徒开始了“荒野之旅”，去实现上帝的计划，挣脱既有的（在他们眼里也是腐败的）权力结构。正如1630年约翰·温思罗普总督在一艘驶往马萨诸塞定居点的船上布道时所说，他们要建立一座“山巅之城”，运用其正义的原则和榜样的力量激励整个世界。美国人的世界秩序观认为，一旦其他民族像美国人一样获得了自治权，和平与均势就会自然降临，昔日的宿敌也会捐弃前嫌。因此，外交政策的任务不是追求美国特有的利益，而是培育共同的原则。日后对于欧洲构建的秩序，美国将成为不可或缺的捍卫者。然而，虽然强大的美国支持这一秩序，却始终心情矛盾，因为美国人的愿景不是接受欧洲的均势体系，而是希望通过传播民主原则来实现和平。

我撰写本书时，以上所有秩序概念中，唯有威斯特伐利亚原则被普遍认为是构成世界秩序的基础。随着欧洲国家扩张时把自己的国际秩序蓝图带到了世界各地，威斯特伐利亚体系这个基于国家之上的国际秩序框架现在已延至全世界，涵盖了不同的文明和地区。虽然欧洲国家往往不对殖民地及其人民使用主权概念，但当殖民地人民开始争取独立时，却套用了威斯特伐利亚原则。在争取独立及此后维护国家独立的斗争期间，民族独立、主权国家、国家利益和不干涉内政等原则证明是对付殖民者的有力理论依据。

当代威斯特伐利亚体系已通行全球，被俗称为“国际社会”。它力图通过一整套国际法律和组织结构抑制世界的无序性。这套体系旨在促进自由贸易和稳定的国际金融体系，确立可以接受的解决国际争端的原则，并在一旦爆发战争时对交战行为施加一定的限制。由各国组成的这一体系现在涵盖了所有文化和地区。它的各种机构为不同社会之间的交往提供了一个中立的框架，而且这一框架在很大程度上独立于不同社会各自的价值观。

然而，威斯特伐利亚原则现在受到了来自四面八方的挑战，有的挑战还打着世界秩序的旗号。欧洲与它当初构建的国家体系渐行渐远，想通过主权共享概念超越这一体系。不无讽刺的是，虽然均势概念出自欧洲，但它却有意识地严格限制新成立的欧洲机构的权力。由于欧洲已经削减了自己的军事能力，一旦普遍准则受到践踏，它几乎没有回旋的空间。

在中东地区，逊尼派和什叶派的“圣战者”追求基于激进的全球革命，造成了社会的分裂和国家的解体。国家本身——以及基于国家的区域体系——岌岌可危，既受到种种意识形态的攻击（这些意识形态拒绝接受国家的限制，认为其限制是不合法的），又受到恐怖主义民兵组织的攻击。有几个国家的民兵组织比政府军还要强大。

从某些方面看，亚洲是采用主权国家概念最成功的地区，但依然向往其他的秩序概念。亚洲因其成员之间的角逐和相互提出的历史诉求而动荡不止。100年前类似的角逐和历史诉求把欧洲秩序击得粉碎。几乎每一个亚洲国家都认为自己正在“崛起”，把彼此之间的分歧推向对抗的边缘。

美国则摇摆不定，时而捍卫威斯特伐利亚体系，时而抨击它的均势和不干涉他国内政的前提不道德，而且落伍于时代，时而两种态度兼而有之。美国仍然坚持认为，它信奉的价值观在建立一个和平的世界秩序方面具有普遍适用性，并保留在全球范围内捍卫这些价值观的权利。然而，在两代人的时间里从三场战争中抽身后——每一场战争都始于理想主义愿望并得到公众的广泛支持，但都以国家蒙受创伤而告终——美国正在探寻如何诠释自己拥有的（依然巨大的）权力和信奉的原则之间的关系。

所有的主要权力中心都在一定程度上遵守威斯特伐利亚秩序的某些规则，但没有一个把自己视为这一体系理所当然的卫士。所有这些权力中心的内部都在发生重大的变化。具有不同文化、历史和传统秩序理论的各个地区能够维护任何共同体系的合法性吗？

若想做到这一点，就必须采取一种既尊重人类社会异彩纷呈的特点，又尊重人与生俱来对自由的渴望的做法。建立此种意义上的秩序必须靠长期培育，而不能强加于人。在一个即时通信和政治剧变的时代尤其如此。任何一种世界秩序体系若要持久，必须被视为是正义的，不仅被各国领导人所接受，也被各国公民所接受。它必须反映两条真理：第一，没有自由的秩序即使靠一时的鼓噪得以维持，最终也会制造出反对自己的力量；第二，没有一个维持和平的秩序框架，就不会有自由，即使有也难以长久。秩序和自由有时被说成是人类体验的两个极端。其实二者应被视为一种相互依存的关系。当今的领导人能否高瞻远瞩，不拘泥于处理紧迫的日常事件而去实现这种平衡呢？

合法性与权力

回答以上问题需要解决三个层面的秩序问题。世界秩序反映了一个地区或一种文明对它认为放之四海而皆准的公正安排和实力分布的本质所持的理念。国际秩序是指在世界上很大一部分地区——大到足以影响全球均势——应用这些理念。区域秩序指同样的原则用于某一具体的地理区域。

以上秩序中的任何一个均建立在两个因素之上：一套明确规定了允许采取行动的界限且被各国接受的规则，以及规则受到破坏时强制各方自我克制的一种均势。无论现在还是过去，对现有安排的合法性达成的共识并不能预先阻止竞争或对抗，但有助于确保竞争或对抗是在现有秩序范围内做出的调整，而不是对现有秩序构成根本性挑战。均势本身并不能确保和平，但均势若是深思熟虑的结果并运用得当，可以限制根本性挑战的规模和频率，并在出现根本性挑战时加以抑制。

没有一本书能够涵盖历史上建立国际秩序的所有做法，或涉及现在正在积极对世界事务施加影响的所有国家。本书试图探讨一些地区的秩序理念，这些理念对近代演变产生了最大影响。

合法性与权力之间的平衡极其复杂，地理范围越小，该地域的文化观念越一致，达成可行的共识也就越容易。然而在当今世界，需要有一个全球性的世界秩序。一些历史上素不相干、没有共同的价值观（只是彼此保持距离而已）、只认自己实力的实体更有可能带来冲突，而不是秩序。

中美之间经历了 20 年的敌对后，1971 年我首次访问北京恢复与中国的联系时曾表示，对于美国代表团而言，中国是一片“神秘的土地”。周恩来总理回答说：“你们会发现它并不神秘。一旦你们熟悉了它之后，它就不会像以前看起来那样神秘了。”他说中国有 9 亿人，他们觉得自己的社会很正常。当今时代，探寻世界新秩序需要我们首先了解那些基本上不为外界所知的社会。所有国家的人民都需要克服这种神秘感——如何将迥然不同的历史和价值观塑造成为一个共同的新秩序。

| 第一章 |

欧洲：多元化的国际秩序

欧洲秩序的独特性

大多数文明的历史都是一部帝国兴衰史。秩序是通过对国内的统治建立的，而不是通过国与国之间的均势建立的。中央政府统一时，秩序就稳定；统治者软弱无力时，秩序就不稳。在帝国体系中，战争通常表现为帝国边陲燃起烽火或是爆发内战。帝国权力所及之处，也是和平所及之处。

在中国和伊斯兰世界，各种政治势力为了控制既有的秩序框架而相互角逐。王朝更迭，江山易主，但每一个新的统治集团均自称是在正统地重建颓败的合法体系。欧洲大陆没有类似的经历。罗马帝国的统治结束后，欧洲秩序的最大特征就是多元化。一个模糊的欧洲概念逐渐浮现。[1] 它既指一个地理区域，又是基督教或宫廷社会的体现，或是一个教育水准高、步入近代社会的共同体的启蒙中心。虽然欧洲作为一个单一的文明不难理解，它却从未有过单一的统治者或一成不变的共同认同感。欧洲史上不同政治单元的统治经常被打断，为维护自身统治所遵循的原则，它们不断尝试新的政治合法性概念或新的国际秩序概念。

在世界其他地区，不同统治者相互角逐的岁月被后人视为“动荡时期”、内战或“军阀混战时期”，即一段破坏天下太平的不幸的分裂时期。而欧洲却因四分五裂而兴盛，并欣然接受了自身的分裂。异彩纷呈、相互角逐的王朝和民族没有被看成是需要消除的一种“混乱”，而被理想化的欧洲政治家有意无意地视为一种趋向均势的内在机制。在这一机制下，每个民族的利益、完整性和自主权均得以保全。在 1 000 多年的时间里，近代欧洲的主流政治韬略认为，秩序源自平衡，自我认同感源自对大一统的抵抗。这并不是说，欧洲各国的君主比其他文明的君主更能抵制征服带来的辉煌的诱惑，或对一个抽象的多样化理想更加执着。欧洲的君主只是缺乏把自己的意志强加给他人的实力。随着时间的推移，多元化成了世界秩序的典型特点。当今的欧洲是已经超越了这一多元化趋势，还是欧盟内部的纷争正好验证了这一趋势？

在500年的时间里，罗马帝国的统治确保了只有一套单一的法律、共同的防御和高度发达的文明。罗马城陷落后——通常定为公元476年——罗马帝国分崩离析。在历史学家称之为中世纪的时期，人们普遍怀念失去的天下归一的局面，希冀教廷能带来他们憧憬的和谐与统一。根据这种世界观，基督教世界是由两种互为补充的权力治理的单一社会：一个是文职政府，即在世俗社会负责维持秩序的“恺撒后继者”；另一个是教廷，即掌管普世的救赎绝对原则的圣彼得的后继者。[2] 罗马帝国统治摇摇欲坠时，在北非著书立说的（希波的）奥古斯丁从神学角度得出结论：世俗政治权力是合法的，只要它促使人追求一种敬畏上帝的生活方式以及伴随而来的救赎。公元494年，教皇基拉西乌斯一世致函拜占庭皇帝阿纳斯塔修斯："当今世界处于教廷的神圣权威和皇室的权力这两套制度的统治之下。两者中教廷的权力更大，因为他们在最后的审判日要对上帝负责，甚至要代国王对上帝负责。"从这个意义上讲，真正的世界秩序在这个世界是不存在的。

这一无所不包的世界秩序概念从一开始就要面对一个非常时期：在后罗马帝国的欧洲，几十个尊卑等级不清的政治统治者各自行使主权。他们都自称是基督的虔诚信徒，然而他们与教会和教会权威的关系含混不清，对教会应具有多大的权威争执激烈。而拥有自己军队、奉行独立政策的一些王国则伺机谋利，其行为与奥古斯丁撰写的《上帝之城》一书的精神并无相似之处。

公元800年的圣诞节那天，人们对天下归一的渴望短暂地得到了满足。教皇利奥三世为征服了今天的法国和德国大部分地区的法兰克国王查理大帝加冕，称其为"罗马人的皇帝"，并把昔日的罗马帝国东半部——当时的拜占庭领土——封给了他。[3]皇帝则对教皇保证："对外保护神圣的基督教会不受多神论者的入侵和异教徒的毁坏，对内肯定天主教的地位，从而加强它的力量。”

然而，查理大帝建立的帝国未能遂愿。实际上，它从建立之日起就开始摇摇欲坠。查理大帝忙于应付周边的问题，从未试图去统治教皇封给他的昔日东罗马帝国领土。在西边，查理大帝试图从摩尔人征服者手中收复西班牙，但成果甚微。查理大帝死后，继任者把他统治下的领土命名为神圣罗马帝国，试图借传统的感召力巩固他的地位。然而帝国因内战日益衰弱。查理大帝的帝国作为一个完整的政治实体，成立还不到 100 年即从历史舞台上消失了（虽然神圣罗马帝国这个名字一直沿用到 1806 年，其间它的领土几经变更）。

中国有皇帝，伊斯兰世界有哈里发（伊斯兰世界公认的领袖），欧洲有神圣罗马帝国的皇帝。但神圣罗马帝国皇帝的权力基础要比其他文明的帝王薄弱得多。他没有一个帝国官僚机构供他驱使，他的权威取决于他作为皇帝在他治下地区的实力，主要取决于他的家产。他的地位不是世袭的，而是由一些君主推举产生的（最初是 7 个君主，后来变成 9 个）。政治手腕、对宗教虔诚度的评价以及巨额贿赂通常决定了选举的结果。从理论上讲，皇帝的权威来自教皇的授权，但出于政治上和安排上的考虑，这一授权往往被撇在一边。结果是他作为“选出的皇帝”常常多年执掌权力。宗教和政治从未融合成为一个单一的结构。伏尔泰戏言，神圣罗马帝国“一不神圣，二非罗马，三不是帝国”。这句话虽是戏言，却是现实的真实写照。中世纪欧洲的国际秩序概念反映了教皇与神圣罗马帝国皇帝及一批封建君主之间的调和关系。基于单一统治者和单一合法原则之上的国际秩序变得越来越不现实。

16 世纪哈布斯堡君主查理（公元 1500~1558）崛起后，中世纪的世界秩序概念有过一段短暂的兴盛期。他的统治同时也导致这一概念不可逆转地走向衰微。这位出生在佛兰芒、不苟言笑的虔诚君主生来就是做帝王的料。世人普遍认为，他除了喜欢吃饭加香料的嗜好外，个人品行无可挑剔，而且不受外界的任何诱惑。他尚是一个孩子时就承袭了尼德兰的王位，16 岁时又继承了西班牙的王位，在亚洲和美洲还有广袤而且不断扩大的殖民地。此后不久，1519 年，他又被推选为神圣罗马帝国的皇帝，成了查理大帝的正式继任者。查理同时拥有几顶皇冠，意味着中世纪人的憧憬似乎有了实现的可能。这位虔诚的君主一个人统治了大致相当于今天的奥地利、德国、意大利北部、捷克、斯洛伐克、匈牙利、法国东部、比利时、荷兰、西班牙及美洲大部的广阔领土。（这一巨大的政治权力几乎完全是靠战略上的联姻获得的，因此哈布斯堡流传着一种说法："打仗的事留给他人。快乐的奥地利，你只管结婚就行了！"）西班牙的探险家和征服者麦哲伦和科尔特斯在查理的资助下漂洋过海，征服了美洲大陆上的古老帝国，把欧洲的政治权力和基督教的宗教仪式延伸到整个新大陆。面对东南欧和北非的奥斯曼帝国的土耳其人及其代理人的新一波入侵，查理的陆军和海军为捍卫基督教世界而战。查理亲自统帅用从新大陆搜刮的黄金组建的舰队向突尼斯发动反攻。在以上令人目眩的历史事件中，叱咤风云的查理被同代人誉为"自公元 843 年罗马帝国分裂后最伟大的皇帝"，命中注定要使世界再度归于"唯一保护者"的统治之下。[4]

查理因袭了查理大帝的传统，在加冕仪式上发誓要充当"神圣罗马教会的保护人和捍卫者"[5]。人群向他们的"恺撒"和"皇帝"致敬。教皇克雷芒确认查理代表了在基督教世界“重建和平与秩序”的世俗力量。

当年若有一位中国人或土耳其人造访欧洲，很可能会看到他们熟悉的政治制度：自认为君权神授的单一王朝统治着一个大陆。倘若查理能巩固自己的权力，在哈布斯堡庞大的统治领域内解决好皇位继嗣问题，欧洲本来会像中华帝国或伊斯兰哈里发帝国一样，处于一个中央政权统治之下。

然而这种情景并没有发生，查理也没有试过。最终他满足于将秩序建立在均势之上。他继承的也许是霸权，但他的行为表明，霸权不是他追求的目标。1525 年，查理在帕维亚战役中击败了他在世俗世界中的政治对手、法国国王弗朗西斯一世，然后将他释放，法国得以在欧洲腹地继续奉行敌对的外交政策。法国国王不理会查理的宽宏大量，竟然提议与奥斯曼帝国的苏丹苏莱曼结成军事联盟。[6] 他的这一举动与中世纪的基督教治国理念格格不入。当时苏莱曼正入侵东欧，从东边对哈布斯堡王朝构成威胁。

查理试图把全世界归于基督教统治之下的努力最终以失败告终。[7] 他无力阻止新教教义在构成他权力基础的领土上传播。宗教一统和政治一统均出现裂痕。身为君主的查理理应实现的抱负超出了他的个人能力。慕尼黑的老绘画陈列馆内陈列了一幅提香1548年创作的肖像画，揭示了这位显赫人物内心承受的煎熬。他既不能实现他的宗教理想，又不能在被他视为低一等的霸权事业上随心所欲。查理决定退位，把庞大的帝国分封给子孙。拆散帝国的做法表明他试图统一天下的努力被多元主义挫败。查理把西班牙及其全球帝国的皇冠那不勒斯和西西里王国传给了自己的儿子腓力。1555年，在布鲁塞尔举行的一次仪式上，查理颇为动情地回顾了自己的统治，用实例证明了自己恪尽职守，同时把尼德兰总督的头衔也一并让给了儿子腓力。同年，查理缔结了一项具有里程碑意义的条约，即《奥格斯堡和约》，承认了新教在神圣罗马帝国的地位。查理放弃了自己帝国的精神支柱，允许其他君主自行选择本国的宗教信仰。此后不久，他从神圣罗马帝国皇帝的位置上退下来，把帝国的责任连同它的动荡和外患留给了弟弟斐迪南。他本人去西班牙农村的一家修道院过起了隐修生活，晚年与他的忏悔神父和一个意大利的钟表匠人为伴。后者制作的钟表挂满了墙壁，查理曾想师从他学习制作钟表的手艺。1558年查理去世，在留下的遗嘱中对自己在位期间基督教义的分裂表示惋惜，并嘱托儿子加强宗教法庭。

地理大发现时代的开始、印刷术的发明以及基督教教会的分裂这三大历史事件，宣告了旧的大一统理想的终结。查理五世去世时，巨大的变革已经打破了中世纪的政治和宗教秩序，同时扩大了欧洲人的视野，他们开始从全球角度而不是区域角度看问题。

一幅地图反映了中世纪受过教育的欧洲人眼中的地球，北半球和南半球从东边的印度一直延伸到西边的伊比利亚半岛和英伦诸岛，地图中心是耶路撒冷。[8] 中世纪时期的人认为，这不是一张供旅行家使用的地图，而是人类依照上帝的旨意上演救赎戏剧的舞台。根据权威的《圣经》，世界表层的 6/7 是陆地，1/7 是水。由于救赎的教义一成不变，因此可以在基督教世界已知的地方传播这些教义，冒险涉足文明世界之外的地方不会带来任何好处。但丁在《地狱篇》中写道，尤利西斯为了探求知识乘船穿过赫拉克勒斯之柱（位于地中海最西端的直布罗陀岩石和毗邻的北非高地）驶向大海，因违反上帝的意图而受到惩罚。他的船连同所有船员被一场飓风吞没。

当富于开拓精神的国家为了追求财富和荣耀开始探索海洋和海洋另一边的未知世界时，世界步入了近代。15 世纪，欧洲和中国几乎同时开始走向世界。当时世界上体积最大、技术最先进的中国船只开始了探索之旅，远达东南亚、印度，直至非洲东海岸。中国人与当地的达官显贵交换礼物，把各国君主纳入中华帝国的“朝贡体系”，同时把种种珍奇艺术品和动植物带回国内。1433 年大航海家郑和去世后，中国皇帝终止了海外探索的航海活动，舰队也被遗弃。此后中国仍然坚称自己的世界秩序原则放之四海而皆准，但改为在本国内及周边地区巩固自己的世界秩序观，再未有过大规模的航海活动。这种状况也许一直持续到今天才结束。

60 年后，在各君主国相互角逐的欧洲，一些强国开始走向海洋。各国君主纷纷解囊资助航海活动，希望借此取得针对对手的商业优势或战略优势。葡萄牙、荷兰和英国的船只远航至印度，西班牙和英国的船只漂洋过海到了西半球。这两条航线打破了当时的贸易垄断和种种政治结构，开启了欧洲主宰世界事务长达 300 年的时代。昔日的国际关系只限于一个地区，此后在地理上以欧洲为中心扩展到了全球。欧洲诠释了世界秩序概念的内涵，并决定了这一概念的实施。

自那以后，人们对世界政治版图的看法发生了重大变化。如何看待从前不为人所知的地区的居民？他们与由帝国和教皇组成的中世纪世界又是什么关系？1550~1551 年，查理五世在西班牙城市巴利亚多利德召开了一次神学会议。神学家们得出的结论是，西半球的居民是有灵魂的人，因此也应该得到救赎。当然，神学家们的这一结论也是为征服和强迫他人皈依所做的辩解。欧洲人于是可以一面发财，一面获得良心上的安慰。他们为攫取领土在全球范围内展开的角逐改变了国际秩序的性质。欧洲人不断扩展视野，直到欧洲各国的殖民活动覆盖了地球上的大部分地区，世界秩序概念与欧洲的均势运作融为一体。

第二件大事是 15 世纪中叶铅活字印刷术的发明，使昔日难以想象的大规模知识传播成为可能。中世纪社会靠死记硬背、手抄宗教教义或依据史诗了解历史的方式积累知识。在探险时代，不断发现的新事物需要被认识。借助印刷术，介绍新发现的著述得以流传。对新世界的探索同时还激发了人们重新发现古代世界及古代真相的兴趣，尤其关注个人的中心地位。人们越来越把理性视为说明和解释世界的客观力量，从而动摇了既有的机构，包括此前不容置疑的天主教会。

第三件大事是新教改革运动。1517 年马丁 · 路德开启了这一改革。他在维滕贝格万圣教堂的大门上张贴了《九十五条论纲》，坚称个人可以直接与上帝建立关系，提出救赎的关键是个人良知，而不是正统教义。一些封建统治者为了加强权势，借机支持新教并强迫自己的子民改信新教，同时没收教会土地据为己有。双方都把对方视为异端。由于政治和宗教争执交织，双方之间的分歧转化为你死我活的较量。随着各国君主纷纷支持邻国国内往往是血腥的宗教争斗，国内之争与国际之争的界限颓然坍塌。新教改革运动荡除了依靠教皇和帝国“两把剑”支撑的世界秩序观。基督教世界陷入了分裂和内战。

“三十年战争”：合法性的含义是什么？

新教对教会至高无上地位的冲击影响日广，随之而来的是上百年时断时续的战争。哈布斯堡帝国和教皇试图压制对自己权威的挑战，新教徒则起而捍卫自己的新信仰。

后世所称的“三十年战争”（1618~1648）把动荡的局势推向高峰。帝国即将面临皇位传给何人的问题。波希米亚信奉天主教的国王、哈布斯堡王朝的斐迪南是最有希望的接班人。波希米亚的贵族发起了一次“政权更迭”，主动把本国皇冠——连同皇帝握有的决定性一票——拱手让给了一位信奉新教的德意志君主。这一结果意味着神圣罗马帝国不再是一个天主教体制。哈布斯堡帝国调动军队镇压波希米亚人的反叛，随后趁势镇压各地新教，继而引发了一场给中欧带来浩劫的战争。（信奉新教的君主基本上居于德意志北部，包括当时仍然无足轻重的普鲁士。天主教的中心位于德意志和奥地利的南部。）

按理说，与皇帝同信天主教的其他国家的君主有义务团结一致反对新的异端邪说。然而，在统一信仰和抢占战略优势之间，不少君主选择了后者，尤其是法国。

天下大乱之时，政权巩固的国家可以利用四周邻国的乱局实现自己更大的国际目标。一些工于心计、冷酷无情的法国大臣果断地抓住了机会。法兰西王国首先改革了自己的制度。在封建制度下，权威来自一个人。国家治理反映了统治者的意志，同时统治者也受到习俗的制约，从而限制了一国在国内或国外采取行动时所能动用的资源。1624~1642 年任法国首辅大臣的阿尔芒·让·迪普莱西·德·黎塞留枢机主教成为挣脱了以上束缚的首位政治家。

黎塞留深谙宫廷权术，在一个宗教纷争和旧制度摇摇欲坠的时代里游刃有余。他出生于一个小贵族家庭，是三个男孩中最小的一个。黎塞留年轻时投身军旅，一个哥哥出人意料地辞去非他家族莫属的吕宋主教一职后，黎塞留又改学神学。传说他只用了很短的时间就完成了学业，因年纪太轻无法出任教士。他于是去了罗马，亲口对教皇谎报自己的年龄，终于如愿以偿。黎塞留得到教士一职后，旋即卷入了法国王室的宫廷政治中，最初担任玛丽·德·美第奇女王的心腹谋士，之后又出任女王的头号政治对手、她的幼子国王路易十三的顾问。女王和路易十三都对黎塞留深存戒心，但两人因法国国内胡格诺派新教徒问题焦头烂额，难以割舍政治和行政才干兼备的黎塞留。这位年轻教士因调解王室成员之间的争斗被推荐给了罗马，晋升为红衣主教，居国王枢密院之首。黎塞留作为红衣主教[9]任职将近20年后，同时兼任一人之下、万人之上的法国首辅大臣。这位深谋远虑的天才人物提出了基于均势和强调中央集权的治国韬略和对外政策新概念。

黎塞留推行本国政策时期，也是马基雅维利论述治国方略的著述传播之时。黎塞留是否熟读过马基雅维利论述权谋的小册子不得而知，但他毫无疑问践行了马基雅维利的思想精髓。[10]黎塞留的国际秩序观一反从前，提出国家是一个具有自身存在价值的抽象的永恒实体。国家的需求不是由统治者的个性、家族利益或追求向全世界传播宗教的目标决定的，而是由基于具体原则的国家利益决定的，即日后所谓的“国家理由”。国家理由才应该是国际关系的基本要素。

黎塞留把新生的国家作为推行治国大计的工具。他把权力集中在巴黎，组建了一支由省长或“职业管家”构成的队伍，在王国的每一个区内行使政府权力。他提高了税收效率，从根本上撼动了一直由旧贵族控制的地方政权。国王作为主权国家的象征和国家利益的代表将继续行使王权。

黎塞留没有把中欧的混乱看作起兵捍卫教会的号角，而是把它视为遏制势力强大的哈布斯堡帝国的手段。自从14世纪以来，法国的国王一直有“最虔诚的天主教国王”之称。然而这并不妨碍法国根据对国家利益的冷静考量采取行动，支持（由瑞典、普鲁士和德意志北部诸君主组成的）新教联盟。起初法国不动声色地暗地支持，之后变成公开支持。

黎塞留的举动引起大哗。[11] 指责他的人抱怨说，作为红衣主教，他对永恒的普世天主教会负有义务，言外之意是他应该加入反对北欧和中欧叛逆的新教君主的行列。黎塞留反驳道，身为一个脆弱的世俗政治实体的大臣，他同样对国家负有义务。宗教救赎或许是他个人的目标，然而作为一个政治家，他要为一个政治实体负责。而政治实体没有需要救赎的永恒灵魂。他说：“人是不朽的，人的救赎可以等到来世。但国家没有不朽一说。现在不拯救它，以后就没机会了。”

黎塞留把中欧的分裂看作政治和军事上的需要。[12] 法国面临的根本威胁是战略性的威胁，而不是形而上学或宗教意义上的威胁。一个统一的中欧会控制欧洲大陆的其余地区，因此阻止中欧走向统一符合法国的国家利益。“倘若新教徒一方被彻底打垮，奥地利王室的剑锋就会直指法国。”通过支持中欧一批小国削弱奥地利，法国实现了自己的战略目标。

黎塞留的构想历经剧烈动荡的岁月而得以延续。在长达两个半世纪的时期内，从 1624 年黎塞留飞黄腾达开始，到 1871 年俾斯麦宣布成立德意志帝国为止，保持中欧（大致相当于今天的德国、奥地利和意大利北部）处于分裂状态始终是法国对外政策的指导方针。因为只要这一理念构成欧洲秩序的核心，法国即可称雄欧洲大陆。当这一理念不再支撑欧洲秩序时，法国的统治地位也随之坍塌。

从黎塞留的一生中可以得出三点结论。第一，成功的外交政策有一项内容不可或缺：一个基于通盘分析的长期战略观。第二，政治家需要认真分析暧昧不清而且往往相互抵触的纷杂外力，把它们引向服务于一定目标的一致方向，并通过这一过程形成长期战略观。政治家必须了解这一战略的走势及其原因。第三，一位政治家必须尽最大之可能弥合本国社会的现实与所追求目标之间的差距。循规蹈矩会导致僵滞，因此需要敢作敢为。

威斯特伐利亚和约

在当今时代，威斯特伐利亚和约因开创了遍及全球的一种新国际秩序观而具有特殊意义。其实当时参加和约谈判的各国代表更留意礼宾待遇和自己的地位。

待到神圣罗马帝国和它的两大对手法国和瑞典原则上同意召开一次会议时，这场战争已经持续了 23 年之久。又厮杀了两年后，各国代表团才终于坐下来谈判。与此同时，每一方都想方设法加强联盟并争取国内民众的支持。

威斯特伐利亚和约与 1814~1815 年维也纳会议上签署的文件或 1919 年的《凡尔赛和约》等具有里程碑意义的协议不同。它不是单一一次会议的结果，而且会议地点也不是政治家通常聚集一堂商讨世界秩序这类重大问题的地方。这场多方参战的战争从西班牙延伸到瑞典，与此形成鲜明对照，威斯特伐利亚和约却产生于在威斯特伐利亚两个小城分别做出的一系列安排。各天主教大国，包括来自神圣罗马帝国内部各国的 178 位代表在天主教小城明斯特会聚。新教派的大国在距离明斯特大约 30 英里的奥斯纳布鲁克小城齐聚，这是一座混杂了路德派教徒和天主教教徒的城镇。235 位正式使节及其随从住满了两座小城中能找到的所有房间。[13] 此前没人认为这两个城市适合举办大型活动，更不要说举办欧洲列强参加的一次大会了。瑞士使节住在“一个纺织工开设的小店内，屋子里弥漫着香肠和鱼油味”。巴伐利亚代表团为自己的 29 位团员找到了 18 张床。会议没有正式的主席和调解员，也不开全会。需要开会时，与会代表前往位于两个小城之间的中立区参加临时会议，协调彼此立场，有时也在中立区内的几个小镇举行非正式的会晤。一些大国在两个小城都有代表。会议期间，欧洲各地的战事仍在继续，变化不定的军事形势影响了谈判的走向。

大多数代表带着基于战略利益的非常实际的指示出席会议。[14] 他们几乎操着同样的腔调高谈要实现“基督教世界的和平”。然而毕竟战争造成了太多流血，难以通过教义上或政治上的统一实现这一崇高的目标。各方都理所当然地认为，应该通过平衡各方利益实现和平，如果和平有望的话。

通过复杂谈判达成的威斯特伐利亚和约很可能是欧洲史上引用次数最多的一份外交文件，尽管事实上并没有一份载有其条款的单一条约，与会代表也从未召开过一次全会通过和约。威斯特伐利亚和约实际上是不同时间在不同城镇签署的三个互为补充的协议。在 1648 年 1 月签署的《明斯特和约》中，西班牙承认了荷兰共和国的独立，从而结束了与“三十年战争”交织在一起的荷兰人长达 80 年的反抗。1648 年 10 月，列强分别签署了《明斯特条约》和《奥斯纳布鲁克条约》。两个条约的内容相互呼应，均含有一些关键条款。

这两份多边条约均宣称要为了“上帝的荣耀和基督教世界的安全”，“实现普天之下永久、真正和真诚的和平与友谊”。[15] 执行部分的条款与那个时代的其他文件没有什么实质上的不同，然而达成这些条款的手法却史无前例。“三十年战争”彻底打碎了天下一统或同一信仰的人团结一致的假象。尤其是法国加入了反对天主教的神圣罗马帝国阵营后，这场起源于天主教徒与新教徒之争的战争变成一场混战，各方势力不断分化组合，结成敌友关系错综复杂的联盟。和当今时代中东地区的冲突一样，交战时为了鼓舞士气、团结对敌结成的教派联盟，旋即又因为地缘利益冲突或某人膨胀的个人野心被丢弃。“三十年战争”期间，各方都有过被自己的“天然”盟友遗弃的时候。各方签署和约时都只是为了自身的利益和尊严，而不会抱有其他幻想。

由于战争期间各方毫无信义可言，加之疲于应付战事，与会代表把用于结束一场战争的实际手段转化为世界秩序的一般概念。这种说法看似自相矛盾，实则不无道理。[16]历经战火洗礼的几十个参战方召集会议以求确保来之不易的成果。昔日尊卑分明的等级制度被悄悄地抛到了一边，代之而起的是主权国家无论强弱、无论实行何种制度都一律平等的体系。新涌现的大国，例如瑞典和荷兰共和国，得到了诸如法国和奥地利等老牌大国享受的礼遇。凡是国王，一律称为“陛下”，凡是大使，一律称为“阁下”。这一崭新的概念被推到了极致，坚持绝对平等的各国代表团想出了各自通过不同入口走进谈判会场的办法，为此需要修建很多会场入口。同时还规定各国代表团以同等速度入席，从而任何一方不至于因为坐等姗姗来迟的另一方而受辱。

威斯特伐利亚和约成了国际关系史上的一个转折点，因为它的条款不仅简单明了，而且涵盖范围广。国家，而不是帝国、王朝或宗教信仰，被确认为欧洲秩序的奠基石。和约确立了国家主权的概念，肯定了各签署国不受外来干涉选择本国制度和宗教信仰的权利。同时一些新条款确保了宗教少数派可以平安地信仰自己的宗教，不用担心被强迫皈依其他宗教。[17] 各国都希望避免欧洲大陆上再次爆发全面战争，在这一共同愿望的推动下，和约除了应付当时的紧迫需要外，一个“国际关系”体系的原则逐渐显露出轮廓。同时规定了外交往来的方式，包括向对方国家的首都派驻常任代表（当时只有威尼斯一国做到了这一点），以规范各国之间的关系，提高促进和平的技巧。各方还设想今后依照威斯特伐利亚模式召开会议或举行磋商，以求争端走向冲突之前就得到解决。胡果 · 格劳秀斯等游走各国的学者兼谋士在交战期间制定的国际法，现在成为一个内涵不断扩大、被普遍接受的理论体系，旨在促进以威斯特伐利亚各项条约为核心的和谐关系。

这一体系妙就妙在它的各项规定不是实质性的，而是程序性的。这也是这一体系得以在世界范围内广为流传的原因。一国若是能够接受这些最基本的规定，即可被接纳为国际社会成员，继续保持自己的文化、政治、宗教及国内政策，并得到国际体系的保护，不受外来干涉。帝国一统或宗教一统的观念——欧洲及世界大部分地区建立的秩序的基本前提——意味着理论上只能有一个完全合法的权力中心。而威斯特伐利亚概念则把多样性当作起点，把各国视为客观存在的现实，以此吸引了情况各异的国家共同探索秩序。到20世纪中叶，这一国际体系已涵盖地球各大洲，至今仍是国际秩序的骨架。

威斯特伐利亚和约没有建立任何具体的联盟或是某种永久性的欧洲政治架构。随着天主教不再是唯一合法的教会，以及神圣罗马帝国皇帝权力的逐渐削弱，重建欧洲秩序的概念变成了寻求均势。顾名思义，均势意味着意识形态上的中立和不断针对情况的变化做出调整。19世纪英国政治家巴麦尊阐述了均势的要义："我们没有永恒的盟友，也没有永恒的敌人，只有永恒的利益。我们的义务就是维护这些利益。"[18] 当有人请巴麦尊从官方的"外交政策"角度具体解释这些利益是什么时，这位遐迩闻名的英国强权的掌舵人坦承："每次被问及政策问题时，我唯一能说的就是我们将以国家利益为准绳，根据每一次的具体情况争取最好的结果。"[19]（当然，这一貌似简单的概念很适合英国，原因之一是英国的统治阶层训练有素，对什么是本国的永恒利益几乎有近于本能的一致认识。）

今天，这些威斯特伐利亚概念往往被人斥责为一个无视道德准则、玩弄权术的体系。然而威斯特伐利亚和约建立的架构是人类首次尝试把一个建立在普遍接受的规则和约束之上的国际秩序体制化，并且该架构以众多国家为基础，而不是以一个势压各国的单一国家为基础。首次出现的"国家理由"和"国家利益"等概念没有赞美权力，而是试图限制权力并使其合法化。过去几百年来，各国军队打着普世（而且相互冲突的）价值旗帜在欧洲大陆上东征西伐；众多先知和征服者为了实现个人、王朝、帝国或宗教野心发动了全面战争；教徒或被逐出教门，或被强迫皈依，各地战火导致天下生灵涂炭。而现在用理论上合理的和可预测的方式把各国利益交叉在一起，将能够消除欧洲大陆各地的混乱。现在是针对具体问题发动有限战争，而不再像以前那样，不同的普世价值观一较高下。

与目标贪婪的宗教战争相比，内涵模糊的均势被视为进步。但如何建立均势呢？从理论上讲，均势基于现实，因此所有置身其中的参与者对现实的认识应该大致相同。然而每一个社会的观点均受到本国体制、文化和历史的影响，包括受到一个最大的现实的影响：构成权力的各种要素无论多么客观，始终变幻无常，因此需要不时地对均势做出调整。均势引发了战争，同时也限制了战争的规模。

威斯特伐利亚体系的运行

威斯特伐利亚和约签署后，教皇的权力受到限制，仅仅行使教会的职能。主权平等说大行其道。何种政治理论才能解释世俗政治秩序的起源并证明其各项职能的合理性呢？威斯特伐利亚和约签署三年后，1651 年，托马斯·霍布斯撰写的《利维坦》问世。[20] 他在此书中提出了一个理论。霍布斯想象昔日曾存在一种“自然状态”。权威的缺失导致了

“一场各方混战的战争”。他推论说，为了防止这种令人难以容忍的不安全，人们把自己的权利托付给了一个国家，用以换取国家在本国境内保证所有人的安全。主权国家确立了对权力的垄断，唯有这样方能消除人们对死于非命和战争的无休止的恐惧。

霍布斯阐述的这一社会契约只适用于一国境内，因为不存在一个超越国家的主权把秩序强加在各国之上。[21] 因此，

> 至于从通常被称为“万国公法”的法律角度审视一国与另一国的关系，我在此无须多言，因为万国公法和自然法则本是一回事。个人享有确保人身安全的权利，同样，各国也享有保证本国公民安全的权利。

国际环境依然处于一种自然状态。国际环境之所以混乱无序，是因为不存在一个可以确保世界安全的世界政府，现实中也完全不可能建立这样一个世界政府。因此，各国在一个只认权力的世界里不得不把本国利益置于首位。黎塞留主教若地下有知，一定会举双手赞成。

早期阶段，威斯特伐利亚和约带来了一个霍布斯式的

世界。应该如何适应新出现的均势呢？必须把事实上的均势和作为一个体系的均势区分开来。国际秩序迟早要达到均势，否则就会陷入无休止的战乱之中。由于中世纪的世界有数十个公国，实际上常常存在一种均势。威斯特伐利亚和约签署后，均势开始体现为一种体系。换言之，实现这种均势已被公认为外交政策的根本宗旨之一。一旦均势被破坏，就会出现一个维护均势的联盟。

18 世纪初英国崛起为一个海上强国后，有了把实际存在的均势变成一个体系的可能。英国凭借制海权可以选择卷入欧洲大陆事务的时机和规模，以均势的仲裁人甚至是保证人的身份采取行动，确保欧洲大陆的均势。只要英国对自己的战略需求做出正确的判断，就有能力在欧洲大陆上扶弱抑强，防止任何一国调动欧洲大陆的资源挑战英国的制海权，在欧洲称霸。直到第一次世界大战爆发前，英国始终扮演着均势维护者的角色。它参加了欧洲大陆上的战争，但盟友不断变化。参战的目的不是为了追求具体的纯国家目标，而是把国家利益与维护均势视为一体。其中不少原则都适用于美国在当今世界的角色，后文还会进一步讨论这一点。

威斯特伐利亚会议后，欧洲大陆上实际上存在着两大均势：一个是维护大局稳定的总体均势，英国是这一均势的捍卫者；另一个是主要由法国操纵的中欧地区均势，旨在防止统一的德国崛起为欧洲的头号强国。[22]200多年来，这两大均势防止了欧洲“三十年战争”期间血腥厮杀一幕的重演，虽未能阻止战争的爆发，但缩小了战争的负面影响，因为战争的目标不再是征服，而是实现均势。

均势至少受到两方面的挑战：一是某一大国的实力强大到足以称霸的水平；二是从前的二流国家想跻身列强行列，从而导致其他大国采取一系列应对措施，直到达成新的平衡或爆发一场全面战争。威斯特伐利亚体系在18世纪经受了这两方面的考验，一次是挫败了法国路易十四称霸的企图，另一次是在普鲁士的腓特烈大帝坚持要求平等待遇的情况下对这一体系做了调整。

1661年，国王路易十四已坐稳王位，把黎塞留的治国理念发展到极致。昔日，法国国王靠一批封建领主统治全国，这些领主凭借世袭地位各自为政。路易十四则通过一个完全听命于他的官僚机构统治子民，贬抑出身贵族的侍臣，把官员封为贵族。个人升迁靠效力国王，而不唯出身。出身于外省一个布商家庭的杰出财政大臣柯尔培尔受命统一税收制度，为旷日持久的战争筹集经费。出身公爵的作家圣西门在回忆录里尖刻地记录了法国的社会变迁：

> 他（路易十四）深知，惹他不悦有可能压垮一个贵族，但无法毁掉这个贵族或他的家族。然而他可以把一位国务秘书或类似级别的大臣连同他们的家人打回原形，财富或财产再多也救不了这些官员。这就是他为什么乐意授予手下大臣巨大的权力，甚至管辖王公贵族的权力。[23]

1680年，路易十四在早先自封的“太阳王”称号之上又接受了“路易大帝”的称号，彰显了他无所不及的统治权力。1682年，法国在北美的领地被命名为“路易斯安那”。同一年，路易十四迁宫到凡尔赛，从那里掌控专为国王陛下效力的“宫廷君主制”。

由于法兰西王国统一后避免了国内的战乱，加之有一个高效的官僚机构和一支实力超过任何邻国的军队，法国在一段时期内有称霸欧洲的可能。路易十四在位时，几乎连年对外用兵。最终，法国与日后企图称霸欧洲的其他国家一样，每征服一地，跟着就出现一个敌对同盟。起初，路易十四在各地征战的将军捷报频传，最后却要么败北，要么折戟受挫，尤其是 18 世纪头 10 年败在了马尔伯勒公爵约翰 · 丘吉尔手下，他便是 20 世纪杰出的英国首相丘吉尔的先祖。面对威斯特伐利亚体系内在的韧性，路易十四的军队一筹莫展。

黎塞留去世几十年后，一个国内政权巩固、在全国实行中央集权制、奉行世俗外交政策的国家显示了它的力量。其他国家则团结一致抗衡强大的法国。英国、荷兰和奥地利建立了大同盟。西班牙、普鲁士、丹麦和德意志的几个公国后来也陆续加盟，反抗路易十四显然不具有意识形态或宗教性质。在欧洲大部分地区，法语仍然是外交官使用的语言，代表了时尚文化，反法阵营内也有天主教和新教之别。反抗路易十四是威斯特伐利亚的内在体系决定的，是维护欧洲秩序多元性之必需。同时代的观察家给反法阵营起的名字诠释了它的特征：大稳健（Great Moderation）。路易打着为法国扬威的旗号企图称霸，最终败给了欧洲对多元秩序的诉求。

遏制法国构成了18世纪上半叶的主旋律，下半叶则围绕普鲁士处心积虑跻身列强铺开。路易十四对外征战是为了把实力转化为霸权，普鲁士的腓特烈二世发动战争是为了由弱转强，获得大国地位。普鲁士位于自然条件恶劣的北德平原，沿维斯图拉河纵穿德意志全境。普鲁士没有其他一些国家拥有的丰富资源或众多人口，但孕育出了严守纪律和具有公共服务意识的文化，从而弥补了自身的不足。普鲁士的两块领土互不接壤，夹在奥地利、瑞典、俄国和波兰的势力范围之间，处境险恶。[24] 普鲁士人口相对稀少，其优势在于善于利用自己有限的资源。它最大的资产是公民意识、高效的官僚机构和训练有素的军队。

1740年腓特烈二世登基时，不像一个日后会青史留名的伟人。[25] 他尚是王储时，因不堪忍受严厉束缚想和一位朋友汉斯·冯·卡特逃往英国，结果被双双抓回。国王下令当着腓特烈的面将卡特枭首，又把儿子送上了军事法庭，国王亲自充当首席法官。国王盘问了腓特烈178个问题，腓特烈对答如流，结果被父亲再次立为王储。

腓特烈继承了父亲严苛的责任感，形成了不可一世的个性，正因如此他才经受住了这次严峻考验。他认为自己拥有绝对权威，但他的政策受到了100年前黎塞留提出的“国家理由”原理的束缚。他的信条是：“统治者是自己掌控的资源的奴隶。国家利益是他遵循的法则，这一法则不容侵犯。”[26]腓特烈有英武之气，见多识广（会讲法语，还会用法语写作。行军打仗时，居然还用法语写了一些多愁善感的小诗，其中一首名为“大战前夜抒怀”[27]）。腓特烈的开明专制主义体现了启蒙新时代的统治特点，他的统治受到拥护是因为其高效，而不是因为意识形态。[28]

腓特烈得出一个结论：普鲁士若要取得大国地位，领土必须连成一片，为此必须扩张，除此之外不需要其他的政治或道义理由。“我军战斗力非他国可比，而且随时可以投入战斗。一句话，四周邻国不是我们的对手。”[29]腓特烈就是以此为由，在1740年攫取了一直属于奥地利的富饶的西里西亚省。他认为西里西亚是一个地缘政治问题，而不是什么法律或道义问题，因而与法国（利用普鲁士抗衡奥地利）结盟，并在1742年的和平协议中将西里西亚据为己有。普鲁士的领土面积和人口因此几乎翻了一番。

自从 1713 年《乌得勒支条约》结束了路易十四的称霸美梦后，欧洲体系一直平安无事，而现在腓特烈为夺取西里西亚再次在该体系内挑起战端。威斯特伐利亚体系于是起而应付对现存均势的挑战。为了被欧洲秩序接纳，成为该秩序的一个新成员，普鲁士付出了巨大的代价——一场持续 7 年的灾难性战争。这一次，旧的同盟关系完全颠倒了过来。腓特烈昔日的盟友试图挫败他的企图，而他们的对手则想利用普鲁士纪律严明的军队为自己谋利。地处遥远、披着神秘面纱的俄国首次卷入了一场事关欧洲均势的战争。就在俄国军队兵临柏林城下、普鲁士濒临战败之际，叶卡捷琳娜大帝的猝然去世救了腓特烈。新沙皇一直是腓特烈的崇拜者，他即位后，俄国退出了战争。（1945 年 4 月在柏林作困兽之斗的希特勒一直等待当年所谓勃兰登堡王室奇迹的重演。罗斯福总统去世后，戈培尔告诉希特勒这一奇迹发生了。）

神圣罗马帝国只剩下了一个空架子，也没有再出现一个想独霸世界的国家。各地的君主几乎人人自称君权神授，没有哪个大国对此提出挑战。同时这些君主也承认，上帝同样也赋予了众多其他君主统治权力。战争的目的不再是推翻现存的政府和体制，或是把一个新的国际体系强加给各国，而是实现有限的拓土目标。囿于传统，君主既不能强行征兵，也不能肆意增加赋税。战争对平民百姓的影响远不及惨烈的"三十年战争"或 200 年后技术和意识形态带来的后果。18 世纪演绎的均势像是一个大舞台，"形形色色的人生和价值观乔装打扮后粉墨登场，闹哄哄地上演了一出出赤裸裸的自我标榜之戏"[30]。权力的行使受到了限制，因为各方知道，威斯特伐利亚体系不容任何人称霸。

稳定的国际秩序的一个优势是各方观点一致。维护 18 世纪欧洲秩序的政治家是一批贵族。他们对诸如荣誉和责任这样的抽象概念的理解毫无二致，而且在一些基本观念上也认识一致。他们代表了同一个精英社会，讲同样的语言（法语），出入同样的沙龙，在他国首都追香逐玉。国家利益自然各不相同，但在一国的外交大臣可以为别国君主效力的世界里（直到 1820 年，俄国的每一任外交大臣都被他国宫廷延聘过），或一块领土可以因为一次联姻或某人偶然继承王位就改变其民族归属的世界里，人们自然而然地有各自目标大同小异之感。[31] 人们对合法性有着共同的认识，对国际行为规则心照不宣，在这样的大背景下，18 世纪上演了一出出权力博弈的大戏。

这种共识不仅仅是为了恪守礼仪，而且反映了一种共同的欧洲观所包含的道义观念。在后人眼中的启蒙时代，欧洲显示出了前所未有的团结和生机。新的科学和哲学成就开始取代已经四分五裂的欧洲传统和信仰。在物理、化学、天文、历史、考古、制图等众多领域内，人类认知的突飞猛进激励了新的世俗精神，发现自然界一切尚不为人所知的规律被认为只不过是一个时间问题。1759 年，代表着新时代精神的博学多才的法国杰出学者达朗伯写道：

> 简而言之，从地球到土星，从天体演变史到昆虫进化史，自然哲学发生了根本性的变化。几乎一切其他领域的知识都面目一新……新的理性思维方式的发现和应用，新发现激发的热忱，对天地造化之产物——人类思想的赞美，凡此种种带来了思想上的发

> 酵。发酵的思想如决堤河水，漫向四面八方，把一切障碍席卷而去。[32]

这一“发酵”的基础是新的分析精神和对一切前提的严格检验。对一切知识的探索和归纳总结——1751~1772 年达朗伯参与编写的 28 卷《百科全书》就是一个象征——给了我们一个可知的、揭开神秘面纱的宇宙。人是宇宙的主角和解释者。达朗伯的同事狄德罗写道：强烈的求知欲与“渴望增进人类福祉的激情”[33] 融合在一起。理性将挑战谬误，“把严谨的原理作为与谬误针锋相对的真理的基础，并借此“推倒泥糊的大厦，清扫陈年的积尘”[34]，“把人类带上正途”。

新的思维和分析方法不可避免地被用于统治、政治合法性和国际秩序等概念。政治哲学家查理 · 路易 · 孟德斯鸠男爵将均势原理应用于国内政策领域，提出了权力制衡的概念，日后被吸收到美国宪法中。孟德斯鸠接下来又开始研究历史哲学和社会变革的机制。他研究了不同社会的历史后得出结论，历史事件从来不是偶然的，而是有其内在原因。借助理性可以发现这些内因，并且要为了公众的利益塑造这些内因：

> 主宰世界的不是运气……每一个君主政体内都活跃着思想内因和自然内因，它们决定了政体的兴衰存亡。一切（看上去像是）偶发事件都是这些内因的结果。每当一国因一场偶然的战役——即一个特定原因——覆灭时，还存在一个导致该国因一场战役覆灭的一般原因。简而言之，整体局势的发展决定了具体事件的走向。[35]

德国哲学家康德也许是启蒙时代最伟大的哲学家。他进一步发展了孟德斯鸠的思想，提出了永久和平的世界秩序观。在普鲁士旧都柯尼斯堡蛰居的康德对世界做了一番思考，把眼光投向了“七年战争”、美国革命战争和法国大革命。从天下大乱的局势中，康德居然看到了一个新的、更祥和的国际秩序的模糊影子。

康德推论说，人类具有“非社会的社会性”[36]，即“人在社会中倾向于群居，同时又不断地抵制社会，随时有可能导致社会的分裂”。“秩序问题，尤其是国际秩序，乃是最困难的问题，也是人类社会需要解决的终极问题。”[37]为了防止情绪失控，人类组建了国家。但如同处于自然状态中的每一个人一样，每一国都寻求维护本国的绝对自由，为此不惜陷入“无法无天的野蛮状态”。然而国与国之间冲突带来的“毁灭、社会动荡乃至国力的枯竭”[38]最终促使人们开始思考出路。人类面临两种前景：要么是“人类坟茔遍地”[39]的和平，要么是深思熟虑后构建的和平。

康德认为，解决的办法是各共和国自愿组成一个联邦，誓言彼此不再交战，并在本国内和国际上行为透明。[40]联邦内的各国公民会致力于促进和平，因为他们与专制君主不同，考虑是否开战时会“勾起对亲身经历过的严酷战争的回忆”[41]。这种契约的好处会随着时光的推移日益明显，从而为它逐渐扩展成为一个和平的世界秩序铺平道路。自然法则决定了人类最终会通过理性思考“逐渐走向一个权力联合体系，一个世界性的政治安全体系”和“一个完美的人类公民联盟”。[42]

坚信理性的力量，从一个方面反映了昔日希腊人所谓的傲睨神明的狂妄，即内含自我毁灭种子的精神自豪感。启蒙时代的哲学家忽视了一个关键问题：智慧的思想家能凭空发明治理秩序吗？还是深层有机的文化现实限制了选择的范围（伯克的观点）？人类能否发现并阐明一种单一概念和机制，把世间万物合理地统一起来（如达朗伯和孟德斯鸠所论）？抑或是这个世界太复杂，人类太多元，以致无法仅凭逻辑解答这些问题，而是需要某种本能意识，甚至近乎神秘的治国之术？

启蒙时期的欧洲大陆哲学家大多选择了从理性角度而不是从国家有机体论的角度看待政治演变。在这一过程中，他们无意地，甚至有违本意地促成了一次导致欧洲陷入数十年分裂的大动荡，余波至今未平。

法国大革命及其后果

最意想不到的革命带来的动荡也最大。法国大革命就是一例，它宣告了一种与威斯特伐利亚体系大相径庭的国内秩序和世界秩序。法国大革命不再区分国内政策与外交政策，重新燃起了“三十年战争”的激情——也许有过之而无不及，用一场大革命运动取代了17世纪时的宗教诉求。法国大革命显示，各国内部的变革对国际均势撼动之大超过了外部入侵。20世纪的一系列大动荡充分揭示了这一教训，其中很多动荡明显汲取了法国大革命首创的一些理念。

社会上的种种怨愤情绪汇聚起来冲击毫无警觉的政权之日，也是革命爆发之时。革命同盟越广泛，摧毁现政权结构的能量就越大。变革波及范围越广，重建权威时就越需要采取暴力的手段，否则社会就会走向解体。恐怖统治不是偶然现象，而是革命固有的特征。

法国大革命发生在欧洲最富饶的国家，但该国政府当时腐败不堪。最初推动革命的力量来自上层阶级，主要是贵族和大资产阶级。他们试图完全依照启蒙时代的原则治理国家。后来革命发展的势头不仅当初发动革命的人始料不及，而且整个统治阶层也完全没有想到。

法国大革命的实质是秩序的再造。其规模之大，自各种宗教战争结束后为欧洲大陆所罕见。对革命者而言，人类社会的秩序既没有体现中世纪上帝的安排，也未能反映出18世纪庞大王朝之间的利益交错。法国大革命的思想家和20世纪他们的极权运动后继人一样，认为历史进程就是不折不扣的民意的表达，而民意顾名思义不会接受任何内在的或宪政的束缚。只有民众自己才有权诠释民意。因此，民众表达的民意，与英国当时盛行的多数人统治概念或美国的成文宪法中所含的权力制衡思想截然不同。法国的革命者把国家视为一个抽象的概念——国家不是指每个个体的人，而是一个不可分割的实体，是需要统一思想和统一行动的一国全体国民——然后把自己指定为国民的代言人，甚至是国民的化身。他们的这一观点远远超越了黎塞留提出的国家权力概念。

法国大革命的精神教父卢梭在一系列著述里阐述了他认为是普遍真理的思想。[43] 人们因拜服卢梭渊博的知识和魅力，没有认清其思想的深义。卢梭一步步引导读者对人类社会做了“理性的”剖析，把现存体制的一切——财产、宗教、社会等级、政府权力、公民社会——斥责为幻象和欺骗。它们将被社会秩序中的一个新“政权”所取代。[44] 广大民众必须对这个新政权俯首帖耳，这种顺从连昔日行使神授权力的君主也难以想象——只有俄国的沙皇例外。而俄国的情况是，贵戚以外的沙皇臣民以及居住在乌拉尔山以东边陲的各族裔都是农奴。以上理论预示着现代极权政权的出现。在极权政权下，民意会认可那些通过事先策划的民众示威公布的决定。

为了推行这一意识形态，一切君主政体自然而然地被视为敌人。由于它们不会不加抵抗地放弃权力，革命若要成功就必须获得国际声讨支持，通过强制实施自己的原则实现世界和平。为了在整个欧洲大陆推动建立新的秩序，法国规定全国的成年男子皆要服兵役。法国大革命所依据的论点与 1 000 年前的伊斯兰教和 20 世纪的共产主义学说相似：信仰不同宗教或秉持不同政治信念的国家不可能长期共处，因此需要借助一切现有手段和一切社会力量，把国际事务变成一场全球范围的意识形态较量。法国大革命因而再次混淆了国内政策与外交政策以及合法性与权力之间的界限。昔日威斯特伐利亚解决方案曾把这两层关系区分开来，从而限制了欧洲战事的规模和烈度。

1792 年 11 月，法国国民议会通过了两项不同寻常的法令，对欧洲各国下了战书。第一项法令承诺法国将在军事上无限制地支持世界任何一地的人民革命。法令宣布，法国赢得了自我解放后，“将以博爱精神对待所有希望恢复自由的民族，并给予他们援助”[45]。国民议会还在附带文件中规定将此文件“翻译并印成各种文字”，承诺将其付诸实施，从而增添了这一法令的分量。几周后，国民议会把废黜的法国国王送上断头台，从而与18世纪的秩序一刀两断，同时又对奥地利宣战并入侵荷兰。

1792年12月，国民议会又颁布了一项内容更激进、涵盖范围更广的法令。认为这一法令适用于自己的任何革命运动均可在以下文件中“填空”：“法国人民致________人民”。这份文件预先为下一次兄弟革命欢呼并誓言支持“打击迄今为止统治你们的一切文职政府和军事当局”。这一进程实际上不设限，也不可逆：“法兰西民族宣布，任何拒绝或摈弃自由和平等，希望维护、复辟或与君主及特权阶层谈判的人将被法国视为敌人。”[46]卢梭曾写道：“凡是拒绝服从大众意愿的人，大众将强迫他服从……（他）将被迫获得自由。”法国大革命誓言要把合法性的这一定义推广至整个人类。

法国大革命的领导人为了实现自己的宏大目标，试图把法国一切潜在的反对势力铲除净尽。成千上万的前政权成员及国内所有被怀疑是反对者的人死于“大恐怖”之下，甚至那些支持大革命的目标但对一些革命手段表示怀疑的人也未能幸免。

最终，秩序得以恢复。如果一国不想走向解体，恢复秩序是必然的，采取的模式又一次源自卢梭的“大立法者”。路易十四把国家变成了皇权的仆人。大革命强令人民接受它的蓝图。自封为“终身第一执政”，后来又称帝的拿破仑独树一帜。这个“伟人”凭借自己的意志力，外加个人魅力和卓越的军事才干，把世界搅得天翻地覆。这一“伟人”的实质是拒绝接受传统束缚，坚持依仗自己的权力重新打造世界秩序。和查理大帝不同，拿破仑只接受自己权力赋予的合法性。1804 年拿破仑加冕称帝时，直接从教皇手里接过皇冠，自己加冕为皇帝。

大革命不再造就领袖，而是由领袖诠释大革命。拿破仑驯服大革命的同时，也使自己成为它的监护人。他还（不无道理地）自视站在了启蒙运动的顶峰。拿破仑改革了法国的政府制度并使之合理化，建立了省长体制。时至今日，法国的行政制度仍沿袭了这一体制。他制定了一部《拿破仑法典》，法国及其他欧洲国家现在实行的法律条文依然以此为基础。拿破仑宽容对待不同宗教，鼓励理性执政以改善法国人民的生活。

拿破仑集大革命化身和启蒙运动代表于一身，走上了统一和独霸欧洲的道路。1809年岁末，在他杰出的军事指挥下，法军打垮了西欧和中欧的所有敌手。拿破仑于是可以按照地缘政治设想重新划定欧洲大陆地图。他把一些战略要地并入法国的版图，在没有并入法国的要害之地建立了法国的卫星国，并把一些卫星国交给他的亲戚或法国元帅统辖。拿破仑在欧洲各地实行了统一的法典，颁布了成千上万条处理经济和社会问题的指令。拿破仑会统一自罗马陷落后一直处于分裂状态的欧洲大陆吗？

在他面前仍有两大障碍：英国和俄国。1805年纳尔逊在特拉法尔加海战中大败法国后，英国掌握了制海权，因此短期无忧，但又没有强大到可以跨越海峡大举进攻法国。如同一个半世纪后的情形一样，西欧只剩下英国一家独自苦撑。英国深知，若与征服者媾和，一个单一大国将掌控整个欧洲大陆的资源，或迟或早会打破英国的制海权。英国于是在海峡彼岸静待拿破仑犯错，然后以均势捍卫者的身份再次出兵欧洲大陆（第二次世界大战期间，英国同样等待美国参战）。

拿破仑成长于18世纪的王朝体制下。令人惊异的是，他接受了这一体制的合法性。在这个体制内，他这个即使在自己家乡小镇地位也很卑微的科西嘉人本来不具有合法地位。这意味着至少拿破仑本人认为，他统治的合法性既取决于他的战果能否世代永存，也取决于被征服的疆域有多大。每当出现一个不服从他意志的统治者时，拿破仑都要前去讨伐。不受观念、性格或阅历束缚的拿破仑挥师入侵西班牙和俄国。就地缘政治版图而言，这两个国家并不重要。拿破仑无法忍受国际秩序的束缚，他的野心决定了他必须拥有一个至少囊括欧洲的帝国，最终因力不从心功亏一篑。

拿破仑战争开启了动员全国资源的全面战争时代。战事的惨烈和造成的毁灭令人回想起“三十年战争”。拿破仑的大军靠征兵制征募士兵，甚至被兼并地区也不能幸免，靠战败敌军的给养和掠夺敌国百姓保持供给，包括数额巨大的

“贡品”。结果，法军的数量激增，大片领土落入拿破仑之手。直到拿破仑经不住诱惑入侵当地资源不足以保障一支大军供给的西班牙和俄国时，才招致失败。拿破仑的失败首先是因为战线拉得过长，尤其是1812年对俄国的入侵；其次是因为欧洲其他国家团结一致对敌，虽然行动晚了，但仍验证了威斯特伐利亚准则的威力。1813年，各路大军投入莱比锡战役，尚未被拿破仑征服的欧洲几国联军首次在战场上大败法军。事后证明，这也是一次决定性的胜利（法军在俄国败于一场消耗战）。这场国家大会战后，拿破仑拒绝了本来可以保住部分兼并领土的解决方案，担心一旦正式接受种种约束，他合法性的唯一依据也将不复存在。从这个意义上讲，拿破仑既亡于威斯特伐利亚原则，也亡于自身的不安全感。自从查理大帝以来，欧洲最强大的征服者不仅败给了一个起来反抗他的国际体系，也败给了自己。

拿破仑时期标志着启蒙时代的顶峰。这一时代的思想家从古希腊和古罗马人那里汲取了灵感，视启蒙为理性力量。这意味着权力从教会下放到世俗的社会精英手中，而现在又一步步落到了这位代表全球权力的领袖手里。1806年

10 月 13 日发生的一件事显示了拿破仑的巨大影响。耶拿战役打响前一天，拿破仑率部下参谋去战场侦察地形。当时的一位大学讲师黑格尔（日后撰写了《历史哲学》一书）听到碎石子小道上传来的马蹄声后，以赞颂的口吻描述了这一幕情景：

> 我看见皇帝——这个世界之魂——骑马出城侦察地形。他立于天地之间，骑马驰骋四方，去征服世界。见到这样一个人的感觉真的美妙极了。[47]

然而，这个世界之魂最终把一个新的庞然大物——沙俄帝国引入欧洲。沙俄是一个欧洲大国，但三分之二的领土位于亚洲。一路尾追拿破仑残兵败将的俄军横扫欧洲，战争结束时已盘踞巴黎。强大的沙俄军队给欧洲的均势带来了根本性问题。面对沙俄帝国的野心，法国革命前的均势可能恢复无望。

| 第二章 |

欧洲均势体系及其终结

俄罗斯之谜

法国大革命和拿破仑时代结束时，俄国军队占领巴黎，历史车轮令人瞠目地出现倒转。半个世纪前，俄国卷入了“七年战争”，第一次成为西欧均势中的一方。因新加冕的沙皇是腓特烈大帝的崇拜者，俄国突然宣布中立并退出了战争，暴露了沙皇统治的专断一面。拿破仑时期终结后，另一位沙皇亚历山大开始对欧洲的未来发号施令。欧洲的自由及与之并存的秩序体系需要一个帝国的参与。该国的疆域比欧洲其他国家加在一起还要大得多，专制之甚为欧洲历史上所罕见。

自那时起，俄国在国际事务中扮演了独一无二的角色：它是欧亚两个大陆均势的组成部分，但只是偶尔才对国际秩序平衡做出贡献；俄国发动战争次数之频繁超过了同时代的任何一个大国，但当构成欧洲均势的主要大国战败时，俄国先后抗击了瑞典的查理十二世、拿破仑和希特勒，挫败了单一大国独霸欧洲的企图。几百年来，俄国的政策遵循着自己的特殊节奏，在一个涵盖了各种气候和文明的大陆板块上不断扩张，只有当需要调整国内体制以适应其庞大的新疆土时，扩张才会暂时中断，之后又如同漫上海滩的潮水一般卷土重来。从彼得大帝到普京，时过境迁，然而俄国的扩张节奏却惊人的一致。

刚刚走出拿破仑大动荡时期的西欧人，对一个国土面积和军事实力比欧洲大陆其他国家加在一起还要大的国家既尊敬又害怕。俄国精英阶层温文尔雅的举止也难以掩饰（西方走向文明之前以及西方文明世界之外的）一股野性的力量。1843 年，从法国受到束缚和俄国实力重塑了欧洲的角度出发，法国旅行家德·居斯蒂纳侯爵称，俄国是一个把中亚大草原的活力引入欧洲心脏地带的混合体：

> 拜占庭人的过分讲究和沙漠游牧部落的粗犷凶悍的奇特组合，东罗马（拜占庭）帝国的礼仪与亚洲野性之间的较量，催生了欧洲眼前的这个强大国家。今后欧洲十之八九会感受到它的影响，但对它会如何发挥这一影响却茫然无知。[1]

俄国的专制体制、辽阔的疆域、全球扩张野心以及它的不安全感，这一切均暗示着对基于均势和克制之上的欧洲传统国际秩序概念提出了挑战。

长期以来，俄国在欧洲的地位以及对欧洲采取的立场一直模糊不清。公元 9 世纪查理大帝的帝国分裂成日后的法国和德国等近代民族国家后，东边 1 000 英里以外的一些斯拉夫人部族围绕基辅城（今天的基辅是乌克兰的首都和地理中心，尽管俄罗斯人几乎普遍认为它是祖先留下的遗产中不可分割的一部分）组成了一个邦联。这一“俄罗斯人的家园”位于不同文明和商贸之路的交汇处。北边是北欧海盗，南边是不断扩张的阿拉伯帝国，东边是频频入寇抢掠的土耳其部族，因而俄国始终无法摆脱种种诱惑和恐惧。由于远在东方，俄国没有经历过罗马帝国的统治（虽然俄国的“沙皇”声称，政治上和词源上，他们的祖先可以追溯到“古罗马帝国的历代皇帝”）。宗教上俄国虽然信奉基督教，但却听命于君士坦丁堡的东正教会而不是罗马教廷。俄国地处欧洲边缘，彼此文化相通，但又始终与欧洲大陆的历史趋势相悖。俄国因历史原因成为一个独特的“欧亚”大国，疆域横跨两大洲，但又与二者别别扭扭。

13 世纪，蒙古人的到来给俄国带来了一场空前的浩劫。蒙古人征服了政治上处于分裂的俄国，将基辅夷为平地。蒙古人的统治持续了两个半世纪（1237~1480），之后俄国人又为建立一个以莫斯科大公国为中心的统一国家而奋斗。受此影响，俄国的目光局限在东方。同一时期，西欧国家正在绘制开启近代社会的新技术和新思想的蓝图。在欧洲航海大发现时代，俄国仍在为重组为一个独立的国家、巩固边疆抵御周边外敌而努力。新教改革运动推动了欧洲政治和宗教的多样化。与此同时，俄国却把自己宗教的北斗星君士坦丁堡的陷落和东罗马帝国的覆亡化作一种几乎带有神秘色彩的信念，坚信俄国沙皇现在是“普天之下一切基督徒的唯一皇帝”[2]（1500 年前后修士菲洛费写给伊凡三世的信），肩负着救世主般的使命，要为基督教世界收复陷落的拜占庭首都。

欧洲开始将多极化作为走向均势的一种机制时，俄国还在中亚大草原这所严酷的学校里培养地缘政治意识。为了争夺资源，中亚地区的众多游牧民族在几乎从未有过固定国界的茫茫大草原上相互厮杀。侵掠他国、奴役异族人民司空见惯。对一些人来说，这就是他们的生活方式。独立，意味着一国人民要防御一块领土。俄国承认自己与西方文化相连，但把自己视为文明被攻击的前沿阵地，尽管它的疆土成倍增加。只有把自己的绝对意志强加给四邻，才能确保这块阵地的安全。

根据威斯特伐利亚秩序概念，欧洲的政治家认为，安全意味着均势和对权力运用的限制。而俄国的历史经验是，限制权力的结果是灾难。根据这种观点，俄国由于未能完全控制自己周边地区而遭到蒙古人的入侵，坠入噩梦般的“动荡时期”。（在长达 15 年的时间没有一个王朝，直到 1613 年罗曼诺夫王朝建立。在此期间，俄国人口的 1/3 死于外族入侵、内战和饥荒。）威斯特伐利亚和约把国际秩序看作一个复杂的平衡机制。在俄国人眼里，国际秩序是不同意志之间持续不断的较量，每一个阶段俄国都要倾其物质资源扩充领土。17 世纪中叶，有人请沙皇阿列克谢的大臣纳晓金阐明俄国的外交政策时，他给了一个直截了当的解释："四面八方开疆拓土，这就是外交部的工作。"[3]

俄国的扩张形成了一种国家观点。受似乎难以抑制的扩张欲望的驱使，最初的莫斯科大公国不断缓慢地向欧亚大陆延伸，成为世界上最庞大的帝国。[4] 直到 1917 年，这一扩张才告结束。1903 年，美国作家亨利 · 亚当斯记述了俄国驻美国大使的观点（当时俄国的触角已经伸到了朝鲜）：

> 他的政治哲学和所有俄国人别无二致，似乎只关心一点：俄国必须不断向前滚动，必须以其不可阻挡的惯性碾碎前方的一切障碍……俄国每征服一个邻国，就把该国人民的活力融化在本民族和本国习俗中。无

论沙皇还是俄国的农民，都不可能，也不想因袭西方，而改变自身或本国习俗。[5]

除了北冰洋和太平洋，俄国没有其他的自然边界，因而得以在随后的几个世纪里满足自己的扩张欲望，首先打入中亚，随后是高加索、巴尔干半岛、东欧、斯堪的纳维亚半岛、波罗的海，最后直抵太平洋及中日边界（18~19 世纪，一度跨过太平洋进入阿拉斯加和加利福尼亚的居民点）。每年俄国扩充的领土面积超过了很多欧洲国家的全国面积（1552~1917 年，俄国每年平均扩充 10 万平方公里的土地）。[6]

俄国强盛时专横跋扈，自恃是高人一等的大国，迫使他国对它俯首帖耳；国势虚弱时，则以自身蕴藏的令人生畏的巨大能量掩饰自己的虚弱。无论俄国是强是弱，对习惯与更温文尔雅的国家打交道的西方诸国来说，都是一个特殊的挑战。

按西方标准衡量，凭借落后的人口和经济基础，俄国取得了惊人的扩张成果。很多地区人烟稀少，似乎从未接触过近代文化和技术。征服世界的这个帝国因此有一种不安全的矛盾心理，似乎征讨了半个地球后带来的不是更大的安全，而是更多的潜在敌人。据此来看，可以说沙皇帝国不断扩张是因为现实证明，继续扩张比停止扩张更容易。[7]

在此背景下，俄国形成了自己独特的政治合法性观念。文艺复兴时期，欧洲重新发现了古典人文遗产，进一步发展了关于个人主义和自由的新观念。俄国则通过对自己宗教的虔诚信仰和共同服从上帝认可的单一权威——作为“上帝化身”的沙皇——追求实现自身的复兴。沙皇的指令含有固有的正义性，不可抗拒。共同的基督教信仰和上流社会通用的语言（法语）凸显了西方国家观念的一致性。然而早期去过沙俄的欧洲人发现自己置身于一个光怪陆离的国度，感觉透过一个近代西方君主制的表层，窥见了蒙古人和鞑靼人的专制制度。用德·居斯蒂纳侯爵不客气的话说，就是“一个对亚洲实行暴政的欧洲体制”[8]。

在沙皇彼得大帝时期，俄国以完全不同于任何其他一国社会的方式加入了近代欧洲国家体系。无论对俄国还是对近代欧洲国家体系而言，双方在接受对方时都心存戒心。1672 年，彼得诞生在一个基本上仍停留在中世纪的俄国。

当时的西欧已经经历了大发现时代、文艺复兴运动和宗教革命，正处在科学革命和启蒙运动的前夜。身材高大（6 英尺 8 英寸）、精力充沛的年轻沙皇在位期间着手改革自己的帝国。他的统治是俄国诸多特点及其野心极度放大的一个映照。

彼得大帝决心全面研究近代社会的果实，并以近代化的成就为准衡量俄国的进步。[9] 他频频光顾莫斯科德裔居民区内的商店和工厂。身为一位年轻的君主，彼得大帝遍游西欧各国首都，亲自考察各种现代机械设备和专业学科。他发现俄国落伍于西方，随后宣布了自己的目标："斩断人民与旧亚洲习俗的纽带，教习他们仿效全欧洲基督徒的言谈举止。"[10]

彼得大帝发出了一连串敕令：俄国将引入西方的礼仪和发型，延揽外国技术人才，建设现代化的陆军和海军，对几乎所有邻国用兵以扩大疆土，打通波罗的海的出海口并动工修建新都圣彼得堡。[11] 作为"面向西方的窗口"的俄国新都建在彼得大帝本人钦定的一片沼泽地上。他拔出剑来插在地上，喝道："此处将成为一座城市。"新都完全靠征用的徭役人工建成，死伤不计其数。国内守旧派造反时，彼得彻底粉碎了他们的企图。据传，他本人亲自拷问造反的首领并将他们枭首。

彼得大帝以他的伟业改造了俄国社会，使他的帝国跨入了西方一流强国的行列。然而由于变革来得太快，俄国有一种暴发户才有的不安全感。在任何其他帝国，拥有绝对权力的君主都不会像半个世纪后彼得大帝的继嗣叶卡捷琳娜大帝那样急切地敕令自己的臣民："俄国是一个欧洲国家。我们的风俗习惯清楚显示了这一点。"[12]

俄国一向是由冷酷无情的专制君主对臣民强行推行改革。俄国人民顺从彼得大帝，是因为渴望摆脱过去，而不是因为对本国未来充满信心。尽管如此，彼得大帝及其之后的改革者和革命者一样，当他的统治结束后，他的臣民及其子孙称赞他驱动本国人民取得了他们自己没有追求的成就，无论手段多么残酷无情。（根据最近的民意测验，当代俄罗斯人认为斯大林和彼得大帝一样受到了后人一定程度的肯定。[13]）

于 1762~1796 年执政的叶卡捷琳娜大帝是俄国一位推动改革的专制君主。在她统治下，俄国迎来了一段文化成就辉煌、不断开疆拓土的历史时期（包括征服了克里米亚汗国及其以南的札波罗热哥萨克汗国，后者位于今天乌克兰的中部，是昔日哥萨克人的一块自治领地），用事实证明俄国的极端专制制度是维系其庞大领土完整的唯一治理制度：

> 辽阔的疆域决定了必须给予统治这一疆域的人绝对权力，从而可以迅速处理公文，以弥补因路途遥远公文往来耽误的时间。
>
> 换了任何其他一种政府形式，不仅对俄国有害，甚至还会彻底毁掉它。[14]

因此西方人眼中专横的独裁制度在俄国被视为一种根本需要，是保证制度运转的前提。

如同中国的皇帝，沙皇是一位拥有神秘权力的至高无上的君主，统御广袤的疆土。但沙皇与中国的皇帝有一个重要区别。中国人认为，中国皇帝统治子民靠的是泰山崩于前而色不变的沉稳。俄国人则认为，沙皇维系其统治靠的是一种能力，一种以不容他人挑战自己权威的方式贯彻自己的意志，让所有旁观者深深感受到俄国这个国家无比强大的能力。中国的皇帝被视为优越的中华文明的象征，吸引他国人民“向化”。沙皇则被看作俄国抵御环伺之敌的象征。中国的皇帝因其圣明仁厚受到称赞。而19世纪的政治家尼古拉·卡拉姆津把沙皇的严酷看作是他响应内心召唤的表现：

> 在俄国，君主就是活的法律。他扬善抑恶……君主的仁慈只有辅以适当的威严，方称得上美德。[15]

如同美国当年向西部扩张一样，俄国为自己的征服披上了道德的外衣，声称它给荒蛮之地带去了秩序和启蒙（皮毛和矿石贸易只是捎带的好处）。美国的愿景令人无比乐观，而俄国的扩张基本上靠的是坚韧不拔的吃苦精神。“夹在两大差异如同冰炭的世界中间”[16]，俄国认为自己肩负着特殊使命，要充当这两个世界之间的桥梁，然而却受到浑然不懂它的这一使命的危险势力的包围。伟大的俄国作家、充满激情的民族主义者陀思妥耶夫斯基曾援引过一句话：“俄国人拥有一种与生俱来的无休止渴望，想在地球上建立一个统一的普世教会。”[17]俄国人为俄国在全世界范围内把不同文明糅合在一起而欢呼的同时，又对俄国作为“与人类大家庭隔绝的孤儿（援引19世纪一位颇有影响的评论家的话）地位感到绝望。为了引起他人的注意，我们不得不从白令海峡扩展到奥得河”[18]。

内涵不断扩充的“俄罗斯之魂”（日后俄罗斯一些思想家的提法）这一说法包含了一个坚定不移的信念：终有一天，俄国人多年忍受的艰辛和折磨会结出硕果；它走过的历程会被证明是正确的；它的成就会受到颂扬；西方对它的态度会从轻蔑改为敬畏；俄国将把东方的权力和辽阔的疆土与西方的礼仪和正宗宗教的道义力量结合在一起；莫斯科，是继承了灭亡的拜占庭帝国衣钵的“第三罗马（帝国）”，沙皇是“东罗马帝国皇帝的继嗣，是确立基督教根本信条的教会及教会会议组织者的传人”[19]，在沙皇的统治下，莫斯科将为开启一个普世正义和博爱的新时代发挥决定性的作用。

俄国位于欧洲，但又不完全是欧洲国家。正是俄国的辽阔疆土和神秘莫测令拿破仑无法抵制它的诱惑。然而坚忍不拔的俄国人证明，他们比拿破仑的大军（或希特勒的军队）更能吃苦。俄国于是变成了拿破仑的覆亡之地（恰如一个半世纪后的希特勒）。为了避免莫斯科落入拿破仑之手并断绝法军的给养，俄国人放火焚烧了五分之四的莫斯科城区。据说拿破仑在他的宏大战略泡汤后惊呼道："这个民族简直不可思议！他们是锡西厄人！居然如此死硬！简直是野蛮人！"[20] 此时，哥萨克骑兵已在巴黎畅饮香槟。欧洲被笼罩在这一巨大的专制实体的阴影之下，却百思不解俄国的野心和行为方式。

维也纳会议召开时，俄国也许已经是欧洲大陆上的头号强国。代表俄国亲自出席维也纳会议的沙皇亚历山大无疑是俄国有史以来最专制的统治者。亚历山大是一个有信仰的人，虽然他的信仰变来变去。他一度沉湎于研读《圣经》，并就宗教问题虚心讨教，再次坚定了自己的宗教信仰。1812年，亚历山大在写给一位密友的信里说，他坚信战胜拿破仑会迎来一个基于宗教信条之上的和谐的新世界。亚历山大誓言："我要把在尘世得到的一切荣耀，都献给尽快实现耶稣基督的真正统治这一事业。"[21] 沙皇把自己视为实现上帝意志的工具。1814年他抵达维也纳时，已经有了建立新世界秩序的蓝图。他的构想在某些方面甚至比拿破仑的蓝图还要激进，他要建立一个由各国君主组成的"神圣同盟"。各国君主把本国利益升华为对和平与正义的共同追求，发誓为了博爱的基督教义放弃均势。亚历山大曾对保王党的学者兼外交家夏多布里昂表示："现在不再有什么英国政策，或法国、俄国、普鲁士、奥地利政策。今天只有一项所有国家和人民为了普天下的福祉应该采纳的政策。"[22] 他的这番话预示了日后美国的威尔逊提出的世界秩序观，只不过亚历山大所说的这一政策所体现的原则与威尔逊的理念完全背道而驰。

亚历山大此时代表了一个军事上强大的战胜国，他的军队遍及欧洲大陆。毋庸赘言，挟战胜之威的亚历山大提出的构想，对欧洲威斯特伐利亚式的主权国家均势概念提出了挑战。沙皇亚历山大率军亲征，一路打到巴黎，结束了拿破仑战争。为了庆祝胜利，他在法国首都郊外的一片开阔地举行了一次史无前例的阅兵式，16 万俄军列队接受了检阅。即便是他的盟国，看到这一幕后也难掩内心的不安。亚历山大与他的宗教顾问商量后，提出了一份联合宣言草案。各战胜国将在宣言中宣布就以下内容达成一致："必须根本改变从前各大国之间交往的方式，尽快用一个基于救世主的永恒宗教真谛之上的秩序取而代之。"[23]

出席维也纳会议的谈判者的任务，是把亚历山大救世主似的构想转化为与继续保持各国独立存在不冲突的某种成果，欢迎俄国加入国际秩序而又不被它的拥抱压垮。

维也纳会议

齐聚维也纳商讨如何创建一个和平秩序的政治家刚刚经历了疾风骤雨般的动荡岁月，一切原有的权力结构几乎被扫荡一空。在短短的25年里，他们目睹恐怖统治的狂热取代了启蒙运动的理性，法国革命的传教精神变成了东征西讨的波拿巴帝国的律令。法国国势由盛转衰。它曾一度跨过法国古老的边界，征服了欧洲大陆上的几乎所有国家，之后却险些在俄国广袤无垠的大地上覆灭。

出席维也纳会议的法国使节本人即是这一乱世的活生生的象征。夏尔·莫里斯·德塔列朗—佩里戈尔（俗称“塔列朗”）的身影无处不在。他早年做过奥顿主教，后来退出教会支持大革命，继而背弃革命投奔拿破仑，做了他的外交部长，最后又抛弃拿破仑，参与了恢复法国王室的谈判，随后作为路易十八的外交大臣出席维也纳会议。很多人视塔列朗为机会主义者。塔列朗很可能会为自己申辩说，他的目标是法国国内的稳定和欧洲的和平。为实现这些目标，他利用了一切可利用的机会。无疑，为了近距离研究权力和合法性的种种要素，而又不致受到任何要素的束缚，塔列朗曾竭力谋取官职。只有像他这样令人生畏的人，才有可能置身于众多纷乱的重大事件的中心。

塔列朗在维也纳会议上做出的贡献，是为法国争取到了保全其"昔日边界"的和平，即法国走上对外冒险之路前存在的边界。此后不到 3 年，1818 年，塔列朗设法使法国加入了"四国同盟"。法国这个战败国摇身一变，成了维护欧洲秩序的一个盟友，加入当初为了遏制它而成立的同盟中。第二次世界大战结束后，"北大西洋公约"仿效这一先例，接纳了德国。[24]

维也纳会议建立的秩序，是自从查理大帝的帝国覆亡后欧洲最接近实现天下一统的体系。会议达成了以下共识：现有体系内的和平演进强于其他选择；维护这一体系比该体系内可能产生的任何争端更重要；通过磋商而不是战争解决分歧。

这一愿景因第一次世界大战而破灭。之后，维也纳会议建立的秩序成了人们热衷攻击的对象，抨击它过于依赖均势，而均势内固有的尔虞我诈把世界推入战争。（英国代表团甚至请撰写过维也纳会议专著的著名历史学家C·K·韦伯斯特提交一篇论文，论述如何避免维也纳会议的失误。）这一观点如果成立，也只适用于第一次世界大战前的10年。从1815年一直到19世纪和20世纪之交，是近代欧洲最祥和的一个时期。合法性与权力之间绝妙的均势，是维也纳和会后几十年最典型的特征。

1814年齐聚维也纳的政治家的处境，与他们的前人起草威斯特伐利亚和约时的处境大相径庭。一个半世纪以前，为结束“三十年战争”期间的一连串战争，各方达成了一系列的解决方案，同时还制定了指导一般外交政策行为的原则。由此产生的欧洲秩序把不再受宗教驱动的现存政治实体作为出发点。因而，人们期待威斯特伐利亚原则的应用，能够建立一种避免冲突或至少减轻冲突后果的均势。此后的将近一个半世纪里，这一体系通过几乎是自发组成的相互制衡的同盟，把挑战者束缚在这一均势中。

出席维也纳会议的谈判者面对的是这一秩序的废墟。均势未能挡住法国大革命和拿破仑的军事势头。拿破仑的革命热忱和杰出的军事才能压垮了旧王朝统治的合法性。

1806 年拿破仑摧毁了残留的神圣罗马帝国，从而中断了长达上千年的连贯体制。这次维也纳会议的与会者必须在国家体系和神圣罗马帝国的废墟上重新建立新的均势，还要面对法军占领欧洲大部分国家所引发的民族主义新潮流。尽管俄国的出现从东面对法国构成了威胁，但法国凭借扩张主义策略几乎称霸欧洲，因此，新的均势必须能够防止法国扩张主义的重演。

中欧的均势也需要重建。昔日哈布斯堡王朝称雄欧洲大陆，此时维也纳能够发号施令的疆域只限于祖先留下的领土。这片领土面积广袤（大致相当于今天的奥地利、匈牙利、克罗地亚、斯洛文尼亚和波兰南部），居民操着不同的语言，能否保持政治上的统一成了未知数。18 世纪，几个弱小的德意志邦国见风使舵的投机行为，曾给威斯特伐利亚体系的外交增添了一定的弹性，但都亡于拿破仑发动的对外战争。它们的领土重新划分时，必须符合新建立的均势。

维也纳会议上的折冲樽俎与21世纪的外交有着本质的区别。当代的外交官与本国首都保持实时联系，接收详尽的指示，甚至包括他们使用的发言稿。国内一般只是向他们了解当地的情况，很少会就涉及大战略的问题征求他们的意见。而出席维也纳会议的各国外交官距离本国首都有几周的路程。维也纳发给柏林的函件需要走4天（因此收到复函至少需要8天），发给巴黎的函件需要3个星期，发给伦敦的函件时间要更长。因此国内发出的指示必须笼统，充分考虑到局势可能发生的变化。发给外交官的指令主要限于大政方针和长远利益。外交官在谈判期间采取什么样的策略，基本上由他们自己定。沙皇亚历山大距离本国首都有两个月的路程，但他不需要接收任何指示。他一时心血来潮产生的念头就是俄国的指令。亚历山大想象力丰富，足智多谋，让维也纳会议忙个不停。奥地利的外交大臣梅特涅也许是维也纳会议上最精明、经验最丰富的政治家。他称沙皇亚历山大“根本不足以成大事，虚荣心之强倒是无人可比”[25]。拿破仑对亚历山大的评价是，他能力过人，可无论做什么总是漏掉点儿“什么”。由于在任何一个具体问题上事先无法预知亚历山大会漏掉什么，所以他完全不可预测。塔列朗更直截了当：“难怪他是（疯子）沙皇保罗之子。”

出席维也纳会议的其他代表就国际秩序的一般原则，以及恢复某种形式的欧洲均势的必要性达成了一致。但他们对这一协议的实际含义看法不一。他们的任务是在一定程度上调和在极为不同的历史背景下形成的各种观点。

有英吉利海峡做屏障的英国没有外患之忧，因此它独特的国内机制基本上不受欧洲大陆局势的干扰。英国是从防止有人称霸欧洲大陆的角度诠释秩序。然而，欧洲大陆诸国的安全系数比英国低，无须有人称霸欧洲，哪怕发生领土变动，它们的安全可能就会受到威胁。尤其是这些国家和英国不同，邻国国内的变革让它们有一种不安全感。

维也纳会议就大体均势的定义很快达成了一致。1804年，战争尚在进行，当时的英国首相小皮特即提出了一份计划，旨在纠正他眼中的威斯特伐利亚解决方案中存在的问题。为了提高法国的影响，威斯特伐利亚和约所含的各项条约维持了中欧的分裂局面。小皮特给出的理由是，为了事先杜绝诱惑，必须合并中欧的一些小国，在中欧开辟出“几大块地方”，从而整合这一地区（“整合”一词只具有相对意义，因为这一地区仍然有位于今天德国境内的37个邦国）。显然，普鲁士适合吸纳这些被废邦国。当初它更想兼并比邻的萨克森，最终接受了奥地利和英国的规劝，改为兼并莱茵兰。扩张后的普鲁士作为一个大国直逼法国边界，从而造成了自威斯特伐利亚和约签署以来不曾有过的地缘政治现实。

余下的37个德意志邦国被合并为一个称为德意志邦联的实体，以解决欧洲始终面临的德意志问题：德意志虚弱时，往往招致外国（基本上是法国）干涉；德意志团结一致时，足以单枪匹马打败四周邻国，从而促使这些国家联合起来应对德意志的威胁。从这个意义上讲，就维持欧洲和平而言，历史上大部分时期德意志不是太弱，就是太强。

德意志邦联过于分散，无力发动进攻，但又具有足够的凝聚力抵御外国入侵。这一现状为入侵中欧设置了一个障碍，同时又不对德意志侧翼的两个大国——东边的俄国和西边的法国——构成威胁。

为了维护新的领土总体解决方案，英、普、奥、俄结成了“四国同盟”。然而，领土担保——建立“四国同盟”的目的——对每一个签字国并非同等重要。四国对自己眼中的威胁怀有的紧迫感差异极大。拥有制海权的英国信心十足，对欧洲大陆上的不测风云不急于做任何具体承诺，而是静观某一重大威胁明朗之后再做打算。其他几个大陆国家因为安全系数低于英国，哪怕是英国不屑一顾的风吹草动，它们也会有大祸临头之感。

发生一场革命时，即面对的威胁涉及合法性时，尤其如此。保守的国家试图修建防御新一轮革命的堡垒，旨在把维护合法秩序的各种机制包括进来。他们所说的合法秩序指的是君主制。沙皇提议建立的“神圣同盟”，为保护欧洲各国国内的现状提供了一个机制。他的同盟伙伴意识到，如果对这一同盟巧妙地加以调整，可以借它来抑制俄国旺盛的精力。干预权受到了限制，因为正如最后条款规定的那样，这一权力只能集体行使。如此一来，奥地利和普鲁士对沙皇其他想入非非的念头拥有了否决权。

三套机制构成了维也纳体系的支柱：“四国同盟”剿灭任何对领土秩序提出挑战的国家；“神圣同盟”防范对一国

国内体制的威胁；“大国一致”机制定期召开同盟国政府首脑参加的外交会议，制定共同目标，对付新出现的危机。“大国一致”的运作方式有点儿像是联合国安理会的前身。它召集的会议先后对一系列危机采取了行动：1820 年在那不勒斯、1820~1823 年在西班牙爆发的革命（先后遭到“神圣同盟”和法国的镇压）以及 1821~1832 年的希腊革命和独立战争（最终得到了英国、法国和俄国的支持）。“大国一致”虽然不能保证各方看法完全一致，但每一次具有潜在爆炸性的危机都在不引起大国战争的情况下被化解。

面对 1830 年比利时革命，“大国一致”做出的反应是证明维也纳体系行之有效的一个很好的例子。这场革命旨在把今天的比利时从荷兰联合王国中分离出去。18 世纪的大部分时间里，当时尚是荷兰一个省的这片土地饱受争夺欧洲霸权的各国军队的践踏。英国把自己的全球战略建立在对海洋的控制之上，因此对英国来说，斯海尔德河河口必须掌握在一个友好国家之手，任何情况下不得被一个欧洲大国控制。与英国隔海峡相望的安特卫普港即位于扼斯海尔德河出口的要冲。为此欧洲诸大国在召开的伦敦会议上做出了新的安排：承认比利时独立，同时宣布这个新国家的“中立”地位。在此前的大国关系中，“中立”这个概念闻所未闻，只有过一国单方面宣布自己的中立意愿。新成立的比利时同意不参加任何军事同盟，也不允许外国在本国领土上驻扎军队。各大国又对比利时的保证做了担保，抵制任何侵犯比利时中立的行径。这种国际担保地位延续了将近一个世纪。当德军强行穿越比利时领土进攻法国时，国际担保成了把英国拖入第一次世界大战的导火索。

一种国际秩序的生命力体现在它在合法性和权力之间建立的平衡，以及分别给予两者的重视程度。无论合法性还是权力都不是为了阻止变革，两者相结合是为了确保以演变的方式，而不是通过各方赤裸裸的意志较量实现变革。权力与合法性之间的平衡若处理得当，采取的行动会具有一定的自发性。炫耀权力基本上只具有象征性意义，并退居次要地位，因为对于各种力量之间的组合各方都心知肚明。没有哪一方会感到有必要全面动员本国的预备役。一旦这一均势被打破，种种束缚随之消失，各种贪得无厌的诉求和狂人就会纷纷出笼，继而天下大乱，直到建立一个新的秩序体系。

均势是维也纳会议取得的重大成果。“四国同盟”遏制了对领土平衡提出的任何挑战。法国尚未从大革命中恢复元气，对拿破仑记忆犹新的法国因此安分守己。与此同时，法国对和平采取的明智态度，促使它很快重返当初为了挫败它的野心而确立的“大国一致”。按照均势原理本应成为竞争对手的奥地利、普鲁士和俄国，其实都在推行同样的政策。奥地利和俄国因为担心本国局势不稳，实际上推迟了它们之间日益迫近的地缘政治冲突。直到1848年以失败告终的革命撼动了这一国际秩序的合法性后，均势才日益被看作为争夺霸主地位做准备的一项条件，而不是依赖各方共同做出调整的一种平衡。

随着重心开始向权力要素一侧倾斜，英国作为平衡者的角色也越来越重要。英国平衡作用的特点是它进退自如，而且证明自己有采取行动的决心。英国外交大臣（日后出任首相）巴麦尊勋爵说过的一番话就是一个典型的例子。1841年，他获知沙皇来函敦请英国做出明确的承诺，对“法国即将对欧洲自由发动的攻击”进行抵抗。对此，他答复说，英国把“一国吞并另一国领土的企图视作威胁”，因为“这种企图会打破现有的均势，改变各国的力量对比，从而可能对其他大国构成威胁”。然而巴麦尊政府无法加入任何正式的反法同盟，因为“英国通常不介入尚未出现或短期内仍不明朗的局势”。[26] 换言之，无论俄国还是法国，都不能指望英国肯定会站在自己一边对付另一方，也无法排除倘若它们走得太远，对欧洲大陆均势构成威胁时英国会否出兵。

国际秩序的前提

19 世纪中叶，维也纳会议体系建立的微妙均势受三个事件的影响而开始动摇。这三个事件是：民族主义的崛起、1848 年的革命浪潮、克里米亚战争。

受拿破仑征服战争的影响，几个世纪以来一直混杂相处的不同民族开始把自己的统治者看作“异族”。德国哲学家约翰·哥特弗雷德·赫尔德成为这一趋势的倡导者。他提出，有自己的语言、祖国和民族文化的一国人民具有原始天赋，因此有权享有自治。[27]历史学家雅克·巴尔赞从另一个角度论述了这个问题：

> 理论的基础是事实。拿破仑的革命大军改变了人们脑海里的欧洲版图。西方现在不再是18世纪时由不同王朝和高雅的上流阶层构成的平行世界，而是一个由不同统一体构成的立体——彼此不完全隔绝但又情况各异的国家。[28]

语言民族主义使传统的帝国，尤其是奥匈帝国，易受到国内的压力，也易招致认为自己与奥匈帝国子民同属一个民族的邻国的憎恶。[29]

维也纳会议制造了“大片地带”之后，民族主义的兴起还对普鲁士与奥地利的关系产生了微妙影响。当初保卫中欧的需要，遏制了地处中欧的这两个日耳曼大国为拉拢德意志邦联内的大约35个小国而展开的争夺。而且受传统的影响，人们对过去500年里其君主一直是神圣罗马帝国皇帝的一国仍心存敬意。德意志邦联大会（出使邦联37个成员国的所有使节）在位于法兰克福的奥地利使馆开会时，奥地利大使出任主席。

与此同时，普鲁士为跻身大国之列也在积聚力量。过去一个多世纪里，普鲁士克服了人口稀少、边界漫长的固有障碍，崛起为一个新兴的欧洲大国。这要归功于它的领导人对本国实力的巧妙利用。用俾斯麦（把这一技巧运用得炉火纯青的普鲁士领导人）的话说，先后涌现出的几个“握有实权、多谋善断的摄政王，审慎地使用国家的军事和财政资源，并把这些资源牢牢掌控在自己手里，一俟时机成熟，马上毫不留情地把它们果断投放到欧洲政治的天平上”[30]。

维也纳解决方案进一步强化了普鲁士原有的坚实的社会和政治体制，给它带来了地缘政治机会。历史上日耳曼人首次把实现自己国家统一的希望，寄托在从维斯杜拉河一直延伸到莱茵河的普鲁士身上。又过了几十年后，普鲁士不再甘心对奥地利唯命是从，开始走上了一条更具对抗性的道路。

1848年，革命烈火燃遍整个欧洲大陆，波及了每一个大城市。一个正在崛起的中产阶级试图迫使冥顽不化的各国政府接受开明改革。旧的贵族秩序感受到了日益高涨的民族主义力量。最初，各地的起义势不可当，从东边的波兰一直延伸到西边的哥伦比亚和巴西（这个帝国不久前刚挣脱了葡萄牙的殖民统治赢得独立。拿破仑战争期间，它曾是葡萄牙流亡政府所在地）。在法国，历史似乎再次重演。拿破仑的侄子作为拿破仑三世执掌了政权，先是通过公民投票当选为总统，之后又称帝。

当初建立“神圣同盟”，恰恰是为了应付这样的大动荡局势。由于柏林和维也纳统治者自己的地位岌岌可危，大动荡波及的范围又太广，而且具有多方面的影响，两国无力联手干预。结果俄国独自出兵镇压了匈牙利的革命，保住了奥地利在当地的统治。其他地方的旧秩序勉强把革命压了下去，但再也没有了革命前的自信。

最后，保守国家奥地利、普鲁士和俄国的团结一致因1853~1856 年的克里米亚战争而破裂。三国的团结一致，始终是维也纳国际秩序的两大支柱之一。革命时期，这两大支柱曾捍卫了现存的体制，并孤立了此前破坏和平的法国。现在又一个拿破仑正在伺机扩张。从克里米亚战争中，拿破仑看到了结束自己孤立状态的机会，与英国结为同盟。当时英国正全力阻止俄国夺取君士坦丁堡和通往地中海的入海口。英法联盟确实挡住了俄国进军的步伐，但为此付出的代价是外交关系日趋紧张。

冲突不是起于争夺克里米亚——18世纪俄国从奥斯曼帝国的一个封臣手里夺取了克里米亚——而是起于法国和俄国为了促进自己支持的耶路撒冷基督徒社团的权利，提出了相互冲突的要求。当时耶路撒冷还处于奥斯曼帝国管辖之下。在一场涉及哪一教派——天主教还是东正教——享有进入圣地的优先权的争执中，沙皇尼古拉一世要求承认他作为奥斯曼帝国所有东正教臣民的“保护人”采取行动的权力。而奥斯曼帝国境内的东正教徒人数众多，遍及各战略要地。沙皇的要求——无异于干涉他国事务的权力——包裹在普世道德原则中，但直接威胁了奥斯曼帝国的主权。遭到奥斯曼帝国拒绝后，俄国派军队进入巴尔干半岛，两国海军在黑海交战。6个月后，由于担心奥斯曼帝国和欧洲均势会瓦解，英国和法国加入奥斯曼一方参战。

维也纳会议建立的同盟体系于是被打破。之所以称为克里米亚战争，是因为一支法英联军在克里米亚登陆，攻占了俄国黑海舰队的母港塞瓦斯托波尔市。[31] 被围困的俄军坚守了 11 个月，然后凿沉了自己的军舰。普鲁士保持中立。奥地利愚蠢地决定利用俄国的孤立无援改善自己在巴尔干半岛的地位，动员了在当地的奥地利军队。收到俄国求援的请求后，奥地利不但没有向俄国伸出援手，而且还在外交上大力配合英法对俄战争，其做法近乎是给俄国下了最后通牒。奥地利的首相兼外交大臣施瓦岑贝格说：“我们的忘恩负义会震惊世界。”[32]

奥地利孤立俄国的举动最终孤立了自己。事隔不到两年，为了支持意大利的统一，拿破仑进攻奥地利在意大利的地盘。与此同时，俄国在一旁袖手旁观。在德国境内，普鲁士赢得了自由行动权。不到 10 年，俾斯麦把德意志带上了统一之路，并再一次在俄国默许下把历史上一直扮演日耳曼国家首领的奥地利排挤出局。待到奥地利悟出在国际事务上取信于人比战术上的长袖善舞更重要，为时已晚。

梅特涅与俾斯麦

在德国和欧洲的巨大变革中，两位政治家发挥了中流砥柱作用：奥地利的外交大臣梅特涅，和普鲁士首相即日后的德国首相俾斯麦。19 世纪这两位中欧最重要的政治家留下的截然不同的遗产，表明 19 世纪后半叶欧洲国际秩序的重心从合法性转向权力。两人均被视为典型的保守分子，都被说成是操纵均势的大师。他们的确实至名归。然而，两人不仅对国际秩序的基本看法几乎针锋相对，而且操纵均势的目的极其不同，对欧洲和世界和平产生的影响也截然不同。

梅特涅被委以重任，这本身就是 18 世纪社会开放的一个佐证。他出生在靠近法国边境的莱茵兰，在斯特拉斯堡和美因茨受教育。梅特涅 13 岁时第一次去奥地利，17 岁时才在那里定居。1809 年他被任命为外交大臣，1821 年出任首相，直到 1848 年卸任。命运使他担任了一个开始走向衰落的古老帝国的最高文职职务。奥地利曾被视为欧洲最强大、治理最好的国家之一，如今却身陷险境。由于地处欧洲腹地，欧洲大陆的每一次颤动都会在奥地利引起地震。奥地利国内多语言的特征，使它面临方兴未艾的民族主义浪潮的冲击。仅仅一代人以前，民族主义这股力量几乎还不见踪影。对梅特涅而言，坚定可靠成为他的政策指南：

> 当四周动荡不定时，最重要的是要有点儿什么——无论是什么——能在任何情况下都岿然不动，这样迷途的人才能确定方位，离散的人才能找到避风港。[33]

在启蒙运动的熏陶下，梅特涅更多地受到宣扬理性力量的哲学家的影响，而不是受鼓吹武力的人士的影响。他认为不需要焦虑地寻找解决眼下问题的对策，寻找真理才是政治家最重要的任务。梅特涅认为，心想事成的信念是一种幻觉。真理必须反映人性和社会结构的深层现实。任何空泛之论事实上摧残了它声称要实现的理想。在这个意义上，“发明是历史的敌人。历史上只有发现，而只有存在的东西才能被发现”[34]。

梅特涅认为，奥地利的国家利益是欧洲总体利益的象征，即如何在一个尊重多样化和共同的遗产、信仰和风俗的框架中，把不同的民族、人民和语言捏合到一起。[35]根据这一观点，奥地利的历史作用，是证明多元化在实现欧洲和平中的价值。

而俾斯麦是普鲁士乡村贵族的后裔。普鲁士的乡村贵族比德国西部农村的贵族寒酸得多，而且远不如后者眼界开阔。梅特涅试图证明传承的价值并复活一个普世观念，即欧洲社会的观念，而俾斯麦却对自己时代的一切权威观念提出挑战。俾斯麦之前，人们想当然地认为，如果德国真的能统一，需要借助民族主义和自由主义。俾斯麦的目标是要证明：这两股思潮可以分开；维护秩序无须“神圣同盟”的原则；保守派通过诉诸民族主义可以建立一个新秩序；欧洲秩序概念完全可以建立在对权力评估的基础之上。

这两位重量级人物对国际秩序性质的不同看法，突出反映在他们对国家利益的诠释上。梅特涅认为，秩序与其说产生于对国际利益的追求，不如说产生于把本国利益与他国利益相结合的能力：

政治学的伟大原理源于承认所有国家的切身利益。生存的保障正是源于整体利益。具体利益——一些目

> 光短浅的浮躁之徒把谋求具体利益当作智慧——只具有次等意义。近代史显示，可以通过遵循团结一致、均势……和各国同心协力的原则，迫使各国回归习惯法。[36]

俾斯麦拒绝接受认为更高的原则可以约束权力的论点。他的一些名言表达了一种信念——只有准确评估构成权力的各要素后才能确保安全：

> 柔情政策不会得到任何回报……[37] 其他任何一国政府都把本国利益作为衡量自己行动的唯一标准，不管它如何给自己的行动披上合法的外衣……天哪！再也不能要那种含情脉脉的同盟了，我们用牺牲换来的唯一回报，只是感觉为他们做了一件善事……[38] 一个大国政策的唯一健全基础是自身的利益，而不是浪漫主义……[39] 没有任何人会因为感恩或信赖就上战场与我们并肩作战。只有恐惧能让他这样做，如果我们能谨慎地巧用恐惧心理的话……[40] 政策是可能的艺术，是相对的科学。[41]

最终决策完全取决于对功利的考虑。18 世纪的欧洲秩序曾被人视为一块各部件严丝合缝的牛顿式的精密钟表，如今被适者生存的达尔文世界取而代之。

均势的窘境

1862 年俾斯麦出任普鲁士首相后，开始着手把他信奉的原则付诸实施并改造欧洲秩序。克里米亚战争后，东方的几个保守君主国陷入分裂。法国因其国君勾起了他国对往事的回忆而在欧洲大陆受到孤立。奥地利在本国角色与欧洲角色之间摇摆不定。俾斯麦看到了有史以来建立一个日耳曼民族国家的首次机遇。1862~1870 年，他大胆出手，干净利落地把普鲁士置于一个统一的德国之首，又将德国置于一个新秩序体系的中心。

迪斯累里称，1871 年德国的统一是“一个意义超过法国大革命的政治事件”，并断言，“均势已被彻底打破”。[42] 威斯特伐利亚式和维也纳式的欧洲秩序基于一个分裂的中欧之上。各方之间不断争斗——威斯特伐利亚解决方案产生的一大批德意志邦国之间相互倾轧，维也纳会议造成了奥地利与普鲁士之间的对峙——最终形成了均势。德国统一后成为一个势压群雄的国家，其力量之大足以独自打败任何一个邻国，也许欧洲大陆上的所有国家联起手来也不是它的对手。合法性的纽带已不复存在，现在一切都取决于对权力的估算。

俾斯麦毕生最辉煌的成就带来了一个结果，即一个灵活的均势更难运作，甚至不可能运作。法国在 1870~1871 年的普法战争中战败后，普鲁士兼并了法国领土阿尔萨斯－洛林，索要惩罚性赔款，1871 年又粗暴地在凡尔赛宫内的镜厅宣布成立德意志帝国。欧洲的新秩序只剩下了 5 个大国，其中两国（法国和德国）走上了彼此日益疏远的不归路。

俾斯麦深知，在欧洲腹地，一个具有称霸潜力的大国始终面临其他所有国家结盟与之对抗的风险，例如 18 世纪对抗路易十四和 19 世纪初对抗拿破仑的同盟。德意志只有谨言慎行方可避免四面树敌，为此俾斯麦处心积虑地设法杜绝他所谓的“同盟噩梦”。俾斯麦告诫说，在一个只有 5 个国家的世界里，最好总是待在一个 3 国集团里。这意味着要结成一连串令人困惑的既重叠又彼此冲突的同盟（例如与奥匈帝国的同盟和与俄国缔结的“再保险条约”），目的是使其他大国——宿敌法国除外——更愿意与德国合作而不是联手反德。

维也纳会议建立的威斯特伐利亚体系的高明之处，体现在它的与时俱进和务实性。由于当初建立这一体系是为了维护基督教世界的统一，理论上它可以延伸到任何一个地区，容纳任何一类国家。德国统一和德法交恶后，威斯特伐利亚体系丧失了其灵活性。只有俾斯麦这样的天才才能以高超的手段纵横捭阖，继续维持由种种互相制衡的承诺编织的一张网，保证均势不受破坏，并在他任期内防止了大规模冲突的发生。然而，这个自身安全依赖一代人里才能涌现出一个天才的国家，为自己确定了一个有史以来没有任何一国能够实现的目标。

1890 年俾斯麦被迫去职后（此前他因自己的权限问题，与新登基的德皇威廉二世闹翻），他建立的由重叠同盟组成的体系勉强得以维持。德国的下一位首相列奥 · 冯 · 卡普里维抱怨说，俾斯麦可以同时让 5 个球不落地，而他自己让两个球不落地都难以做到。1891 年，与俄国缔结的“再保险条约”到期后没有续约，理由是它与德奥同盟不相容。而俾斯麦认为这恰恰是该条约的用途。法国和俄国几乎自然而然地就开始探讨结盟的可能性。在欧洲走马灯般的秩序更迭背景下，同盟关系曾出现过几次类似的调整。不同于过去的是，现在这一做法被体制固定下来。外交失去了弹性，成了生死攸关的大事，而不再是微小的调整，因为同盟的改变对被抛弃的一方来说也许意味着国难临头。同盟中的每一方于是都可以借此勒索自己的伙伴，要求对方违心地支持自己，从而导致所有的危机升级，并将各国捆绑在一起。外交成了努力加强每个阵营的内部纽带，结果导致种种怨恨日积月累，越来越深。

1904 年，英国放弃了“光荣孤立”政策，加入法国和俄国的协约国联盟，最后残存的灵活性也随之消失。英国在形式上并未放弃，但事实上放弃了这一政策，即通过军事参谋人员的谈判，承担与德国的对手并肩作战的道义义务。英国之所以放弃了扮演平衡者角色的既定政策，是因为德国采取的一项外交政策。在摩洛哥和波黑的一系列危机中，德国依次羞辱了法国和俄国，希望以此方式打破法俄同盟（1905年和1911年在摩洛哥问题上羞辱法国，1908年在波黑问题上羞辱俄国），希望法俄互不信任。此外，德国的扩军计划包括建立一支庞大的海军舰队，以挑战英国的制海权。

军事上的策划加剧了各方的僵硬立场。自从维也纳会议后，欧洲只爆发过一场大的战争——克里米亚战争（普法战争仅限于两个交战国之间），而且是为了一个具体问题和有限的目标。到了19世纪和20世纪之交，军事计划制订者利用他们在机械化发展和新的动员方法等方面学到的经验，开始力争在全面战争中取得完胜。铁路体系使迅速调动军队成为可能。由于各方都有庞大的预备役部队，动员速度至关重要。德国的战略，即“施里芬计划”，基于以下判断：德国必须抢在邻国与其他国家联手并从东西两侧发动进攻前，击败其中之一。[43] 于是德国将先发制人纳入自己的军事计划中。而德国邻国需要做的与德国恰好相反。为了减轻德国有可能先发制人发动打击的后果，它们必须加快动员和协同作战的速度。动员时间表于是主导了外交。政治领导人若想对军事问题握有决定权，本应由外交主导动员时间。

当时，外交仍以传统的、不慌不忙的方式运作，与涌现出的新技术及其带来的新战争方式完全脱节。欧洲各国的外交官依然以为，他们彼此打交道的方式没有变化。进入新世纪后爆发的多次外交危机没有一次导致爆发战争，因此他们更不思改变。在摩洛哥和波斯尼亚问题上的两场危机中，动员时间表对行动没有产生任何实际影响，因为尽管各方剑拔弩张，但局势从未升级到战争一触即发的地步。不无矛盾的是，以上危机顺利得到解决，造就了一种不顾及实际利益的短视和冒险行为。各方想当然地认为，为了赢得民族主义色彩报纸热衷吹捧的战术胜利，翻云覆雨是推行政策的正常方式。大国可以在无关痛痒的争端上相互对峙，迫使对方后退，而不会真的走向摊牌。

然而或早或迟，战略上的轻浮草率会受到历史的惩罚。第一次世界大战的爆发，就是因为政治领导人对自己采取的策略失去了控制。[44]1914 年 6 月，奥匈帝国王储被塞尔维亚的一名民族主义者刺杀。在其后将近一个月的时间里，外交仍然遵循了近几十年来处理众多其他危机的拖延模式。奥匈帝国起草最后通牒用了 4 个星期的时间。各方的确举行过磋商，但由于时值盛夏，各国的政治家都避暑去了。待到1914年7月奥匈帝国发出最后通牒后，通牒截止期的迫近几乎没有给决策者留出多少时间。不到两周，欧洲走向了一场从此元气大伤的战争。

以上种种决定，都是在主要大国之间的分歧与各自采取的姿态背道而驰的情况下做出的。国家和帝国的融合作为一个新的合法性概念已经浮出水面，因此没有一个大国认为其他大国的体制对本国的生存构成了根本威胁。当时的均势虽然僵硬，但并不令人感到压抑。各国君主之间关系融洽，有的甚至是亲戚，彼此往来交际不绝。除了法国一心要收复阿尔萨斯—洛林外，其他大国均没有对自己的邻国提出领土要求。合法性和权力之间保持着实质性的平衡。然而在巴尔干半岛，奥斯曼帝国残存领土上的几个国家对自己未实现民族自决权深感不满，尤其是塞尔维亚，从而对奥匈帝国构成了威胁。倘若任何一个大国支持这种诉求，就极有可能引发一场全面战争，因为奥匈帝国与德国结盟，俄国又与法国结盟。结果，奥匈帝国王储遭到一名塞尔维亚民族主义者的刺杀这件影响范围有限的事件，竟使一场事先没人思量过其后果的战争降临到了西方文明头上，导致欧洲 100 年来的和平与秩序灰飞烟灭。

维也纳会议后的 40 年里，欧洲秩序起到了预防冲突的缓冲作用。德国统一 40 年后，这一体系导致所有争端加剧。没有一个国家的领导人预见到了一场日益迫近的灾难有多严重。有现代军事装备做后盾的这一常规对抗体系或早或迟会导致灾难。这些国家的领导人对这场灾难都负有责任。他们对自己正在破坏一个国际秩序的事实视而不见：决心要收复阿尔萨斯—洛林的法国需要战争；奥匈帝国在自己的国家责任和中欧责任之间首鼠两端；德国似乎完全无视历史的教训，为了消除两面受敌的恐惧，试图胁迫法国和俄国就范，同时大力扩充海军力量；英国毫无疑问会反对欧洲大陆上最强大的陆地强国，如果该国的行为同时含有威胁英国海上霸权意味的话；俄国不断窥伺时机四处扩张，同时对奥匈帝国和奥斯曼帝国的残破山河构成了威胁；而英国的暧昧立场模糊了它对盟国日益加大的承诺，进一步扩大了每一项选择的不利因素。法国和俄国因得到英国的支持态度强硬，而英国若即若离的姿态又让一些德国领导人误认为，英国在一场欧洲战争中有可能保持中立。

想象历史进程换一种样子会是什么结果往往徒劳无益。然而这场颠覆西方文明的战争并不包含必然性，而是审慎的领导人做出一系列错误判断的结果。他们没有认识到自己制订的计划会造成何种后果。就这样，在人们以为天下太平的一年里，一次恐怖主义袭击事件掀起了一个巨大的旋涡。最终，军事策划战胜了外交。对这一历史教训，后人必须铭记在心。

两次世界大战期间的合法性和权力

第一次世界大战受到了狂热的公众和亢奋的领导人的欢迎，他们以为这会是一场为实现有限目标而打的短暂而光荣的战争。没想到最终这场战争夺去了2 500万人的生命，并摧毁了现存的国际秩序。欧洲均势中对变幻不定的利益进行的微妙推演被放弃，取而代之的是两个僵化的同盟奉行的对抗性外交。之后，在造成此前难以想象的伤亡的堑壕战中，欧洲均势遭到践踏。经过这场苦难煎熬后，沙俄帝国、奥匈帝国和奥斯曼帝国荡然无存。在俄国，一次争取现代化和自由改革的人民起义的成果，被鼓吹普世革命理论的武装分子夺取。历经饥荒和内战后，俄国和它占有的其他领土组建了苏联。陀思妥耶夫斯基对“地球上一个伟大的普世教会”的渴望，变形为莫斯科指挥的拒绝一切现有秩序观念的世界共产主义运动。俾斯麦曾告诫说：“那些提出的参战理由在战争结束时不如开战时令人信服的政治家，结局是可悲的。”若能预知 1918 年的世界，1914 年 8 月那些身不由己被卷入战争的领导人没有一个会选择战争。

欧洲政治家为这场惨绝人寰的杀戮所震撼。他们认为是一场危机导致了第一次世界大战，为此在战后努力营造与那次危机尽可能不同的环境。他们从自己的脑海中抹掉此前为打造国际秩序而努力的几乎一切经验教训，尤其是维也纳会议。这不是一个令人愉快的决定。维也纳会议接纳了战败的法国，而 1919 年的《凡尔赛和约》拒绝让德国重返欧洲秩序。苏联马克思列宁主义的革命政府预言现存国际秩序将被推翻，宣称自己不受其概念和限制的约束。苏联处于欧洲外交的边缘，西方大国犹豫观望了很久才不情愿地承认了苏联。构成欧洲均势的5个大国中，奥匈帝国消失了，俄国和德国被排斥在外或自己选择不参与，英国开始重返其传统立场，即参与欧洲事务主要是为了抵制对均势实际存在的威胁，而不是针对某种潜在的威胁采取先发制人的行动。

通过一个微妙地平衡权力和合法性诸要素的国际秩序，传统外交在欧洲维持了百年的和平。19世纪最后25年里，均势转向倚重权力。《凡尔赛和约》的起草者改弦易辙，再次回归合法性，创立了一个仅靠呼吁遵守共同原则来维持的国际体系——如果还有可能维持这一体系的话——因为权力诸要素要么无人理睬，要么混乱不堪。事实证明，位于德国和苏联之间的一批根据自决权产生的国家，无力抵御两国中的任何一个，于是互相联手。英国越来越不关心外部世界。1917年不顾公众的最初反对参战的美国对战后结果大失所望，陷入孤立主义之中。提供权力要素的责任于是主要落到了法国头上。而法国战后已筋疲力尽，人口严重下降，国民一蹶不振。法国越来越意识到，它与德国之间的实力差距有可能无法逆转。

很少有一份外交文件像《凡尔赛和约》那样在达到自

己的目标上如此失败。《凡尔赛和约》之苛刻足以使和解变得不可能，同时又没有苛刻到使德国永远无法恢复元气的地步。国疲民困的民主国家因此不得不随时对志在复仇的宿敌德国和苏联的革命政权保持警惕。

由于德国对凡尔赛体系没有道义上的义务，又没有一个防止它提出挑战的明确均势，凡尔赛和会建立的秩序等于鼓励德国改变现状。唯有靠歧视性的条款才有可能阻止德国获得潜在的战略优势，但这样的条款与美国，而且也日益与英国的道德信念相冲突。一旦德国开始挑战凡尔赛战后安排，唯有靠法国无情地使用武力或美国永久卷入欧洲大陆事务，方能保障和约条款的执行。然而，这两个条件皆不具备。

过去的300年里，法国先是一直保持中欧的分裂，随后又改为遏制中欧。起初法国依靠自己的力量，后来与俄国结成同盟。凡尔赛和会后，法国失去了联俄的可能性。由于法国在战争中大伤元气，已无力扮演欧洲警察的角色。中欧和东欧涌动的政治潮流也超出了法国的操控能力。现在只剩下法国一家独自抗衡统一后的德国。为了捍卫凡尔赛会议做出的战后安排，法国几次犹犹豫豫地诉诸了武力。希特勒的出现使法国再次坠入历史噩梦，全然丧失了斗志。

列强试图把各自的厌战情绪转化为一种新型的和平国际秩序，为此提出了一个模糊不清的国际裁军方案，但如何执行这一方案，则留给了日后的谈判。国际联盟和一系列仲裁条约是为了用法律机制取代大国角逐来解决争端。虽然几乎所有国家都参加了这些新机制，而且一切破坏和平的行为均被明文禁止，但事实证明没有一个国家愿意确保这些规定得到强制执行。心怀怨恨或图谋扩张的大国，如德国、日本帝国和墨索里尼的意大利，很快发现违反国联成员国规定或干脆退出国联不会产生任何严重后果。结果，便形成了两个既重叠又自相矛盾的战后秩序：一个是以西方国家交往方式为代表的遵守规则和国际法的世界，另一个是为摆脱约束从这一体系退出的大国专为自己划出的可以肆意妄为的空间。两种秩序又被笼罩在游走于两者之间伺机取利的苏联的巨大阴影之中，有可能被苏联的革命世界秩序概念所吞没。

最终，凡尔赛秩序既没有获得合法性，也没能建立均势。1925 年的《洛迦诺公约》显示了这一秩序几乎弱不禁风。根据这一条约，德国“认可了”它的西部边界和莱茵兰的非军事化。其实早在凡尔赛，德国就已经接受了后者。但德国明确拒绝对它与波兰和捷克斯洛伐克的边界做出同样的承诺，充分暴露了它的野心和内心的怨恨。令人惊奇的是，法国接受了《洛迦诺公约》，而该公约为10年后德国对法国在东欧的盟国复仇埋下了种子。

20世纪20年代，德国的魏玛共和国力陈《凡尔赛和约》条款的自相矛盾和苛刻与国际联盟的理想主义背道而驰，试图以此唤起西方国家的良知。[45]1933年，被心怀怨恨的德国人推选上台的希特勒抛开了一切约束，无视凡尔赛和平条款，重新武装德国，并推翻《洛迦诺公约》，重新占领了莱茵兰。看到这些举动没有遇到强有力的抵抗后，希特勒开始对中欧和东欧各国逐一下手，先是奥地利，然后是捷克斯洛伐克，最后是波兰。

以上种种挑战并非20世纪30年代所特有。每个时代，人类社会都会出现魔鬼般的人物和蛊惑人心的酷政论点。政治家的任务是防止这种人上台，并在他们真的上台后维护一个能够遏制他们的国际秩序。两次世界大战期间，浮躁的和平主义、地缘政治失衡和盟国之间的不和致命地交织在一起，导致邪恶势力可以为所欲为。

经历300年的冲突之后，欧洲才建立了一个国际秩序。它抛弃这一秩序，是因为欧洲各国领导人参加第一次世界大战时没有认识到这样做的后果。他们倒是预见到了下一次大战的后果，但又畏首畏尾，不敢预先采取防范行动。基本上可以说，国际秩序的崩溃是躲避责任，甚至是自杀行为的结果。欧洲抛弃了威斯特伐利亚原则，又不情愿使用必要的武力维护它宣称的道义原则，结果又一次陷入战争。战后，欧洲再次面临秩序重塑。

战后的欧洲秩序

两次世界大战后，威斯特伐利亚主权概念和均势原则在当代欧洲大陆秩序中的重要性锐减。两者残存的影响也许会继续存在下去，尤其是在大发现和扩张时代这一概念和原则传播到的一些国家。[46]

第二次世界大战结束时，欧洲赖以号令世界的物质和心理能力荡然无存。除了瑞士和瑞典外，欧洲大陆上的所有国家都有过被外国军队占领的经历，各国经济凋敝。显然，没有一个欧洲国家（包括瑞士和瑞典）有能力凭借自己的力量决定本国的未来。

西欧借助道义力量走上了一条缔造秩序的新路。这要归功于三位伟人的努力：德国的阿登纳、法国的舒曼和意大利的加斯佩里。三人都出生在第一次世界大战前并在战前完成学业，依然对旧欧洲关于改善人类生存条件的部分哲学观点坚信不疑。因此，他们有远见、有毅力去消除造成欧洲悲剧的根源。在各自国势衰微到极点的时候，他们维护了自己年青时代的部分秩序概念。三人最重要的信念是：若要解救本国人民，避免欧洲悲剧的重演，就必须消除欧洲历史上的分裂，并在此基础上建立一个新的欧洲秩序。

他们首先必须面对欧洲的又一次分裂。1949 年，西方盟国将自己的三个占领区合并为一个，成立了德意志联邦共和国。苏联把自己的占领区变成一个依附于华沙条约组织的社会主义国家。德国再次退回 300 年前威斯特伐利亚和约签订之后的状态。德国的分裂成了新国际框架形成的关键因素。

法德之争是过去300年间欧洲每一场战争的根源。两国现在开始超越欧洲的历史，把两国残存的经济实力中的关键部分加以整合。作为迈向由欧洲各国人民组成的“更加密切的联盟”的第一步，1952年，法国和德国成立了“煤钢共同体”，并把它作为新欧洲秩序的基石。

此前的几十年里，德国始终是对欧洲稳定的头号威胁。战后头10年里，德国国家领导人选择的道路至关重要。阿登纳出任新成立的德意志联邦共和国总理时已经73岁，而俾斯麦在这个年龄时事业已近黄昏。阿登纳有贵族派头，对民粹主义存有戒心。他成立了一个叫“基督教民主联盟”的政党，在德国议会史上首次作为一个得到多数人支持的温和派政党执掌政权。受德国人民之托，阿登纳致力于重新赢得“二战”受害者的信任。1955年，他成功地使德国加入了北大西洋公约组织。阿登纳坚定不移地促进欧洲的统一，甚至在50年代拒绝了苏联的一项建议。苏联曾在建议中暗示，如果联邦德国放弃西方联盟，或许有希望实现德国统一。这一决定无疑反映了阿登纳对苏联建议的可靠性做出的老到判断，同时也显示了他对德国是否有能力作为一个民族国家再次在欧洲大陆腹地独行的深深疑虑。无疑，要将一个新的国际秩序置于自己祖国分治之上，需要领导人拥有巨大的道德力量。

在欧洲史上，德国的这次分治不是第一次。威斯特伐利亚和约与维也纳和约均以德国分治为基础。这次不同的是，在就国际政治秩序的性质展开的较量中，这个新德国毫不含糊地把自己视为西方的一个组成部分。鉴于均势主要是在欧洲大陆以外塑造的，这一点尤其重要。过去 1 000 年间，欧洲人想当然地认为，无论均势如何千变万化，组成均势的各要素总是在欧洲。正在浮现的冷战世界，试图通过两个超级大国的行为和军备实现均势。这两个超级大国就是大西洋彼岸的美国和位于欧洲版图边缘的苏联。美国通过 1947 年的“希腊—土耳其援助方案”和 1948 年的“马歇尔计划”重新启动了欧洲经济。1949 年，美国有史以来第一次通过《北大西洋公约》参加了和平时期的联盟。

历史上始终由欧洲国家建立的欧洲均势，变成了欧洲以外大国的战略的一部分。北大西洋公约组织为美国和欧洲之间进行定期磋商，以及在一定程度上实现外交政策连贯性建立了一个框架。但究其实质，欧洲的均势实际上从欧洲内部达成的安排，转变为在全球范围内对苏联的遏制，主要是借助美国的核能力。经历了两次毁灭性战争后，西欧国家面对的，是挑战它们的历史归属感的地缘政治观念的变化。

冷战初期的国际秩序实质上只有两极，西方联盟基本上唯作为盟主的美国马首是瞻。在美国眼里，联盟不是一批为了维护均势而保持步调一致的国家，而是一家美国任执行董事的联合企业。

昔日传统的欧洲均势以成员平等为基础，每一个成员都为实现一个共同的、基本上有限的目标而出一份力。虽然北大西洋公约组织将各盟国的军事力量整合在一个共同结构中，但它主要靠美国一家的军事实力维持，尤其依靠美国的核威慑。只要战略核武器是欧洲防御的主要手段，欧洲政策的目标基本上是求得一种心理作用：在危急情况下，美国必须把欧洲当作自身的延续。

冷战时期的国际秩序，反映了有史以来基本上相互独立的两种均势：一种是苏联和美国之间的核均势，另一种是北约内部的均势。北约的作用主要是心理上的。欧洲承认美国的霸主地位，以此换取美国的核保护。欧洲国家各自加强本国的军事力量，主要目的不是追求多多益善的效果，而是为了在联盟的决策中拥有发言权，好比是得到一张可以参与讨论如何使用美国威慑力量的门票。法国和英国分别建立了自己的小型核力量，虽然对总体均势影响不大，但可以借此赢得一个参与大国决策的理由。

核时代的现实以及苏联近在咫尺的地理位置，使这一联盟维持了一代人之久。1989 年柏林墙坍塌后，北约内部的分歧注定会再次抬头。

冷战持续了 40 年之后，北约实现了当初缔造者宣布的对冷战结局的展望。1989 年柏林墙倒塌后，德国迅速实现了统一，苏联的卫星国——受苏联控制的东欧诸国——旋即垮台。20 世纪第三次争夺欧洲的较量以和平方式结束。这印证了当初建立北约的领导人的高瞻远瞩，和促成这一结局的人策略之巧妙。德国的统一证明了自由民主的胜利。德国重申支持欧洲的统一，将其视为具有共同价值观和共同发展目标的事业。被压制了 40 年（有些国家时间甚至更长）的东欧诸国开始再次恢复独立并重新找回自我。

苏联的解体改变了外交的重心。一旦来自欧洲内部的巨大军事威胁不复存在，欧洲秩序的地缘政治特征随即发生了根本性的变化。在胜利的狂喜之下，传统的均势问题被当作“老式外交”丢到了一旁，取而代之的是共同理想的传播。有人公开声称，北约应该更关心自己的政治影响力，而不是安全问题。北约一直扩至俄罗斯边界——甚至也许包括俄罗斯边界——现在被当作一个严肃的可能性提了出来。建议把军事联盟扩展到距离莫斯科仅几百英里、历史上始终存在争议的领土，主要不是出于安全方面的考虑，而是被视为“锁定”民主成果的合理方式。

面对直接的威胁，国际秩序体现为美国和苏联分别控制的两大敌对阵营之间的对抗。苏联的实力衰落后，世界在一定程度上走向多极，欧洲致力于界定欧洲国家认同感的内涵。

欧洲的未来

欧洲一路走到今天，可谓历尽沧桑。欧洲开启了全球探险，并把自己的做法和价值观向世界各地传播。每个世纪，欧洲都改变了自己的内部结构，提出了关于国际秩序性质的新思路。今天欧洲处于一个时代的巅峰。为了融入这一时代，欧洲认为有必要舍弃过去三个半世纪里指导其行为的政治机制。为了减轻德国新近统一造成的冲击，2002 年新成立的欧洲联盟推出了共同货币，2004 年又搭建了正式的政治结构，宣布欧洲是统一、完整和自由的，它将通过和平机制协调成员国之间的分歧。

德国的统一改变了欧洲的均势，因为没有任何宪法安排可以改变一个事实：德国再次成为欧洲最强大的国家。单一货币带来了自从神圣罗马帝国以来欧洲从未有过的高度统一。欧盟会发挥其宪章所称的全球作用，还是会像查理五世治下的帝国那样，最终无力维持自身的统一？

在某种意义上，新架构意味着对威斯特伐利亚体系的摈弃。然而，欧盟也可被视为欧洲回归威斯特伐利亚基于国家的国际体系。威斯特伐利亚体系是欧洲创立的，在近代的大部分年份里，欧洲将这一体系推广至世界各地，把它树立为一个典范并加以捍卫。只不过这一次欧盟代表了一种地区权力，而不是国家权力，成为全球新版威斯特伐利亚体系中的一个新单元。

这一结果融合了国家和区域的行为方式，然而迄今为止仍未能充分享受任何一种方式的好处。欧盟削弱了其成员国的主权和传统的政府职能，例如对本国货币和边界的控制权。另一方面，欧洲的政治仍然主要以国家为主。在很多国家，抵制欧盟的政策已经成为国内的头号问题。结果是产生了一个混合体，它在宪法意义上介于国家和邦联之间，通过部长级会议和一个共同的官僚机构运作，更像神圣罗马帝国，而不是 19 世纪的欧洲。然而，与神圣罗马帝国不同（至少就神圣罗马帝国大部分时间而言），欧盟试图通过寻找指导性的原则和目标解决内部的种种矛盾。在这一探索过程中，欧盟一方面寻求货币统一，另一方面又任由各国自理本国财政，同时还有一个与民主制不符的官僚机构。在外交政策上，欧盟拥护普世理想，然而缺乏推行这些理想的手段。它的超国家特征与成员国对本国的忠诚互相冲突。欧盟既是一个统一体，内部又有东西欧之别和南北欧之分，对挑战国家统一的自治运动（加泰罗尼亚、苏格兰）持理解宽容的态度。欧洲的“社会模式”既依赖市场机制，又对它感到不适。欧盟的政策将宽以待人的包容精神神圣化，几乎到了不愿坚持独特的西方价值观的地步，而其成员国在政治上的做法却反映了对非欧洲移民流入的恐惧。

结果，出现了一个考验欧盟自身在公众眼里所具有的合法性的周期。欧洲国家放弃了很大一部分曾被视为本国主权的权力。由于欧洲各国领导人执政还是在野依然取决于本国的民主进程，他们往往倾向于奉行利己的政策，结果引发了欧洲不同地区之间的争端，通常围绕着经济问题。尤其在出现危机时，例如 2009 年的危机，欧洲机制为求自保，被迫采取干预性更强的应急措施。然而当要求公众为了“欧洲事业”做出牺牲时，他们对自己应负什么义务也许并没有清楚的认识。欧洲各国领导人于是面临选择：要么无视本国人民的意愿，要么遵从本国人民意愿与布鲁塞尔分庭抗礼。

欧洲再次回到了问题的起始点，只不过这一次这个问题具有全球意义。从彼此竞争的心态和对立的趋势中，能生成什么样的国际秩序？哪些国家将成为这一秩序的成员？欧洲各国的政策将以何种方式发生联系？欧洲需要多大程度的统一？欧洲又能承受多大的差异？从长远观点看，一个与之相反的问题也许更具有根本意义：鉴于历史，为了实现有意义的统一，欧洲必须保留多大的差异？

欧洲维持一个全球体系时，代表了世界秩序的主导概念。欧洲的政治家设计了国际架构并将其推广到世界各地。今天，对新世界秩序的性质本身就存在着争议，而且欧洲之外的地区也将在决定这一秩序的构成因素上发挥重要作用。世界是否正在走向区域集团，而这些集团扮演着威斯特伐利亚体系中的国家角色？如果是这样，会不会因此形成均势？还是关键的成员因此锐减为少数几个，以致秩序不可避免地变得僵硬，体制缺乏弹性的各个集团相互对峙，重演20世纪初险象环生的一幕？美国、中国也许还有印度和巴西等大陆国家已经实现群聚效应，在这样一个世界里，欧洲将如何应对它转变为一个区域单元的过程？迄今为止，欧洲各国主要将一体化进程视作增强欧洲各行政机构职能的官僚机构问题，换言之，是对既有机构的补充完善。推动欧洲内部支持这些目标的驱动力将来自何方？欧洲历史显示，仅靠行政措施从来无法实现统一，而是必须有一个统一者。德国的统一靠普鲁士，意大利靠皮埃蒙特。没有它们的领导（和制造既成事实的意愿），统一事业会胎死腹中。哪个国家或机构会扮演这个角色？还是必须创立一个新机构或内部小集团来指引道路？

假如欧洲无论通过何种道路实现了统一，它将如何界定自己的全球角色？欧洲面临三个选择：构建大西洋伙伴关系，采取更加中立的立场，或是与一个欧洲以外的大国或国家集团逐渐结成一种心照不宣的誓约关系。欧洲是希望未来同盟关系发生变化，还是把自己视为通常采取相同立场的北大西洋集团的一员？它会更认同自己的哪一段历史？是距今不远的大西洋国家团结一致的历史，还是为了国家利益尔虞我诈的那段更久远的历史？简而言之，还会继续存在一个大西洋共同体吗？如果如我热切希望的那样仍然有的话，它会如何界定自己？

大西洋两岸都需要思考这个问题。仅靠发挥自己熟悉的作用，大西洋共同体是无法跟上时代步伐的。很多情况下，大西洋联盟的欧洲成员在共同决定全球战略问题时，常常认为自己的政策就是扮演中立的规则监管者或援助的分配者。然而，当这一模式遭到拒绝或运作中出现偏差时，他们往往手足无措。新一代人的经历不同于冷战时期要面对苏联的挑战，他们需要赋予常常被引用的“大西洋伙伴关系”更具体的含义。

欧洲的政治如何演变，归根结底要由欧洲人自己决定。然而这事关欧洲的大西洋伙伴的重大利益。一个新欧洲会积极参与新国际秩序的建立，还是会因内部问题缠身而自我消耗？当代地缘政治和战略现实排除了传统欧洲大国奉行纯均势战略的可能性。由泛欧精英掌管的一个新生的“规则加准则”组织，同样难以胜任推行全球战略的重任，除非它在一定程度上能反映地缘政治的现实。

无论从历史角度还是从地缘政治角度出发，美国完全应该加强欧盟，防止它一步步滑入地缘政治真空。美国若在政治、经济和防御上与欧洲分家，就地缘意义而言，就会成为欧亚大陆对岸的一个岛国。欧洲自己可能也会成为亚洲和中东势力范围的附庸。

不到一个世纪前，欧洲几乎垄断了全球秩序的制定。如今，它却有可能置身于当代探索世界秩序的努力之外，把自身的建设当作地缘政治的终极目标。在很多人眼里，这一结果代表了几代人的梦想——一个祥和统一、摈弃列强争夺的大陆。问题是，虽然欧洲倡导的软实力方法常常激动人心，世界上却没有几个地区愿意坚定不移地只奉行这一风格的政策，从而有可能导致不平衡。对世界秩序的探索正处于令人心悬的时刻，曾在世界秩序的塑造上起过重大作用的欧洲却转向了自我。而任何一个不参与塑造世界秩序的地区，都有可能被形成的世界秩序吞没。于是，欧洲在它努力逾越的过去和它尚未界定的未来之间摇摆。

| 第三章 |

伊斯兰主义和中东：世界乱局

中东是世界三大宗教的发源地。这块不毛之地上先后涌现出高举普世理想旗帜的征服者和先知。在它似乎绵延无尽的地平线上，一个个帝国崛起又覆亡，一个个专制君主声称自己是一切权力的化身，之后又如海市蜃楼般消失得无影无踪。在这块土地上，不同历史时期存在过形形色色的国家秩序或国际秩序，随后又一个个被推翻。

中东地区不断有人呼吁，要为了一个普世愿景推翻区域和世界秩序。世界对此已习以为常。带有预言性的绝对观点层出不穷，始终是这一地区的特征。中东一方面沉浸在对昔日辉煌的梦想中，另一方面又无力就国家秩序或国际合法性的共同原则达成共识。就组织区域秩序和确保这一秩序同世界其他地区的和平与稳定并行不悖而言，没有哪个地区比中东面临的国际秩序挑战更复杂。

在当今时代，中东似乎注定要重温昔日的所有经历——帝国、“圣战”、外国统治、互相厮杀的教派战争——方能最终选定（如果能做到的话）一个国际秩序概念。在此之前，中东仍会在加入或对抗国际社会之间挣扎摇摆。

伊斯兰世界秩序

中东和北非早期格局的形成源自一系列帝国。每一个帝国都自视为文明生活的中心，每一个帝国都围绕着有利于统一的地理特征崛起，随后向周边地区扩张。公元前3000年，埃及沿尼罗河将其势力扩展到今天的苏丹。与此同时，美索不达米亚、苏美尔和巴比伦等帝国巩固了对底格里斯河和幼发拉底河流域一带人民的统治。公元前6世纪，波斯帝国在伊朗高原崛起，并建立了一套自己的统治体系。这一体系被称为“有史以来第一次有目的地试图将迥异的非洲、亚洲和欧洲社会，统一在一个单一的、有组织的国际社会中”，统治者自称“万王之王”。[1]

公元 6 世纪末，两大帝国控制了中东的大部分地区，一个是定都在君士坦丁堡、信奉基督教（希腊东正教）的拜占庭（或东罗马）帝国，另一个是首都位于今天巴格达附近的泰西封、信奉琐罗亚斯德教（亦称拜火教）的萨珊波斯帝国。两个帝国之间不时发生的冲突持续了几百年。公元 602 年，两个帝国刚遭受了一场严重瘟疫后不久，波斯入侵拜占庭领土，从而引发了一场为时 25 年的战争。这对两个帝国尚存的实力都是一个考验。拜占庭胜出后，疲惫的双方因无力再战，实现了政治家未能实现的和平。这还为伊斯兰教的最终胜利打通了道路。因为在阿拉伯世界西部一片任何帝国鞭长莫及的荒芜沙漠上，先知穆罕默德和他的信徒在一个新世界秩序观的激励下，正在积蓄力量。

世界史上很少有哪个事件像伊斯兰教的早期传播那么富于戏剧性。根据伊斯兰教传统的说法，穆罕默德诞生于公元 570 年，40 岁时受到启示，此后的大约 23 年中继续不断地接到启示。这些启示后来被缀辑成《古兰经》。正当拜占庭帝国和波斯帝国两败俱伤时，穆罕默德及其信徒组建了一个社群组织，统一了阿拉伯半岛，然后着手用以他收到的启示为内容的宗教，取代这一地区当时的流行信仰，主要是犹太教、基督教和琐罗亚斯德教。

前所未有的一波扩张，使伊斯兰教的崛起成为历史上最重大的事件之一。公元632年，穆罕默德去世。此后的100年间，阿拉伯人的大军把这一新的宗教先后带到了非洲的大西洋沿岸、西班牙大部地区、法国中部，东至印度北部。此后的几百年间，中亚地区和俄国、中国部分地区以及东印度群岛的大部分地区也接受了伊斯兰教。在以上所有地区，伴随商人或征服者而来的伊斯兰教奠定了其宗教统治地位。

区区几个阿拉伯联盟居然能激发起一场运动，打败曾经主宰这一地区长达数百年的一些庞大帝国。倒退几十年，这简直令人不可思议。[2]不可阻挡的帝国势头和吞噬一切的狂热究竟如何被悄然捏合到了一起？邻近社会当时的记载，并没有把阿拉伯半岛视为一支帝国力量。在长达数百年的时间里，阿拉伯人一直在沙漠及周边的富饶地区过着半游牧部落式的田园生活。直到此时，他们虽然与罗马帝国有过几次短暂的交锋，但从未建立过恢宏的大国或帝国。阿拉伯人的历史记忆都只是体现在代代相传的口述史诗中。在希腊人、罗马人和波斯人的记忆中，阿拉伯人主要是不时袭击商道的草寇，并且已经开始定居。希腊人、罗马人和波斯人会做出临时性的安排，收买某个阿拉伯部落的忠诚，再委派它为帝国戍边。从这个意义上来说，这些帝国已经把阿拉伯人纳入了自己的世界秩序。

经过一个世纪的奋斗，这一世界被彻底颠覆。伊斯兰教不同于有史以来的任何其他社会，它具有扩张性，在某些方面追求极端的平等主义。它规定每日频频祷告，把信仰变成了一种生活方式。它强调宗教和政治权力的一体性，从而把伊斯兰教的扩张从一项帝国的事业变成了一项神圣的义务。不断扩张的穆斯林每遇到一国人民，都给予他们同样的选择：要么皈依伊斯兰教并接受保护国地位，要么被征服。公元7世纪一次重大战役前夕，一位阿拉伯穆斯林使节被派去与遭到围困的波斯帝国谈判。正如他所宣示的那样："如果你们接受伊斯兰教，我们不会打扰你们。如果你们同意付人口税，我们会在你们需要时保护你们。否则，我们就要兵戎相见。”[3] 他们之所以敢发出这样的威胁，是因为有强大的阿拉伯骑兵做后盾，这些骑兵宗教信念坚定，军事技能过硬，对被征服土地上的奢华嗤之以鼻。这些社会目睹了伊斯兰教的活力和成就，深恐自己会亡国灭种，于是选择了皈依新的宗教并接受其教义。

伊斯兰教在三个大陆上的迅速蔓延，让人们更加相信它负有神圣使命。[4] 在坚信自己的扩展必将实现统一并给全人类带来和平信念的驱动下，伊斯兰教既是一种宗教，又是一个多族裔的超级国家和一种新的世界秩序。

被伊斯兰教征服的地区或受伊斯兰教控制并进贡的非穆斯林居住地区，被视为一个单一的政治单元，即“伊斯兰之家”，意为“和平之地”，由哈里发统治。哈里发按照正统继位程序继承先知行使过的世俗政治权力。“伊斯兰之家”以外的地区是“征伐之地”。伊斯兰教的使命是把这些地区纳入自己的世界秩序，从而实现世界和平：

> 从理论上讲，“伊斯兰之家”与“征伐之地”处于交战状态，因为伊斯兰教的终极目标是统治全世界。如果伊斯兰教削弱了征伐之地，“伊斯兰世界的和平”公共秩序就会取代一切，非伊斯兰社会要么成为伊斯兰社会的一部分，要么作为被允许存在的宗教社会，或与伊斯兰社会签有条约的自治实体臣服于它的权威。[5]

实现这一普世体系的战略被命名为“圣战”，即所有信徒有义务通过斗争传播自己的信仰。“圣战”包含了战争之意，但又不仅仅是一项军事战略。这个词还意味着使用其他手段全力救赎他人并传播伊斯兰教的教义，比如通过信仰追求或建功立业来弘扬伊斯兰教。在不同的时代和地区，强调的重点因时因地有很大的差异。信徒可以用“他的一颗心，他的舌头，他的一双手抑或利剑”投身“圣战”。[6]

早期的伊斯兰国家向其周边传播教义。它曾一度形成了一个单一的政治实体，统治了一个信奉伊斯兰教的社会，对世界其他地区构成潜在的威胁。自从那时以来，情况已经发生了极大的变化。伊斯兰与非伊斯兰社会之间的交往历经沧桑，既有和谐共处的时期，也有势不两立的时候。贸易往来把伊斯兰世界和非伊斯兰世界更紧密地连在一起；双方也常常为了共同的重大目标携手合作，在外交上结盟。然而二元世界秩序概念仍然是伊朗的官方理论并载入其宪法，也是黎巴嫩、叙利亚、伊拉克、也门、阿富汗和巴基斯坦少数族裔武装组织的战斗口号，和世界各地几个活跃的恐怖主义团伙——包括“伊拉克和黎凡特伊斯兰国”（ISIL，以下简称“伊斯兰国”）——信奉的意识形态。

其他宗教，尤其是基督教，也有过武力讨伐他人的时候，有时以同样的狂热、采用相似的征服手法和逼迫他人皈依的做法倡导自己的世界使命。（16 世纪，西班牙征服者以类似的必欲征服世界的精神，灭掉了中美洲和南美洲几个古老的文明。）[7] 两者的区别在于，在西方世界，征服精神已经褪去，或是化为不像宗教动机那么绝对（或不那么持久）的世俗概念形式。久而久之，基督教变成了一种哲学和历史概念，而不是战略或国际秩序的运作方针。推动这一转变过程的一个因素是，基督教世界首先在“哪些事情归恺撒管”和“哪些事情归上帝管”之间做了区分，促成了在一个基于国家的国际体系中，逐步向多元的世俗外交政策的演变，如前两章所述。这一过程还受到了偶发事件的推动，包括当代一些试图取代宗教狂热的事业，它们提出的观念缺乏吸引力，例如鼓吹世界革命的苏联社会主义，或是基于种族主义的帝国主义。

伊斯兰世界内的演变更为复杂。历史上，人们一度对各种实践终将汇流抱有希望。直到 20 世纪 20 年代，奥斯曼帝国仍然坚持把先知穆罕默德直系后嗣继承政治权力作为中东的一个政治现实。奥斯曼帝国覆亡后，主要的伊斯兰大国分裂为两派。一派寻求作为重要成员加入基于国家之上的、世界性的新国际秩序，既笃信自己的宗教信仰，又把宗教信仰与外交政策问题分开。另一派依据对传统的伊斯兰世界秩序概念的严格解释，认为自己正置身于一场继承世界权力的斗争之中。

过去 90 年里，每一派观点的倡导者中都涌现出过那个时代一些出类拔萃的人物，既有那个世纪的一些高瞻远瞩的政治家，也有令人敬畏的虔诚的真主权力绝对论者。两派之间的较量仍然不分胜负。在有些中东国家，信奉基于国家的世界秩序的人与信奉基于信仰的世界秩序的人生活在一起，虽然双方不时会产生摩擦。对试图强行把伊斯兰教信条作为个人生活、政治生活和国际生活的最高裁判的众多信徒来说，尤其是在伊斯兰主义卷土重来时期，伊斯兰世界与外部世界仍然不可避免地处于对抗状态。

在早期伊斯兰体系中，是允许与非伊斯兰社会缔结互不侵扰条约的。从传统法学的角度来看，这类条约是一种务实的做法——伊斯兰教一方可以借此保护自己不受威胁，同时积蓄力量，加强内部团结。早期的伊斯兰国家曾与它最终灭掉的敌人止戈息战。根据这一先例，互不侵扰条约有具体的时限，最长不超过 10 年，并且可以根据需要来调整时限。本着这一精神，在伊斯兰教历史上的前几个世纪，“伊斯兰教的法律条文规定，一项条约不能一成不变。一俟穆斯林有能力与之作战，条约必须立即作废”[8]。

这类条约并不意味着将建立一种伊斯兰国家与其他非伊斯兰主权国家平等交往的永久性体系。“‘征伐之地’的居民被视为处于一种‘自然状态’中，因为他们不具备法律能力在平等和对等的基础上与伊斯兰教互动，原因是他们没有接受伊斯兰教的伦理和法律标准。”[9] 根据这一观点，一个伊斯兰国家的国内准则是神授的，而非伊斯兰政治实体是非法的，伊斯兰国家永远不可能把它们视作真正的平等对手。一个和平的世界秩序取决于打造和扩大一个单一伊斯兰实体的能力，而不是取决于争斗各方之间的均势。

根据这种理想化的世界观，伊斯兰教治下的和平与正义只有一个扩展方向，而且是一个不可逆转的过程。[10] 曾经被纳入“伊斯兰之家”，之后又丧失的土地永远不能放弃，否则就等于背弃放之四海而皆准的信仰。历史记载中从来没有哪个政治事业像伊斯兰教一样如此执着地扩张。随着时间的流逝，伊斯兰教扩张时期所及之地的部分地区后来摆脱了穆斯林的政治控制，包括西班牙、葡萄牙、西西里岛、意大利南部、巴尔干半岛（如今成了由穆斯林和东正教徒的一些飞地拼缀而成的一幅混杂版图）、希腊、亚美尼亚、格鲁吉亚、以色列、印度、俄罗斯南部和中国西部的部分地区。但在伊斯兰教第一波扩张中被并入的地区，当地绝大多数人至今仍然是穆斯林。

有史以来没有哪一个社会的实力、哪一位领袖的韧性、哪一种信仰的活力能够永久地统治天下。事实证明，天下归一对任何征服者都是可望而不可即的目标，包括伊斯兰教。早期伊斯兰帝国在扩张过程中逐渐分解为多个权力中心。穆罕默德去世后发生的继任人危机，导致伊斯兰教分裂成为逊尼派和什叶派。这是当代伊斯兰世界的一个根本分歧。在任何一个新的政治事业中，继承问题都不无风险。如果创始人还被视为“最后的先知”、真主的最后使者，这场论争就不仅具有政治意义，还具有神学意义。公元632年穆罕默德逝世后，一个由部落长老组成的委员会推选穆罕默德的岳父阿布·伯克尔作为继任者，也就是哈里发，认为他是最合适的人选，可以维持羽翼未丰的伊斯兰社会的和谐和共识。而少数人认为，当初就不该以投票表决的方式来解决这个问题，因为表决就意味着可能会因为人为错误而导致错误的结果。权力本应该自动传给与先知血缘关系最近的人，即他的堂弟阿里。阿里是很早皈依了伊斯兰教的一位重要人物，而且作战英勇。据说穆罕默德亲自挑选了他。

这两派最终形成了伊斯兰教的两大分支。[11] 阿布·伯克尔的支持者和他之后的几位后继人认为，穆罕默德与真主的关系是独一无二的，是终极的。哈里发的首要任务是传承穆罕默德收到的启示和他的教诲。这批人成为逊尼派，意思是“传统与大众派”。另一派是阿里派，即阿里什叶派（或什叶派）。他们认为，对新的伊斯兰社会的统治也是一项带有秘传意味的宗教使命。他们认为，先知和阿里是伊斯兰教隐义的“受托人”。穆斯林只有在先知和阿里的有宗教灵性的直系后裔的指引下，方能与穆罕默德接到的启示建立正确的关系。日后阿里作为第四任哈里发执掌政权，但在一场叛乱中被暴徒杀死。逊尼派认为当务之急是恢复伊斯兰世界的秩序，所以支持了平定局势的一派。什叶派斥责新的执政者非法篡权，颂扬死于抵抗中的殉道者。两派所持的这些观点后来延续了数百年之久。

地缘政治上的角逐进一步加深了教义上的分歧。随着岁月的流逝，分别出现了阿拉伯、波斯、土耳其和莫卧儿势力范围，每个势力范围理论上都遵守同样的伊斯兰全球秩序，但其所作所为越来越像是相互争夺的王朝，各自有不同的利益，各自诠释自己的信仰。有些时期，包括印度莫卧儿时代的大部分时期，对自己信仰的诠释包含了一定的世界眼光，甚至可以说带有调和思想的观点，强调对其他宗教持宽容的态度，重务实的外交政策而轻教派之争。当一些逊尼派大国敦请同属逊尼派的印度莫卧儿帝国加入针对什叶派的伊朗的“圣战”时，莫卧儿借口与伊朗一贯友好和没有交战理由婉拒了。

欧洲击退了第一波穆斯林扩张后，志在征服世界的伊斯兰教的势头最终被遏制。公元 732 年的普瓦捷战役和图尔战役，挡住了此前阿拉伯和北非穆斯林所向披靡的军队。在 400 年的岁月里，拜占庭对小亚细亚和东欧的防御构成了一道防线。在这道防线后面，西方开始提出自己的后罗马帝国世界秩序概念。伴随拜占庭人暂时重返中东，西方概念也被带入伊斯兰教统治下的地区。1099 年，东征的“十字军”——基督教骑士对公元 7 世纪皈依伊斯兰教的历史圣地发动攻击——攻陷耶路撒冷城，在当地建立了一个王国，这个王国延续了大约 200 年。1492 年，穆斯林在伊比利亚半岛的最后一个据点格拉纳达陷落，基督教徒收复了西班牙全境，把伊斯兰教的西部边界推回到北非。

13 世纪，建立世界秩序的梦想再次浮现。征服者奥斯曼的追随者、奥斯曼土耳其人统治的一个新的伊斯兰帝国，将自己的阿纳托利亚小国扩张成为一个有可能挑战，甚至最终取代残存的拜占庭帝国的令人生畏的大国。土耳其人开始建立一个继承前几个世纪辉煌的伊斯兰哈里发帝国的新帝国。他们自称是统一的伊斯兰世界的领袖，通过所谓的“圣战”向四面八方扩张。巴尔干首当其冲。1453 年，土耳其人攻陷了扼地缘战略要冲博斯普鲁斯海峡的拜占庭首都君士坦丁堡（今伊斯坦布尔）。接下来他们挥师南征西伐，先后攻占了阿拉伯半岛、美索不达米亚、北非、东欧和高加索，成为东地中海沿岸最强大的国家。如同早期的伊斯兰帝国一样，奥斯曼人认为自己负有“维护世界秩序”的世界性的政治使命。历任王朝的苏丹自称“安拉在俗世的影子”，是“保护世界的天下之主”。[12]

和 500 年前的伊斯兰帝国一样，奥斯曼帝国向西扩张时与西欧国家相遇。多极的欧洲体系与奥斯曼的单一世界帝国概念的差异，使双方的交往非常复杂。奥斯曼人既不承认欧洲国家是合法的，也不肯平等对待它们。这不仅仅是伊斯兰教义问题，还反映了对双方实力对比的现实做出的判断，因为奥斯曼帝国的疆土比西欧所有国家加在一起还要大，而且过去几十年里军事上也强于西方国家有可能结成的任何同盟。

奥斯曼的官方公文给予欧洲王室的礼遇，比奥斯曼帝国的统治者苏丹低一级，相当于苏丹之下的维齐尔或首辅大臣。[13] 获奥斯曼人允许在君士坦丁堡常驻的欧洲使节被视为祈求者。与这些使节谈判缔结的协定不是什么双边条约，而是一位慷慨大度的苏丹赐予的特权，可以随意收回。

奥斯曼人在达到军事能力极限后，双方出于战术需要偶尔也会结盟。战略和商业利益有时会绕过宗教信条。

1526 年，法国认为自己两面受敌，南边是西班牙的哈布斯堡王朝，东边是以哈布斯堡王朝为首的神圣罗马帝国。法国于是向奥斯曼帝国的苏莱曼一世提议结成军事联盟。100 年后，信奉天主教的法国出于同样的战略考虑，在“三十年战争”中站到了新教事业一边。奥斯曼欲实现在东欧的野心，苏莱曼一世一直把哈布斯堡王朝势力看作头号障碍，于是接受了法国的提议，但毫不掩饰地把法国国王弗朗西斯一世当作次要合作者。苏莱曼不同意结盟——因为这会暗示双方在道义上是平等的——而是以居高临下的方式给予弗朗西斯支持：

> 我，万王之王，地球上所有君主的皇冠授予者，人世间真主之影，白海和黑海、鲁米利亚、安纳托利亚和噶勒莽明尼亚……的苏丹和君主……致函法兰西国王弗朗西斯：
>
> 汝致函众国君主的避风港、我的帝国政府，请求援救你们……那就鼓起勇气吧！切不可丧失斗志！我们光荣的先驱和遐迩闻名的祖先（愿真主给他们的墓地带来光辉！）为了战胜敌人、征服他们的土地，长年累月金戈铁马，征战沙场。我们自己踏着先人的脚印攻克了一个个坚固的城堡，征服了一片片土地。我们昼夜马不解鞍，剑不离身。[14]

一种军事合作关系由此而生，包括奥斯曼帝国和法国的海军联手对抗西班牙和意大利半岛。哈布斯堡王朝以其人之道还治其人之身，撇开奥斯曼人，与波斯什叶派的萨非王朝结盟。至少在一段时期内，地缘政治的需要盖过了意识形态。

奥斯曼帝国：欧洲病夫

奥斯曼帝国再次对欧洲秩序发起进攻，1683 年兵临维也纳。围困维也纳标志着奥斯曼帝国扩张的顶峰。同年,(萨伏依的）欧根亲王统帅的一支欧洲大军解除了奥斯曼帝国对维也纳的围困。

从 18 世纪末一直到整个 19 世纪，欧洲诸国开始转守为攻。由于宫廷内部的正统教派抵制近代化，奥斯曼帝国逐渐走向僵化。俄国从北部挤压奥斯曼帝国，一直扩张到黑海并进入高加索。俄国和奥地利分别从东西两面进入巴尔干半岛，法国和英国则争夺奥斯曼帝国皇冠上的明珠——埃及。19 世纪，埃及享有不同程度的自治权。

西方强权把风雨飘摇的奥斯曼帝国视为“欧洲病夫”[15]。它在巴尔干半岛和中东的庞大领土，包括与西方有历史渊源的人数众多的基督教社会，成了“东方问题”。19 世纪的大部分时间里，西方主要大国试图瓜分奥斯曼帝国的属地，同时又避免打破欧洲的均势。奥斯曼人则巧妙周旋，竭力利用各种势力之间的矛盾为自己争取最大的行动自由。

19世纪末，奥斯曼帝国作为威斯特伐利亚国际秩序的一个临时成员加入欧洲均势，但这个日益衰微的大国并不能完全掌控自己的命运。它是建立欧洲均势时需要考虑的“一个砝码”，但不是构建这一体系的一个完全的伙伴。英国利用奥斯曼帝国挡住了俄国向博斯普鲁斯海峡的扩张之路，奥匈帝国在处理巴尔干问题上先后与俄国和奥斯曼人结盟。

第一次世界大战爆发后，各方都不再像过去那样小心行事。与德国结盟的奥斯曼人从两个国际体系——威斯特伐利亚体系和伊斯兰教体系——中找出理由为自己的参战辩护。奥斯曼帝国的苏丹指责俄国“违犯国际法对它无端发起攻击”，侵犯了帝国的“武装中立”，发誓要“拿起武器捍卫我们的合法利益”（完全是威斯特伐利亚式的交战理由）。与此同时，奥斯曼负责宗教事务的最高官员宣布要打一场“圣战”，指责俄国、法国和英国“为了消灭伊斯兰教而加兵于哈里发帝国”，并称“所有国家的伊斯兰教徒”（包括仍处于英法或俄国统治之下的伊斯兰教徒）有宗教义务“倾其所有投入圣战”，要么就会面对“安拉的震怒”。[16]

“圣战”有时会激励已经很强大的一方更加拼命。但每当“圣战”无视战略或政治现实时，必以失败告终。推动那个时代前进的动力是民族认同感和国家利益，不是全球“圣战”。大英帝国内的穆斯林对“圣战”指令不予理睬。英属印度的主要穆斯林领袖关注的是往往具有世界意义的独立运动，并与信奉印度教的本国同胞携起手来。在阿拉伯半岛，反奥斯曼帝国的民族梦想被唤醒。德国曾期盼在战争中得到泛伊斯兰世界的支持，到头来这一期望化为泡影。1918 年第一次世界大战结束后，各种强行施加的机制将前奥斯曼帝国的领土纳入了威斯特伐利亚体系。

威斯特伐利亚体系与伊斯兰世界

第一次世界大战后，1920 年与残存的奥斯曼帝国签署的《色佛尔条约》再次使中东成为由不同国家组成的大杂烩——一个此前其政治词汇中没有的概念。一些国家，例如埃及和非阿拉伯国家伊朗，历史上曾经是帝国或文化实体。其他国家最初由英国或法国“托管”。所谓“托管”既是殖民主义者用的遁词，也指殖民者颐指气使地把这些地方定性为需要监护的处于萌芽状态的国家。1916 年的《塞克斯—皮科协定》（以英法两国的谈判人命名）实际上把中东划分为英法两国各自的势力范围。国际联盟批准的托管制度将这一划分付诸实施：叙利亚和黎巴嫩划给了法国；美索不达米亚（即日后的伊拉克）划归英国的势力范围。巴勒斯坦和外约旦成了英国的“巴勒斯坦托管区”。托管面积从地中海沿岸一直延伸到伊拉克。以上每一个实体内都存在不同教派和族裔，其中有些教派和族裔世代结仇。托管国于是利用这些矛盾，将其作为统治手段之一，在这一过程中也为日后的争端和内战埋下了祸根。

针对发展迅速的犹太复国主义（犹太人在巴勒斯坦地区建立一个以色列国家的民族主义运动。这一事业始于第一次世界大战前，但战后日益壮大），英国政府在 1917 年的《贝尔福宣言》（英国外交大臣写给罗斯柴尔德勋爵的一封信）中宣布，它赞成“在巴勒斯坦为犹太民族建立家园”，同时又保证说，“不言而喻，不会损害当地非犹太人的公民权利和宗教权利”。[17] 由于英国似乎还把同一块土地许诺给了麦加的沙里夫，以上文字的含义更加模糊不清。

以上权力格局的重新组合引发了巨大的动荡。1924 年，刚刚宣告成立的土耳其共和国奉行民族主义的世俗领导人，废除了泛伊斯兰统一的主要体制哈里发帝国，宣布建立一个世俗国家。此后，伊斯兰世界在胜出的威斯特伐利亚体系和已无法实现的“伊斯兰之家”概念之间进退维谷。缺乏经验的中东各群体于是着手在几乎没有任何历史渊源的边界内把自己打造为现代国家。

在阿拉伯历史上，欧洲式的世俗国家的出现前所未有。阿拉伯人马上接受了主权和国家的概念，并将其为自己所用。阿拉伯富商和政治权贵开始遵从威斯特伐利亚体系框架和全球经济体的规则。他们要求自己国家的人民有权作为平等成员参与这一体系和经济体。他们争取的目标是现有的政治单元，甚至刚建立不久的政治单元，享有真正的独立，而不是推翻威斯特伐利亚秩序。在追求这些目标的过程中，世俗化的潮流日益强劲，但最终未能像欧洲那样产生一个多元化的秩序。

这时出现了两种互相对立的趋势。[18]“泛阿拉伯主义者”接受一个基于国家的体系的基本概念，但他们心目中的国家是一个统一的阿拉伯国家，只有单一的民族、语言和文化认同。“政治化的伊斯兰教”的观点与此截然相反，坚持把共同的宗教作为实现现代阿拉伯认同的最佳途径。伊斯兰教主义者——人们对“穆斯林兄弟会”一词如今已耳熟能详——往往来自受过良好教育的新中产阶级。他们中很多人认为，伊斯兰主义是加入战后时代的一种方式，而无须放弃自己的价值观，既可以实现现代化，又无须西方化。

直到第二次世界大战前，欧洲大国有足够的实力维护第一次世界大战后它们为中东构建的区域秩序。此后欧洲大国再也无力控制当地日益躁动不安的人民。美国成为中东以外影响力最大的国家。20 世纪五六十年代，埃及、伊拉克、叙利亚、也门和利比亚的军人推翻了本国的封建君主制政府，建立了世俗政权。

军人统治者通常来自此前被排斥在政治进程以外的群体。为了争取更多人的支持他们诉诸民族主义。民粹主义而非民主主义的政治文化开始在这一地区扎根。1954~1970 年，埃及富有魅力的民粹主义领袖纳赛尔及其继任者萨达特均来自外省。伊拉克的萨达姆同样出身寒微，但他采用了更极端的世俗军事统治方式，从 70 年代初（先是作为事实上的强人，1979 年后在总统位置上）一直到 2003 年，依靠恐吓和残忍手段维系其统治。萨达姆摆出一副好战的架势，想借此对这一地区形成震慑。萨达姆和他的意识形态盟友、叙利亚狡黠冷酷的阿萨德，均假借支持泛阿拉伯民族主义之名，把自己所属的少数教派置于人数众多的多数教派之上。（不无讽刺的是，伊拉克和叙利亚的情况恰好相反。在伊拉克，逊尼派统治了人口占多数的什叶派；而在叙利亚，什叶派内的一个分支阿拉维派统治了人口占多数的逊尼派。）共同的民族命运感，逐渐取代了伊斯兰教的愿景。

然而，伊斯兰教的遗产很快再次确立了自己的地位。各伊斯兰教党派抨击世俗统治者骄奢淫逸，治国无术，并根据伊斯兰教的教义提出，需要有一个受到神启的政权，鼓吹建立一个取代现有国家的泛伊斯兰神权政体。在他们眼里，西方和苏联一样邪恶。很多人还从事机会主义的恐怖主义活动，借此支持自己的理想。军人统治者对此严加打压，镇压种种伊斯兰教政治运动，指控它们破坏现代化和国家统一。

在今天看来，那个时代当然并不理想。中东各国的军人政权、君主制政权或其他专制政府把异议视为煽动叛乱，公民社会和多元文化几乎没有发展空间。该地区直到21世纪都没有走出这一缺陷的阴影。尽管如此，在专制民族主义的大背景下，中东还是逐渐形成了与当代国际秩序暂时的和解关系。一些更雄心勃勃的统治者，例如纳赛尔和萨达姆·侯赛因，试图通过武力或大肆鼓吹阿拉伯统一扩张本国的疆土。1958~1961年埃及和叙利亚建立的短命邦联就反映了这种企图。最终他们以失败告终，因为阿拉伯各国紧紧抓住自己继承的遗产不放，拒绝融入一个更广泛的政治统一体中。结果，军人政权奉行政策的最终依据，是国家以及基本上限于本国边界内的民族主义。

在这一历史背景下，他们试图利用冷战期间大国之间的争夺，增强自己的影响力。从20世纪50年代起直到70年代初，他们一直利用苏联来向美国施压。苏联成了民族主义的阿拉伯国家的主要武器供应国和外交上的支持者，阿拉伯国家则基本上支持苏联的各项国际目标。军人专制者声称忠于“阿拉伯社会主义”，赞扬苏联的经济模式。但大多数情况下，这些国家的经济依然属于传统的家长制模式，以技术官僚经营的单一型经济为主。压倒一切的考虑是这些政权眼中的国家利益，而不是政治或宗教意识形态。

总体来说，冷战时期，伊斯兰世界和非伊斯兰世界之间的关系基本上沿袭了基于威斯特伐利亚式均势的模式。埃及、叙利亚、阿尔及利亚和伊拉克一般支持苏联的政策，听从苏联的指挥。约旦、沙特阿拉伯、伊朗和摩洛哥与美国交好，并依赖美国保障其安全。以上各国，除了沙特阿拉伯外，均属于世俗国家，虽然其中几个国家的政治合法性源自带有宗教色彩的传统君主体制，表面上好像是为了国家利益施展治国方略。两者之间的根本区别，在于哪些国家认为与哪一个超级大国结盟符合本国的利益。

1973~1974 年，这一联盟发生了变化。埃及总统萨达特确信苏联只能提供武器，但无力帮助埃及通过外交努力收复以色列占领的西奈半岛（在 1967 年的“六日战争”中，以色列攻占了该半岛），于是改换门庭。此后埃及成了事实上的美国盟友，国防上改为依赖美国武器，而不是苏联武器。叙利亚和阿尔及利亚与冷战两个阵营保持等同距离。苏联在这一地区的作用被严重削弱。

作为一个主权国家和国际社会承认的犹太人家园，以色列的崛起促成了分裂的阿拉伯人团结一致。阿拉伯人对这一前景的抵制先后导致了四次中东战争，分别发生于1948年、1956年、1967年和1973年，每一次都败给了装备精良的以色列。

萨达特基于国家利益掉头转向反苏轨道，开启了一系列紧锣密鼓的外交活动，最终埃及与以色列签订了两项脱离接触协议，1979年又与以色列缔结了一项和平协议。埃及为此被驱逐出阿拉伯联盟，萨达特受到咒骂，最终遭到暗杀。然而，也愿意与犹太人国家实现和解的其他人效仿了他的勇敢举动。1974年，叙利亚和以色列缔结了一项脱离接触协议，划定并维护两国间的军事分界线。这一协议维持了40年，其间历经战乱和恐怖主义，包括叙利亚内战带来的混乱。约旦和以色列相互克制，最终也缔结了一项和平协议。在国际上，叙利亚和伊拉克的专制政权继续倚重苏联，但根据具体情况保留了支持其他政策的选择自由。到了70

年代末，中东地区的种种危机与19世纪巴尔干的危机越来越相似。一些二流国家为了实现本国目标，在相互争夺的主要大国之间投机取巧。

然而，外交上倒向美国，最终没有解决民族主义的军人专制政权面临的难题。与苏联结盟未能推动政治目标的实现，与美国结盟未能化解社会问题的挑战。这些专制政权在很大程度上摆脱殖民主义，实现了独立，而且能够游走于冷战的两大权力中心之间。但这些国家的经济发展过于缓慢，经济成果的分配又太悬殊，无法满足本国人民的需要。这些国家拥有丰富的能源资源，石油几乎成了国家收入的唯一来源，加之不利于创新和多样化的经济文化，以上状况雪上加霜。尤其是冷战的猝然结束削弱了这些国家讨价还价的能力，政治上变得无足轻重。它们没有学会如何在没有外敌或国际危机的情况下调动本国人民的积极性，这些国家的人民不再把国家看作目的本身，而越来越认为国家有义务提高他们的生活水平。

因此，这些国家的精英阶层不得不应对国内日益高涨的不满浪潮，这些不满旨在挑战他们的合法性。极端团体信誓旦旦地要用一个基于宗教的中东秩序取代现存的中东体系。他们的体系反映了对待世界秩序的两种不同的普适性的做法。一种是逊尼派做法，以 1928 年成立且在这一地区枝繁叶茂的穆斯林兄弟会、2007 年在加沙地带上台执政的哈马斯极端主义运动和基地全球恐怖组织为代表。另一种是什叶派做法，以霍梅尼的革命和由此派生出的黎巴嫩“国中之国”真主党为代表。两派之间打得你死我活，但在推翻现存的区域秩序、重建一个受到上天启示的体系的目标上完全一致。

伊斯兰主义：革命潮流——两种哲学诠释[1]

1947 年春，埃及的一位钟表匠、小学教师，博览群

[1] 作者完全无意诠释各种学说和教派信奉的核心真理，他们对自己真理的热情追求正在重塑伊斯兰世界。穆斯林在很多国家占大多数，他们对自己的信仰做出的诠释不像这里引用的诠释那么富于对抗性，而是更加多元化。然而此处引用的观点现在对很多重要的中东国家和几乎所有的非国家组织的未来走向，产生了重大的而且常常是决定性的影响。这些观点表达了对一个不同的世界秩序的追求。根据其定义，这一秩序优于威斯特伐利亚体系和自由国际主义的价值，而且与后者格格不入。为了了解这些观点，本书不可避免地要引用争论双方使用的宗教用语。

书、自学成才的宗教活跃分子哈桑·班纳给埃及国王法鲁克上书，题为“走向光明”。他在陈情书中批评埃及的体制，提出用伊斯兰教义取代世俗的民族国家体制。哈桑·班纳温和而全面地阐述了埃及穆斯林兄弟协会（通称“穆斯林兄弟会”，1928 年，为了同他眼中的外国不良影响和世俗生活方式做斗争，哈桑·班纳创建了这个组织）提倡的原则和诉求。

哈桑·班纳的兄弟会早期是对英国人霸占埃及苏伊士运河区不满的虔诚穆斯林非正式集会的场所，后来发展成为一个从事社会和政治活动的全国性组织，拥有成千上万的会员，基层机构遍及埃及所有城市，同时还拥有一个颇有影响的宣传网，负责传播哈桑·班纳对时局发表的评论。[19] 1937~1939 年，在英属巴勒斯坦托管区的阿拉伯人发动了反英反犹太复国主义的起义，最终失败。穆斯林兄弟会因支持了这次起义，在该地区的声望大增，同时也吸引了埃及当局的注意。

哈桑·班纳在埃及被禁止直接参政，却是埃及最具影响的政治人物之一。他想给埃及君主公开上书，宣扬穆斯林兄弟会的愿景。对埃及和中东地区陷于外国统治以及中东内部的道德沦落，哈桑·班纳痛心疾首，他宣布，变革的时候到了。

哈桑·班纳称，在一段漫长的历史时期内，西方“曾因其杰出的科技成就光彩照人……但今天已经破产并走向衰落。它的根基开始动摇，它的种种机制和指导原则已成流水落花”[20]。西方大国已经丧失了对自己世界秩序的掌控。“它们召开的会议均以失败告终，它们的条约遭到违反，它们的公约被撕成碎片。”用来维护和平的国联是“一个幻影”。哈桑·班纳尽管没有明言，但他认为，威斯特伐利亚式的世界秩序既失去了合法性，也失去了权力。他断言，创建一个基于伊斯兰教的新世界秩序的时机已经来临。班纳称：“伊斯兰道路前人走过，已被历史证明是正确的。”如果一个社会坚定地沿着“全面彻底”光复伊斯兰教的原始教义并建立《古兰经》描述的社会秩序的道路走下去，“整个伊斯兰世界”，换言之，就是全世界的穆斯林，“都会支持我们”，“阿拉伯人的统一”乃至最终“伊斯兰教的统一”就会实现。

一个光复后的伊斯兰世界秩序，与建立在国家基础之上的现代国际体系，将会是一种什么关系呢？哈桑·班纳认为，一名虔诚的穆斯林应该忠于相互交汇的多个层次，位于顶峰的是一统的伊斯兰教体系，其权威最终将覆盖全世界。哈桑·班纳心目中的家园首先是一个“具体国家”，“然后延伸到其他伊斯兰国家，因为所有这些国家都是祖国，都是穆斯林的栖身之地”。之后再依照虔诚的祖先建立的模式建立一个“伊斯兰帝国”，因为“真主会问每一个穆斯林”他为“光复伊斯兰世界秩序”做了什么。最后一个层次是全球性的。“穆斯林的祖国将延伸到全世界。难道你们没有听到安拉（神圣和全能的！）的话，“与他们战斗到底，直到永远不再受到迫害，直到安拉是唯一的信仰”[21]？

只要有可能，这场斗争将采取渐进的、和平的方式。[22]早期的穆斯林兄弟会告诫说，应该“保护”非穆斯林，要“温和”“平等”地对待他们，只要他们不反对这场运动，并表示自己应有的敬意。“对外国人应该抱有同情心并与之和平相处，只要他们品行端正，待人以诚。”因此，认为“在现代生活中建立伊斯兰体制会造成我们与西方国家交恶”的说法“纯属呓语”。

哈桑·班纳提倡温和，有多大成分是为了在一个仍然由西方大国主宰的世界中获得支持的策略手段？宣扬“圣战”的言辞，在多大程度上是为了在传统的伊斯兰地区赢得支持？1949年，班纳遭到暗杀，再也没有机会详尽解释如何解决他改造世界的革命宏愿，与他倡导的宽容和不同文明友好相处原则之间的矛盾。

以上模棱两可之处在哈桑·班纳的著述中始终没有得到澄清，但此后的很多伊斯兰教思想家和伊斯兰运动做出了自己的解释，主张彻底拒绝多元化和世俗的国际秩序。宗教学者兼穆斯林兄弟会的意识形态理论家赛义德·库特布，对这一观点做出了也许是最博学和最具影响力的阐述。1964年，他因被指控参与暗杀埃及总统纳赛尔入狱，他在狱中服刑时撰写了《路标》一书，对现有的世界秩序宣战。此后，该书成为当代伊斯兰主义的奠基之作。

库特布认为，伊斯兰教是给予人类唯一真正自由的普世体系——不受他人或人为理论统治，或者说摆脱了“那些基于种族、肤色、语言和国家、地区和民族利益之上的低层次的结合关系”[23]（即一切其他现代形式的统治和忠诚，外加构成威斯特伐利亚秩序的部分基石）。库特布认为，伊斯兰教的当代使命是推翻所有这些关系，取而代之的是严格按字义践行《古兰经》，乃至最后在全世界践行《古兰经》。

这一过程的巅峰是“实现地球上所有人——遍及地球的全人类的自由”，从而完成公元7~8世纪伊斯兰教首波扩张开始的过程，“然后把伊斯兰教传给世界各地的全人类，因为这一宗教的对象是整个人类，它的行动范围涵盖全世界”。[24] 和一切乌托邦事业一样，实现库特布的宏图也需要通过极端手段。库特布把这一任务交给了一支意识形态纯洁的先锋队。他们将摈弃这一地区掌权的各国政府和社会——库特布一律冠之以“非伊斯兰的和非法的”——为实现一个新秩序而奋斗。

第一次世界大战后中东领土解决方案认可的世俗现代化和穆斯林的分裂，令众多穆斯林私下里痛心疾首。学识渊博、充满激情的库特布对这一现状宣战。他的同代人大多对他宣扬的暴力手段望而却步，然而一批坚定的信徒——如同他设想的先锋队——开始形成一个核心。[25]

对于一个自认为已经超越“历史”上的意识形态冲突的全球化的世俗世界，库特布及其信徒的观点显得太极端，无法赢得足够重视。西方很多精英人士由于想象力贫乏，觉得这些革命者的激情难以理解，于是认定他们的极端言论要么只是空谈，要么是讨价还价的手段。然而在宗教极端主义者眼里，这些观点代表了一种真理，它否定了威斯特伐利亚国际秩序乃至任何其他秩序的规则和准则。过去几十年里，这些观点成了中东及其他地区极端分子和“圣战者”的战斗口号，并得到了基地组织、哈马斯、真主党、塔利班、伊朗的教士政权、“伊扎布特”（“解放党”，在西方国家极为活跃，公开鼓吹在一个伊斯兰教统治的世界里重建哈里发帝国）、尼日利亚的“博科圣地”、叙利亚的极端民兵组织“努斯拉阵线”和着手在叙利亚和伊拉克建立哈里发国的“伊斯兰国”的呼应。这些观点也代表了 1981 年暗杀萨达特的埃及极端分子信奉的好战信条。他们重拾“被忽视的圣战责任”，称与以色列媾和的本国总统为叛教者，指控他在两个问题上大逆不道：一是承认了犹太国家的合法存在，二是（他们认为）同意了把自古以来属于穆斯林的土地拱手让给了一个非穆斯林民族。

以上思想体系几乎完全颠覆了威斯特伐利亚世界秩序。

纯之又纯的伊斯兰主义认为，国家不能成为一个国际体系的出发点，因为国家是世俗的，因而也是不合法的。国家在演变成为一个规模更大的宗教实体的过程中，充其量也许可以获得某种临时性的地位。不干涉他国内政不能成为一个指导方针，因为对国家的忠诚偏离了真正的信仰，而且“圣战者”有义务改造“征伐之地”——不信伊斯兰教的人居住的世界。圣洁，而不是稳定，才是这一世界秩序观的指导方针。

“阿拉伯之春”和叙利亚的剧变

始于2010年下半年的“阿拉伯之春”在短暂的时间内曾给人带来希望，让人以为新的一波改革将把这一地区相互争夺的专制政权和“圣战”势力扫入历史角落。西方政治领导人和媒体兴高采烈地欢迎突尼斯和埃及局势的剧烈动荡，把这视为一场由青年人主导的促进自由民主原则的地区革命。美国正式表示支持示威者提出的种种要求，认为它们反映了对“自由”、“自由公平选举”、“代表人民的政府”和“真正民主”的不可剥夺的诉求，绝不应坐观其败。[26]然而通向民主的道路崎岖不平，充满艰辛。专制政权垮台后的局势凸显了这一点。

西方不少人认为，埃及的解放广场起义验证了一个观点，即早就应该推动取代专制体制的新体制了。但问题其实在于，美国很难找到可以用来建立多元化体制的因素和支持多元机制的领导人（这就是为什么一些人在文官政府和军人政权之间画了一条线，支持与民主制度格格不入的“穆斯林兄弟会”）。

美国希望看到这一地区实现民主化。共和、民主两党的历届政府均怀有这一愿望，因而淋漓尽致地表达了美国的理想主义。然而，安全观和促进民主常常相互冲突。致力于民主化的人发现，很难找到真正认清民主的自身重要性，而不仅仅把民主当作个人独裁手段的领导人。同时，强调战略优先的一派又无法说明现有的政权如何最终能以民主的方式，甚至通过改革进行演变。促进民主化的做法无法解决在追求其目标时日益显现的真空，只考虑战略需求的做法又因现有机制的僵硬而受阻。

“阿拉伯之春”最初表现为新一代人争取自由民主的起义，但很快遭到排斥，进展受挫甚至遭到镇压，当初的兴奋化为无奈。既有的政治势力不仅与军队有千丝万缕的联系，还和农村的宗教势力相连。事实证明，他们比在解放广场争取民主的中产阶级更强大，组织得也更好。“阿拉伯之春”实际上暴露了而不是消除了阿拉伯—伊斯兰世界的内部矛盾，以及旨在解决这些矛盾的政策所含的矛盾性。

“阿拉伯之春”初期常用的一句口号“人民要求政府下台！”并没有说明人民指谁，或政府下台后以什么取代。“阿拉伯之春”的示威者当初呼吁开放政治和经济生活，日后被军人支持的威权主义与伊斯兰教意识形态之间的暴力较量所淹没。

在埃及，最初在解放广场宣扬世界主义和民主价值观的欣喜若狂的示威者，最终并没有成为这场革命的继承人。电子社交媒体为有能力推翻政府的示威游行起了推波助澜的作用，但有能力在广场聚众示威并不等于有能力建立新的国家体制。在示威活动最初取得胜利后出现的权威真空中，起义前即存在的各派别往往更有能力影响最终的结局。通过民族主义与宗教极端主义的融合求得团结的诱惑，盖过了当初的起义口号。

2012 年，在一批更激进的宗教极端主义团体组成的联盟的支持下，穆斯林兄弟会的领袖穆尔西当选为总统。当初解放广场上的示威如火如荼时，穆斯林兄弟会曾信誓旦旦，说不谋求总统一职。伊斯兰教政府掌权后，开始将自己的权威体制化，对支持自己的人有组织地骚扰威吓妇女、少数族裔和持不同政见者的行为视而不见。埃及军人决定推翻这届政府，宣布重启政治进程。结果，连已经靠边站的世俗民主派别也对此表示欢迎。

这一过程提出了人道主义外交政策问题。人道主义外交政策不同于传统外交政策，它批评国家利益观或均势概念缺乏道义内涵。它通过改变侵犯普世的正义原则的状况，而不是消除某种战略威胁，来证明自己的价值。这种外交政策风格的价值观和目标，反映了美国传统至关重要的一面。然而，若把它作为美国战略的核心概念加以实施，又会让自己陷于两难处境：美国是否认为，凡是针对任何不民主政府的任何一次群众起义，包括针对此前认为对维持国际体系十分重要的政府的起义，美国都有义务支持？每一次示威游行是否都必然具有民主性质？是不是一旦沙特阿拉伯国内发生公众示威后，它就不再是美国的盟友？美国对“阿拉伯之春”做出的主要贡献就是谴责、反对或参与推翻它认为专制的政府，包括此前视为重要盟友的埃及政府。然而，在沙特阿拉伯等与美国有着传统友谊的一些国家政府看来，美国传递的信息首先不是推行自由改革的好处，而是自己的政府有可能被美国抛弃。

西方的传统包括对民主体制和自由选举的支持。任何一位美国总统，如果无视深深扎根于美国道德事业的这一因素，就休想得到美国人民的长期支持。然而，有些派别把民主视为建立宗教统治的一次公民投票，而且这种统治一旦建立就不得更改。若对这些派别应用这一原则，宣扬选举有可能导致只有一次民主选举的机会。埃及恢复了军人政权后，在美国再次引发了一场争论，而且迄今为止都没有争论出任何结果：战略利益重要，还是促进人道、合法的统治重要？而且这似乎还牵扯到一个时机问题：在何种程度上，应该为了一种理论意义上的演变结果而牺牲安全利益？两者其实都很重要。忽略未来的民主前景——假设我们知道如何影响它的走向——含有长期风险。因无视安全因素而忽略当前现实，可能马上会招来大祸。传统主义者和行动主义者之别就取决于以上差异。每当这个问题出现时，政治家都必须在两者间加以权衡。有时会发生一些事件，比如种族灭绝，其后果之严重，足以使天平倾向撇开战略考虑进行干预的一边。但作为一般规律，最可持久的做法是将现实主义和理想主义结合在一起。而在美国国内的争论中，两者常常被视为水火不容。

乍看上去，叙利亚革命像是埃及解放广场革命的重演。然而，埃及剧变团结了各派力量；而在叙利亚，自古以来一直存在的矛盾的爆发，将什叶派和逊尼派之间长达千年的纷争冲突再次点燃。由于叙利亚人口成分复杂，其他族裔和宗教团体也卷入了该国的内战。根据历史的教训，他们中没有哪一个愿意把自己的命运交由他人决定。一些外部大国也介入冲突，暴行屡屡发生，幸存者到各族裔和教派飞地避难。

在美国的公开辩论中，反抗阿萨德的起义被视为一场争取民主的斗争，与推翻穆巴拉克的情况相提并论。这场斗争应该以阿萨德政府的倒台和成立一个包容的民主联合政府告终。2011 年 8 月，奥巴马总统陈述了这一立场，公开呼吁阿萨德“辞职”，从而让叙利亚人民能够行使自己的普世权利：

> 叙利亚的未来必须由叙利亚人民决定，但是阿萨德总统挡住了他们的道路。他呼吁对话和改革，同时又监禁、拷打和屠杀本国人民。他的呼吁虚伪至极。我们始终坚持，阿萨德总统必须引导民主过渡，否则就让路。他没有引导过渡。为了叙利亚人民的利益，现在是阿萨德总统去职的时候了。[27]

奥巴马讲这番话，是想鼓动叙利亚人民反对阿萨德，为推翻他的政权赢得国际社会的支持。

这就是为什么美国假联合国之手，推动一项基于阿萨德下台和成立一个联合政府的“政治解决方案”。然而令人惊愕的是，其他几个拥有否决权的安理会常任理事国既不愿支持这一步骤，也不愿支持采取军事措施。同时，叙利亚境内最终出现的武装反对派几无民主性可言，更不要说温和了。

当时，这场冲突已经超出了要不要民主的问题。对主要卷入方而言，涉及的问题与美国国内争论的焦点大相径庭。叙利亚及这一地区的主要成员不是为了民主而战，而是为了战胜对手而战。只有民主能让自己所属的派别执政时，他们才对民主感兴趣。没有任何派别赞成一个不能保证让自己党派控制政治体系的制度。对绝大多数交战者而言，简直无法想象不考虑地缘政治或地缘宗教后果，仅仅为了强制实施人权准则而打一场战争。在他们眼里，这不是一场独裁者与民主力量之间的冲突，而是叙利亚境内互相角逐的各教派和各自在这一地区的后台之间的冲突。根据这一观点，这场战争将决定叙利亚的哪个主要教派最终将主宰其他教派，并控制叙利亚残存的疆土。区域大国源源不断地向其支持的教派输送武器和金钱，并提供后勤支援。沙特阿拉伯和海湾诸国支持逊尼派团伙，伊朗则通过真主党支持阿萨德。战事陷入胶着状态后，越来越激进的团伙在战争中无所不用其极，手段极其凶残，交战各方均无视人权。

与此同时，叙利亚的战争开始重新划分叙利亚，也许还有这一地区的政治版图。叙利亚的库尔德人在沿土耳其边界一带建立了一个自治区，日后有可能与伊拉克境内的库尔德自治地区合并。德鲁兹派和基督徒社团担心埃及穆斯林兄弟会对待少数族裔的一幕在叙利亚重演，因此不愿支持叙利亚的政权更迭，或是成立自己的自治区域。“伊斯兰国”的“圣战者”试图在攻占的叙利亚和伊拉克西部地区建立一个哈里发政权。大马士革和巴格达均失去了对这些地区的控制。

各主要派别认为自己是在为生存而战。[28] 一些“圣战者”武装派别认为，这是一场预示善恶大决战的冲突。当美国不肯出面打破平衡时，他们认为美国要么狡猾地隐藏了不可告人的目的（也许是想最终与伊朗做成一笔交易），要么不适应中东均势的需要。2013 年，这一分歧达到了顶点。沙特阿拉伯拒绝接受联合国安理会的非常任理事国席位，理由是由于传统的秩序仲裁者未能采取行动，它将自行其是。

美国呼吁世界信守对民主的支持，并在国际上以强制手段禁止使用化学武器。而其他的大国，例如俄罗斯和中国，援引威斯特伐利亚的不干涉内政原则加以抵制。它们主要从自己所在地区的稳定和本国躁动不安的穆斯林人口的视角审视突尼斯、埃及、利比亚、马里、巴林和叙利亚等国的大动荡。这些国家知道，最凶悍的逊尼派战士都是与基地组织（基地组织因“伊斯兰国”采用了甚至连它都认为太极端的手段而斩断了与后者的联系）结盟的铁杆“圣战者”，因此对叙利亚反对派彻底获胜持谨慎态度。中国称它在叙利亚这场战争中没有特别的利益，但坚持最终结果应由“叙利亚人民”而不是外国势力决定。叙利亚前盟友俄罗斯希望阿萨德继续掌权，在一定程度上也希望看到叙利亚继续作为一个统一国家存在下去。由于国际社会达不成共识，叙利亚反对派又四分五裂，当初旨在促进民主价值观的一场起义沦为21世纪之初的一场人道主义大灾难，导致区域秩序彻底崩溃。

如果有一个可行的区域或国际安全体系，也许本来可以避免或至少遏制这场灾难。问题是各国对各自国家利益的看法大相径庭，维护稳定的代价又太高昂。早期外部的大规模干预也许可以把争斗各派压制下去，但若要维持局面，则需要长期的相当规模的军事存在。伊拉克和阿富汗战争后，这一选择对美国来说已不可行，至少美国不可能单干。伊拉克若能达成政治上的共识，也许还能把这场冲突限制在叙利亚境内，但巴格达政府及其区域盟友的教派意识阻碍了共识的达成。还有一种可能是，国际社会可以对叙利亚和民兵“圣战者”实施武器禁运。然而安理会常任理事国各自截然不同的目标使得这一选项不可能成立。倘若无法通过共识或武力建立秩序，就只能付出灾难性的非人道代价，让秩序在混乱中产生了。

巴勒斯坦问题与国际秩序

中东各地虽然动荡不安，旨在结束阿拉伯—以色列冲突的和平进程始终在推进，有时断断续续，偶尔紧锣密鼓。几十年的阿以冲突造成了一触即发的对峙局面。过去一共爆发了三场常规战争和无数次非常规军事冲突。每一个伊斯兰教“圣战者”团体都把阿以冲突作为号召人们拿起武器的借口。整个阿拉伯世界都把以色列的存在和它强大的军事力量视为自己的耻辱。有些人坚持不放弃土地的信念。在他们眼里，与以色列共存好比背弃信仰，而不是对现实的承认。

以色列对安全和认同感的追求、巴勒斯坦人对自治的渴望，以及四周阿拉伯国家政府对符合其历史性宗教诉求的政策的摸索——如何协调这三者之间的关系——激起了巨大的感情波澜。没有什么问题能与之相提并论。有关各方都走过了一段痛苦的历程，从拒和开战到犹豫不决地接受共存，基本上停留在停战的基础上，前途未卜。没有哪个国际问题像阿以冲突问题那样让美国如此牵肠挂肚，令美国总统如此殚精竭虑。

阿以冲突牵扯到一系列问题，针对每一个问题都形成了大量文件。在过去几十年时断时续的谈判中，各方阐述了自己对这些问题的看法和立场。这里只讲其中的一个方面：谈判各方互相冲突的和平秩序概念。

两代阿拉伯人都是怀着以下信念长大的：以色列这个国家非法篡夺了穆斯林的遗产。1947 年，阿拉伯国家拒绝了联合国将英属巴勒斯坦托管地划分为一个阿拉伯国家和一个犹太人国家的方案，以为自己可以打赢战争，从而得到全部领土。结果，阿拉伯人未能消灭新宣布成立的以色列国。然而，同亚洲和非洲大部分后殖民时代冲突的结果不同，这并没有带来一项政治解决办法，也没有开启国与国之间的关系，而是开始了一个政治上拒不和解和勉强接受停火的漫长时期。其间，一些激进的团伙试图通过恐怖主义手段迫使以色列屈服。

一些伟大的领导人曾试图超越这场冲突的概念，在威斯特伐利亚原则基础上通过谈判实现和平，即在组成主权国家的不同人民之间展开谈判，每一国根据对自己国家利益和能力的现实评估行事，而不是根据绝对的宗教信仰行事。1979 年，埃及的萨达特总统大胆地着眼于未来、走出冲突，根据埃及的国家利益与以色列媾和。两年后，他遭到埃及军队中宗教极端分子的暗杀，为自己的政治家气概付出了生命的代价。同样的命运也降临到了以色列第一个与巴勒斯坦解放组织签署了一项协议的总理拉宾头上。萨达特死后 14 年，以色列的一名激进学生暗杀了拉宾。

在黎巴嫩、叙利亚和巴勒斯坦领土境内，尤其是在加沙地带，宗教极端分子（比如真主党和哈马斯）今天拥有很大的军事和政治实力。他们宣称“圣战”乃是结束通常被谴责为“犹太复国主义者的占领”状态的宗教义务。伊朗的阿亚图拉政权经常挑战以色列的生存权。伊朗前总统马哈茂德·内贾德呼吁灭掉以色列。

从阿拉伯人的态度中至少可以看出三种观点：为数不多的一些人接受与以色列实现真正的共存并愿意为此而努力，他们目标坚定，但声音微弱；更多人试图通过永久性的对抗消灭以色列；最后一类人愿意与以色列谈判，但把谈判说成是分阶段征服犹太人国家的一种手段，至少他们对本国人民这样讲。

以色列地小人稀（同邻国相比），国土最窄处仅有9.3英里，最宽处也不过60英里左右，所以不大情愿为了将来有可能成为一纸空文的一份文件做出领土上的让步，尤其是在靠近重要人口中心的地区。因此，以色列的谈判立场常常体现为强调法律问题，在理论空泛、偶尔含有琐碎细节的安全和政治保障的含义上做文章。这往往会激化和平进程旨在克服的情绪。

在阿拉伯世界，巴勒斯坦问题已不像往日那样紧迫，但依然重要。和平进程的主要参与者把精力和思虑转向了可能拥有核武器的伊朗及其区域代理人。这从两个方面影响了和平进程：一是诸如埃及和沙特阿拉伯这样的主要大国在塑造和平进程上可以发挥的外交作用；更重要的是，这些国家为未来协议提供担保的能力。巴勒斯坦领导人自己无法保证和平进程的结果，除非这一结果不仅能为其他区域国家政府所容忍，而且还能得到它们的积极支持。截至本书写作时，阿拉伯国家要么陷入内战，要么为逊尼派和什叶派之间的纷争冲突以及一个日益强大的伊朗而担忧。尽管如此，它们或迟或早必须面对巴勒斯坦问题，它是构成区域秩序，最终也是世界秩序的一个关键因素。

一些阿拉伯领导人建议仅承认以色列国存在的现实，但不正式承认它在伊斯兰教的中东的合法存在，这样既解决了以色列的安全关切，又照顾到了阿拉伯人的感情，从而能实现阿拉伯与以色列的和平。以色列提出的基本要求是，做出有约束力的保证，和平将包括化为具体行动的某种道义和法律上的承认。以色列因而不满足于威斯特伐利亚原则，还要求正式承认它是一个犹太人国家。大多数阿拉伯人很难正式接受这一点，因为这意味着不仅认可以色列的领土，而且还认可它的宗教。

几个阿拉伯国家宣布，如果以色列退回到 1967 年的边界，就愿意与它建立外交关系。这一边界是半个世纪前结束的一场战争的停火线。然而问题的实质是：建立外交关系后，会带来什么样的具体行动。如果阿拉伯国家给予以色列外交承认，它们的政府、宣传机构和媒体是否就不再把以色列描绘成这一地区一个非法的、帝国主义的、几乎可以说是罪恶的侵入者？因“阿拉伯之春”备受压力的阿拉伯国家政府是否愿意并能够做出一些切实可行的确切承诺，公开赞成并保证一种接受以色列存在的和平？以上因素，而不是给予以色列国的标签，将决定和平的前景。

两种世界秩序观的冲突扎根于以色列—巴勒斯坦问题之中。以色列是一个威斯特伐利亚式的国家。1947 年，以色列正是依照威斯特伐利亚原则建国的。以色列的主要盟友美国，始终是威斯特伐利亚国际秩序的操盘手和最大的捍卫者。然而，中东地区的核心国家和派别在不同程度上从伊斯兰教意识的角度看待国际秩序。以色列与其邻国的纠纷有其地理和历史根源，涉及水源、资源、特殊的安全安排和难民问题。在其他地区，类似难题一般通过外交手段解决。从这个意义上讲，这实际上是一个在从约旦河到地中海的狭小空间内，以巴双方的两种世界秩序观之间能否共存的问题。由于双方对每一寸土地都看得很重，为争取和谈成功，也许需要探索一下是否能做出某种临时性安排，至少能增加实现切合实际的共存的可能性，在最终达成协议前赋予西岸部分地区主权特征。

为启动以上谈判做出努力的同时，中东地区的政治和哲学思考上的演变在西方世界产生了互相矛盾的结果。美国与代表中东各种选项的派别保持了密切的关系：与以色列结盟，和埃及保持关系，与沙特阿拉伯是伙伴关系。当一个区域的主要成员对它们面临的问题采取一致行动时，就会逐渐演变成为区域秩序。然而，在中东地区始终没有达成这种一致。主要当事方在三大问题上意见相左：国内局势的演变，巴勒斯坦阿拉伯人的政治未来，以及伊朗用于军事目的的核计划的未来走向。一些目标一致的国家又不便明言。举例来说，沙特阿拉伯和以色列在伊朗问题上目标大体一致：防止伊朗获得核能力，或在无法阻止的情况下遏制伊朗。然而，两国对合法性的看法——加上沙特阿拉伯十分在意阿拉伯国家的共识——决定了两国无法正式提出这一观点，甚至无法挑明。这就是为什么中东大部分地区仍然十分纠结，既恐惧“圣战”又害怕对付“圣战”的部分根源。

本章讲述的宗教和政治冲突的种种后果，表面看上去像是迥然不同的问题，实际上它们都反映了对政治合法性和国际合法性新含义的深层探求。

沙特阿拉伯

不无历史讽刺的是，中东各国动荡不安期间，西方民主国家最重要的盟友之一，是一个国内体制与它们几乎毫无共同之处的国家——沙特阿拉伯王国。第二次世界大战期间，它站在了盟国一边。自从那时以来，沙特阿拉伯在大多数区域安全行动中始终是一个伙伴。这种关系显示了威斯特伐利亚国家体系的特殊性，即差异如此之大的社会可以通过正式机制为了共同目标互相合作，而且通常双方都获益匪浅。换一个角度看，这一关系遇到的困难涉及探索当代世界秩序时面临的一些主要挑战。

沙特阿拉伯王国是一个传统的阿拉伯—伊斯兰国家：

既是部落性质的君主制，又是一个伊斯兰教神权政体。自从18世纪以来，抱成一团的两大家族构成了该国统治集团的核心。来自沙特家族的一位君主，统领基于古老的相互忠诚和义务的一个复杂的部落关系网，居于政治体制之首，控制了王国的内政和外交。主要来自谢赫家族的大穆夫提和长老委员会是最高宗教权威。国王试图通过扮演“两大圣寺（麦加和麦地那）监护人”的角色弥合两大权力分支之间的鸿沟。这不禁令人想起担任“护教者”的神圣罗马皇帝。

宗教表达的狂热和纯正深植于沙特阿拉伯的历史中。数百年来，这两大家族曾几次建立或重新统一了沙特王国（18世纪40年代、19世纪20年代以及20世纪初），每一次都承诺根据对伊斯兰教教义最严格的解释，治理伊斯兰教的诞生地和无比神圣的圣地。沙特的军队屡屡四面出击，通过一波波的征服战争统一了阿拉伯半岛的沙漠和山川。这与当年建立了第一个伊斯兰国家的“圣战”有惊人的相似之处，而且发生在同一块土地上。宗教上的绝对主义、军事上的出其不意、精明的现代政治谋略，在伊斯兰世界的腹地塑造了这个对于伊斯兰世界命运具有举足轻重意义的王国。

今天的沙特阿拉伯脱胎于第一次世界大战后的土耳其统治。当时伊本·沙特再次统一了分布在阿拉伯半岛上的一些封建王国，通过家长制式的效忠和宗教信仰把它们维系在一起。自从那时以来，王室始终面临艰巨的任务。在它的统治下，既有依然过着传统的游牧生活、对国王绝对忠诚的部落，也有规模接近——有的地方超过了——西方一些大都市的人口密集的城市，虽然这些城市位于寸草不生的荒漠上，看上去像是海市蜃楼。一个具有半封建性的对等义务意识的中产阶级开始形成。在极端保守的政治文化限度内，掌权的王室成员将君主制和一种共识体系结合起来。在此体系下，庞大的王室家族的远亲对决策拥有一定的发言权，普通公民也逐渐获得了参与公共生活的部分权利。

伊斯兰教和尊重传统权威这一纽带，将数百万外籍劳工——巴勒斯坦人、叙利亚人、黎巴嫩人、埃及人、巴基斯坦人和也门人——连接到了一起。每年同一时间，几百万穆斯林从世界各地涌到沙特阿拉伯朝觐——前往麦加履行先知穆罕默德生前制定的宗教仪式。每一个身体健康的信徒一生中至少要去麦加朝觐一次。这一证明自己信仰的义务使沙特阿拉伯具有独特的宗教重要性，同时每年也给它带来了其他国家没有的接待方面的巨大挑战。与此同时，巨大石油蕴藏量的发现使沙特阿拉伯一跃成为这一地区无人能及的首富。由于这个国家人口稀少，没有自然的陆地边界，一个主要产油区的居民又是政治上若即若离的什叶派少数族裔，骤然致富给该国的安全造成了隐含的威胁。

沙特阿拉伯的统治者深知，四周邻国的贪婪有一天也许会转化为征服的欲望，在革命年代，也可以表现为支持政治或教派骚乱。沙特阿拉伯人目睹了邻国的命运后，在经济和社会现代化问题上不可避免地心情矛盾，知道不改革也许会把本国的青年人推向对立面，改革步伐太快又有可能失控，最终危及习惯了保守君主制的这个国家的国内凝聚力。王室试图在自己社会习俗范围内领导社会和经济变革，目的恰恰是为了控制改革的步伐和内容。沙特阿拉伯依照这一策略进行了有限的改革，防止具有潜在爆炸性的社会矛盾越积越多，同时又避免改革步伐过快可能给社会稳定带来的影响。

现代沙特阿拉伯自成立后的大部分时间里，其外交政策的特点就是小心谨慎，他们转弯抹角的说话风格已经演变成了一种特殊的艺术形式。如果沙特王国奉行锋芒毕露的政策，如果它使自己成为一切争端的焦点，一些比它势力大得多的大国的恳求、威胁和诱劝就会接踵而至，甚至有可能危及国家的独立或凝聚力。沙特阿拉伯当局因此避而远之，从而保全了自己，哪怕危机时期也不例外，包括有时推行影响会波及世界的大胆变革时。沙特阿拉伯在公开场合几乎总是避免出头，与他国保持距离，用含糊不清掩盖自己的脆弱，用避而远之隐藏自己对外来者动机的猜疑。无论对方巧舌如簧还是威胁恐吓，它均不为所动。

即使是在靠资源支撑的对抗中，沙特阿拉伯王国也避免自己冲在前面，例如 1973 年的石油禁运和 1979~1989 年在阿富汗的反苏“圣战”。它帮助推动了中东的和平进程，但谈判时退缩在他国后面。沙特阿拉伯王国于是在固定的标杆之间游走：与美国的友谊，对阿拉伯人的忠诚，对伊斯兰教正本清源的诠释，内忧外患的意识。在一个“圣战”、剧烈大动荡和认为美国将从这个地区抽身退出的时代，沙特阿拉伯王国有时不再含糊其词，转而采取更直截了当的做法，明确表达它对什叶派伊朗的恐惧和敌视。

伊斯兰世界的大动荡和一个革命的伊朗的崛起给沙特阿拉伯造成的分裂之深，超过了中东地区任何一个国家。一方面，沙特阿拉伯正式对威斯特伐利亚概念表示效忠，因为这一概念不仅构成了沙特阿拉伯的安全基地，也是国际社会承认沙特阿拉伯是一个合法的主权国家的依据。另一方面，沙特阿拉伯国内又存在着贯穿其历史的宗教纯粹主义势力和威胁到国内凝聚力（1979 年，狂热的宗教极端分子占领麦加的大清真寺时甚至威胁到了王国的生存）的宗教极端主义势力。

1989 年，沙特阿拉伯王国心怀不满的子孙之一、参加了阿富汗反苏"圣战"的本 · 拉登回国，宣布要开始一场新的斗争。本 · 拉登及其追随者遵照库特布的著述成立了一个先锋队组织（基地组织），通过它进行全面"圣战"。该组织的"近期"目标是沙特政府及其地区伙伴国，"远期"目标是美国。基地组织辱骂美国扶持中东不遵守伊斯兰教教义的国家政府，并在 1990~1991 年的海湾战争中，在沙特阿拉伯部署部队玷污了伊斯兰教。[29] 依本 · 拉登之见，真正的信仰与异教徒世界之间的较量已经开始，而且事关生死存亡。

世界上的非正义已经达到了用和平手段无法解决的地步，现在需要采用暗杀和恐怖主义手段，从而让基地组织的远近敌人心寒胆战，丧失抵抗斗志。

基地组织野心勃勃的计划，从袭击美国及其盟国在中东地区和非洲的设施开始。1993 年对世贸大厦的袭击显示了该组织的全球野心。2001 年 9 月 11 日，基地组织的攻势登峰造极，袭击了世界金融体系枢纽纽约和美国权力的政治枢纽华盛顿。“9 · 11”事件是迄今为止最致命的一次袭击，短短几分钟内 2 977 人丧生，遇难者几乎全部是平民，还有数千人在袭击中受伤或身体健康受到极大损害。本 · 拉登在袭击前宣布了基地组织的目标：将西方及其影响逐出中东，推翻与美国结成伙伴合作关系的国家政府，解散它们的政治体制。[30] 本 · 拉登嘲弄这些国家是“纸糊的蕞尔小国”，其政治结构是为了西方大国的需要而非法建立的。一个新的伊斯兰哈里发政权将取而代之，再现公元 7 世纪时伊斯兰教的辉煌。一场围绕世界秩序的战争就此拉开帷幕。

这场冲突的战场横贯沙特阿拉伯的腹地。2003 年基地组织推翻沙特王朝的企图失败后，沙特阿拉伯成为基地组织最坚决的反对者之一。在威斯特伐利亚秩序和伊斯兰教秩序的范围内保障安全的办法，在一段时间内行之有效。然而，沙特王朝犯了一个重大战略错误。从大致 20 世纪 60 年代一直到 2003 年末，它以为可以支持，甚至操纵国外的激进伊斯兰主义而不会危及它在国内的统治。2003 年在沙特阿拉伯王国境内爆发的一场基地组织的严重叛乱，暴露了这一战略的致命缺陷。沙特王室抛弃了这一战略，改为由年青一代的一位王子，现任内政部长本 · 纳伊夫，领导一场严厉打击叛乱的斗争。即便如此，沙特王朝的江山依然不稳。随着伊拉克和叙利亚等国“圣战”浪潮的高涨，沙特阿拉伯在这场斗争中使用的手腕也许会再次受到考验。

沙特阿拉伯采取的对策与它面对的挑战同样复杂。皇室家族认为，沙特阿拉伯的安全和国家利益系于和西方保持建设性的关系以及参与全球经济。然而，作为伊斯兰教的诞生地和伊斯兰教圣地的保护者，沙特阿拉伯又无法偏离正统的伊斯兰教。为了对付激进的伊斯兰教普世主义，它先声夺人，建立了一个现代国家体制和威斯特伐利亚国际关系与伊斯兰教中原教旨色彩也许最浓厚的瓦哈比派嫁接的脆弱混合体，并在国际上出钱扶持它，结果有时在本国内造成了自相矛盾。沙特阿拉伯在外交上基本上与美国结盟，宗教信仰上又倡导一种与现代社会格格不入的伊斯兰教，与非伊斯兰世界形成了潜在冲突。通过资助在世界各地宣扬严苛的瓦哈比派信条的宗教学校，沙特人不仅履行了自己作为穆斯林的义务，还把它作为一项预防措施。如此一来，鼓吹瓦哈比派信条的人纷纷跑到国外去传教，而不是留在王国境内。这一政策产生的一个始料未及的后果，是助长了“圣战”的狂热，最终将对沙特阿拉伯这个国家及其盟友构成威胁。

只要逊尼派国家基本上仍处于军人统治之下，沙特王国奉行的有原则的模糊战略就没有问题。然而基地组织出现后，神职人员执掌政权的伊朗通过一个好战的革命阵营在整个地区内确立了自己的领导地位。穆斯林兄弟会在埃及和其他地方上台执政的可能性增大。沙特阿拉伯面对着中东地区两类不同形式的内战：作为威斯特伐利亚国家体系成员的伊斯兰政权，与认为现代国家和现存的国际秩序机构同《古兰经》势不两立的“圣战者”之间的内战；以及在这一地区的什叶派和逊尼派之间的内战。沙特阿拉伯促使他人改变宗教信仰的举动（无论多么无心）起了为这两场内战煽风点火的作用。伊朗和沙特阿拉伯分别被视为对立双方的头领。

这场争夺的背后还有另外两场较量，二者都是对地区秩序的考验。一是美国采取军事行动推翻伊拉克和利比亚可憎的独裁政权，同时在政治上施加压力，实现“改造大中东计划”。二是逊尼派和什叶派之争再起，在伊拉克战争和叙利亚冲突期间造成了极其严重的后果。局势的发展证明，在以上每一场较量中，都很难生成沙特阿拉伯和美国的平行利益。

沙特阿拉伯把什叶派的伊朗视为一个帝国加宗教现象，在地区领导权、均势和教条理念之争方面感觉受到了伊朗的威胁。在沙特阿拉伯眼中，德黑兰领导的什叶派群岛（从伊朗与阿富汗边界横穿伊拉克、叙利亚和黎巴嫩，直抵地中海）实力及影响力日盛，与沙特领导的（由埃及、约旦、海湾国家和阿拉伯半岛组成，同土耳其结成谨慎的伙伴关系）逊尼派秩序针锋相对。

因此美国如何对待伊朗和沙特阿拉伯，不是一个简单的均势考量问题或民主化问题，而必须把伊斯兰教两大教派之间已经持续千年之久的宗教纷争考虑在内。美国及其盟友必须小心行事，因为这一地区释放出来的压力会对支撑这一王国和管理伊斯兰教圣地的种种错综复杂的微妙关系产生影响。沙特阿拉伯若发生动荡，将对世界经济、伊斯兰世界的未来与世界和平产生深远的影响。根据阿拉伯世界其他地方发生的革命的经验，美国不能假定有一个现成的民主反对派，且它将依据更合西方口味的原则统治沙特阿拉伯。沙特阿拉伯是逊尼派“圣战”和什叶派“圣战”志在必得的最重要的战利品。沙特阿拉伯的努力，无论多么迂回隐蔽，都对于促进这一地区的建设性演变至关重要。美国必须与它达成共识。

对沙特阿拉伯来说，与伊朗的冲突生死攸关，关系到君主制的存活、国家的合法性乃至伊斯兰教的未来。只要伊朗继续崛起为一个潜在的大国，沙特阿拉伯为了保持均势，就至少必须加强自身的实力地位。鉴于事关重大，仅有口头保证是不够的。取决于伊朗核谈的最终结果，沙特阿拉伯有可能以某种方式寻求拥有自己的核能力，作为一项保险政策，要么从一个现有的核大国得到弹头，最好是伊斯兰国家（比如巴基斯坦），要么资助其他某国研制核武器。如果沙特阿拉伯判断美国要从这一地区抽身，它很可能会试图把另一个外部大国拉入地区秩序，也许是中国，或印度，甚至是俄罗斯。21 世纪前 20 年中东地区的紧张局势、动荡不安和暴力，因此应当被视为各国内部冲突和宗教之争的映照。争夺焦点，是决定这一地区是否或以何种方式与任何一个更大的世界秩序概念相连。在很大程度上，这将取决于美国控制结果的能力、手腕和意志，使之既符合自己的利益，沙特阿拉伯及其盟友也认为与各自的安全和原则并行不悖。

国家的衰落？

叙利亚和伊拉克曾是阿拉伯国家民族主义的灯塔，但也许丧失了重构为统一的威斯特伐利亚模式的国家的能力。由于两国交战各派别纷纷争取这一地区及外部世界同一教派或族裔的支持，它们之间的冲突威胁到了四周邻国的国内和谐。如果地处阿拉伯世界腹地的数个邻国不能建立合法的统治并始终有效控制本国的领土，第一次世界大战后对中东做出的领土安排将来日无多。

因此，叙利亚、伊拉克以及周边地区的冲突是一个不祥新趋势的象征：国家分裂为不同部落和教派单元，其中有一些分布在现存边界两边，彼此或你死我活地拼杀，或受到相互竞争的外部派别的操纵，除了实力至上法则（霍布斯也许会称之为自然状态）不遵守任何共同规则。

革命或政权更迭后，只要没有建立一个得到一国大多数人承认的合法新政权，形形色色的派别为了争夺政权，就会继续同自己眼中的对手打下去。一国的部分地区可能会陷入无政府状态或长期叛乱，抑或与另一个正在走向解体的国家合并。现存的中央政府可能没有意愿或能力重新恢复对边境地区或真主党、基地组织、“伊斯兰国”和塔利班等非国家实体的控制。这种现象已经在伊拉克、利比亚和巴基斯坦出现。

以现有形式存在的一些国家也许无法按照原状存在下去，除非采用美国人视为非法的国家治理或凝聚社会的手段。在有些情况下，可以通过逐渐演变成为一个更自由的国内体制克服以上障碍。但如果一国内的不同派别坚持各自的世界秩序观，或是认为他们之间的争夺关系到自身的存亡，美国呼吁止戈息战、建立一个民主的联合政府的做法往往要么造成现任政府的瘫痪（例如前伊朗国王时期的伊朗），要么是对牛弹琴（例如塞西将军领导下的埃及政府。它汲取了前任政府被推翻的教训，不再与美国保持历史性的盟友关系，转而选择给予自己更大的行动自由）。在这种情况下，美国必须在尽量兼顾安全和道义的基础上决策，同时认识到无论在安全上还是道义上，都无法做到十全十美。

在伊拉克，逊尼派占统治地位的残暴的萨达姆·侯赛因独裁政权的垮台，带来的不是对民主的追求，而是复仇。不同派别把各自信仰的宗教形式转化为自治单元，为了报复而相互厮杀。利比亚地广人稀，彼此争斗的不同教派和部落除了曾是意大利的殖民地外，没有共同历史。推翻暴戾的独裁者卡扎菲产生的实际结果，是抹掉了带有国家统治色彩的所有痕迹。不同部落和地区为了确保自治或称雄一方，纷纷通过不受约束的民兵武装自己。的黎波里的临时政府得到了国际社会的承认，但它实际控制的地方只限于城市，甚至能否控制城市都还难说。极端团伙如雨后春笋般涌现，用卡扎菲弹药库里的武器武装自己后把“圣战”扩大到邻国，尤其是非洲。

各国政府失去对本国全境的管辖之日，也是国际秩序或地区秩序自身开始走向解体之时。[31] 今天的世界地图上有些空白，标志着这些地区无法无天。一个国家崩溃后，其领土也许会成为恐怖主义、武器供应或挑动邻国教派不和的基地。现在，不受任何政府管辖或处于“圣战”的地区贯穿整个伊斯兰世界，波及利比亚、埃及、也门、加沙地区、黎巴嫩、叙利亚、伊拉克、阿富汗、巴基斯坦、尼日利亚、马里、苏丹和索马里。若是也把中非地区的麻烦考虑在内——持续了长达一代人之久的刚果内战把四周邻国卷入其中——中非共和国和南苏丹的冲突也有可能同样扩散到他国，世界版图和人口的很大一部分实际上已濒于从基于国家的国际体系中滑落的边缘。

在这一真空投下的阴影中，中东陷入了一场类似欧洲前威斯特伐利亚宗教战争的对抗，但规模超过了后者。国内冲突和国际冲突螺旋式升级，政治、教派、部族、领土、意识形态和传统的国家利益争端纷纷浮现。用来追求地缘政治目标的宗教被“武器化”，平民因为自己所属的教派遭到屠杀。有能力维持自己权威的国家以生存需要为借口，认为自己权大无边。解体的国家成为周围大国争夺之地，其积聚实力的方式往往完全无视人类的福祉和尊严。

目前仍在进行的冲突既是宗教性的，也是地缘政治性的。由沙特阿拉伯、海湾国家，某种程度上还有埃及和土耳其组成的逊尼派集团，与一个由什叶派伊朗领导的集团对峙。后者支持阿萨德控制的叙利亚部分、马利基控制的伊拉克中部和南部，以及黎巴嫩真主党民兵和加沙地带的哈马斯组织。逊尼派阵营分别在叙利亚和伊拉克支持反抗阿萨德和马利基的起义。企图主宰这一地区的伊朗则动用意识形态上与德黑兰一致的非国家成员，破坏它在这一地区的竞争对手的国内合法性。

冲突各方均寻求外部势力的支持，尤其是俄罗斯和美国的支持。这反过来也塑造了双方的关系。俄罗斯的目标基本上是战略性的，至少防止叙利亚和伊拉克的“圣战”团体蔓延到本国穆斯林人口所在的地区。俄罗斯的全球目标是加强它相对于美国的地位（从而扭转本章前面提到的 1973 年那场战争的结果）。美国左右为难：一方面，从道义立场出发谴责阿萨德，这没有错；另一方面，反对阿萨德的最大一股势力又是美国战略上需要反对的基地组织和更极端的团体。无论俄罗斯还是美国，在彼此合作还是互相斗法问题上都难下决心。不过乌克兰发生的事件有可能打破目前的暧昧，推动双方转而采取冷战立场。伊拉克成了多个阵营角逐的战场——历史上曾数次上演过这一幕——这一次是在伊朗、西方和形形色色的复仇主义的逊尼派别之间。剧本没换，只是换了一批演员。

美国尝到了苦头，再加上当地条件几乎不允许多元化的存在，人们可能倾向于对动荡局势采取任其发展的态度，待继承国出现后再与之打交道。但几个潜在的继承国已经公开宣布，美国和威斯特伐利亚世界秩序是它们的头号敌人。

在一个自杀式恐怖主义和大规模杀伤性武器扩散的时代，必须把滑向泛地区教派冲突的现象视为对世界稳定的威胁。所有负责任的大国，都需要根据某种可以接受的地区秩序的定义携手应对。如果无法建立秩序，大片地区就有可能陷入无政府状态和各种形式的极端主义，随后蔓延至其他地区。在这一严峻的形势下，世界等待美国和其他具有全球眼光的国家提炼出一个新的地区秩序。

| 第四章 |

美国与伊朗：不同的秩序理念

2013 年春，伊朗伊斯兰共和国的阿亚图拉阿里 · 哈梅内伊在一个伊斯兰教神职人员的国际会议上发表演说，欢呼一场新的全球革命的到来。作为伊朗的最高领导人，哈梅内伊的地位凌驾于伊朗政府所有官员，包括总统和外交部长之上。哈梅内伊宣称，世界其他地方所谓的“阿拉伯之春”其实是一场影响波及全球的“伊斯兰觉醒”。哈梅内伊称，西方以为民众上街示威代表着自由民主的胜利，实在是大错特错。示威者将“拒绝在政治、行为和生活方式上效法西方，因为那只能带来可怕的痛苦”，他们体现了“神的许诺终于得以实现的奇迹”。

> 任何有知识、有头脑的人都无法否认今天摆在我们面前的事实：伊斯兰世界终于从世界社会和政治赛场的边缘走到了中间，在重大的全球事件中占据了突出的中心地位，为生活、政治、政府和社会发展提供了全新的观念。[1]

据哈梅内伊分析，这场伊斯兰意识的再觉醒正在引发全球宗教革命，最终将打败专横跋扈的美国及其盟国，给西方持续3个世纪的霸主地位画上句号：

> 傲慢的反动阵营不敢承认这场伊斯兰觉醒，但这是千真万确的事实，在伊斯兰世界的几乎所有地方都能看到这场觉醒的征象。最明显的当属广大民众，特别是青年人，他们满腔热情地要再现伊斯兰教的伟大和光荣。他们认清了当今国际秩序的压迫性质，并揭去那些无耻、凶恶和傲慢的政府的虚伪面具，因为它们长期以来都在压迫伊斯兰和非伊斯兰的东方国家。

哈梅内伊信誓旦旦地宣布，在“共产主义和自由主义失败”之后，随着西方实力和信心的坍塌，伊斯兰觉醒将传遍全球，把世界各地的伊斯兰乌玛（ummah，跨国界的信仰共同体）统一起来，恢复伊斯兰在世界上的中心地位：

> 最后，这个目标只有通过创造一个光辉灿烂的伊斯兰文明才能达到。伊斯兰乌玛的所有组成部分，即不同的民族和不同的国家，都应达到《古兰经》提到的文明程度……通过宗教信仰、知识、道德和不懈的斗争，伊斯兰文明会给伊斯兰乌玛和整个人类带来先进的思想和崇高的行为规范，让人们摆脱支撑西方文明的物质主义、压迫观念以及腐败的行为规范。[2]

哈梅内伊过去也曾阐述过这个主题。2011年，他在对伊朗的准军事部队演讲时说，西方发生的民众抗议说明世界渴望伊朗的神权制度所代表的精神和合法性。一场世界革命正在酝酿之中：

> 美国和欧洲的事态发展说明世界将要发生巨变……今天，纽约和加利福尼亚的人们呼喊的是埃及

人和突尼斯人的口号……现在我们的伊斯兰共和国是各民族觉醒运动的中心，敌人对此又恨又怕。[3]

在任何其他地方，这样的表态都会被当作企图颠覆现状的严重挑战：在一个重要国家中拥有至高无上的宗教和世俗权力的神权领袖公开支持创立另一个世界秩序，与国际社会现有的秩序唱对台戏。伊朗最高领袖宣称，在他预言将要来临的新世界中，占主导地位的是普世的宗教原则，而不是国家利益或自由国际主义。此言假使出自一位亚洲或欧洲领导人之口，一定会被视为对世界的惊人挑战。然而，来自伊朗的类似言论世界已经听了35年，对这些言辞以及与之相伴的行动表现出来的极端主义早已见怪不怪。就伊朗而言，它对现代世界的挑战，与它上千年来精微奥妙的治国传统是分不开的。

伊朗的治国传统

激进的伊斯兰教义首次被上升为国家主权层面的信条

是在 1979 年。人们万万没想到这样的事会在伊朗的首都发生，因为伊朗与大多数中东国家不同，它有着古老而辉煌的历史，对自己皈依伊斯兰教之前的历史一直引以为傲。所以，当伊朗这个威斯特伐利亚体系内的国家在阿亚图拉霍梅尼的革命后摇身一变成为激进的伊斯兰教倡导者时，中东的地区秩序完全乱了套。

在该地区所有国家中，伊朗的国家意识应该是最悠久、最连贯的，以国家利益为基础的治国传统也是最完整、最复杂的。与此同时，伊朗领导人的手一直伸得很长，远远超过伊朗现代的国界，几乎从不遵守威斯特伐利亚的国家及主权平等的概念。伊朗这个国家是在波斯帝国的基础上建立起来的，在从公元前 7 世纪到公元 7 世纪这段时期内，波斯帝国几经改头换面，在现今的中东大部以及中亚、西南亚和北非的一些地区建立并维持着统治。波斯有着璀璨的艺术和文化，有娴于管理遥远省份的先进官僚制度，还有南征北伐、身经百战的庞大的多民族军队，因此它认为自己远远优于所有其他社会。波斯把君王的权力和地位推到近乎神的高度，认为君王是统治芸芸众生的慈悲的宗主，是“万王之王”，他主持正义，谕示宽容，治下人民因此而俯首归心。[4]

波斯帝国与古中国一样，代表着一种形式的世界秩序，在这样的世界秩序中，文化和政治上的成就及心理上的自信与传统的军事征服同样重要。公元前5世纪，伟大的古希腊历史学家希罗多德曾描述过波斯人的自信，说他们吸收了外国习俗的所有精华，例如米底人（Median）的服装和埃及人的铠甲，自视为人类文明的中心：

> 他们最尊重的是自己，然后是邻国，再后是邻国的邻国，以此类推。尊重的程度随着距离的增加而降低。波斯人最轻视距离他们最远的人，因为他们认为自己是各方面最出色的人，其他人按离他们的远近习得一定的美德，离得最远的是最卑下的。[5]

大约2 500年后，这种泰然自信依然故我，表现在1850年美国和萨非王朝签订的贸易协议中。萨非王朝的辖地比起原来的波斯帝国稍有缩小，但仍疆域辽阔，包括伊朗和今天阿富汗、科威特、巴基斯坦、塔吉克斯坦、土耳其和土库曼斯坦的大片地区。尽管萨非王朝在与扩张中的俄罗斯帝国的两次战争中刚刚失去了亚美尼亚、阿塞拜疆、达吉斯坦和格鲁吉亚东部，但是国王仍然洋溢着身为古代波斯帝王薛西斯和居鲁士后代的自信：

> 北美合众国总统和如土星般崇高的陛下——他是与太阳媲美的君王，有如光辉耀长空；他是举世无双的君王，雄兵百万众若繁星；他的伟大堪比贾姆希德（波斯神话中的国王）；他的光荣可与大流士比肩；他继承了凯扬王朝的皇冠和御座，是全波斯无上的皇帝——均热诚期盼建立两国政府间的友好关系，并愿以对双方的公民和子民互利互惠的友好通商条约加强之，为此特任命特命全权大使……[6]

波斯地处东西方交界，版图最大时辖下省份和属地从现代的利比亚延伸到吉尔吉斯斯坦和印度。自古以来直到冷战时期，欧亚大陆上几乎所有主要的征服战争都要么从波斯发起，要么在波斯终结。尽管历经动荡，但波斯和与它经历类似的中国一样，依然保留了自己与众不同的特性。波斯帝国的辖地涵盖了众多不同的文化和地区，并把所有这些文化和地区的成就统统予以采纳融合，归入自己特有的秩序观念。从亚历山大大帝到早期的伊斯兰军队，再到后来的蒙古人，一波又一波的征服之战几乎完全抹去了其他民族的历史记忆和政治自主性，但波斯依然对自己文化的优越性充满信心。它对征服者低头只是暂时的让步，骨子里仍然保持着独立，维持着自己特有的世界观。它通过诗歌和神秘主义探索“广大的内心空间”，为自己身为史诗《国王之书》中讴歌的古代英雄国王的后裔而自尊自傲。[7] 与此同时，波斯把管理各种不同的领土和应对政治挑战的经验提升为一整套缜密的外交理念，尤其注重坚忍、耐力、对地缘政治现实的精明分析，以及在心理上掌控对手。

这种与众不同的自我感觉和灵活敏捷的外交手腕延续到了伊斯兰时代。波斯帝国在阿拉伯人的第一波征服战中被推翻。波斯接受了阿拉伯征服者的宗教，但在同时被征服的所有民族中，唯有它坚持保留了自己的语言，并给阿拉伯人带来的新秩序注入了原波斯帝国的文化遗产。最终，波斯成为伊斯兰什叶教派的人口中心和文化中心。阿拉伯人统治下的波斯接纳什叶派，起初是出于拒绝接受阿拉伯主流的传统，自 16 世纪起，更是把什叶派伊斯兰教定为国家宗教（部分原因是为了与边界另一侧正处于扩张阶段的逊尼派奥斯曼帝国相区分，并表示反抗之意）。什叶派与教众占多数的逊尼派的不同之处在于，它强调宗教真理的神秘性和不可言传性，准许为了教众的利益进行“审慎的伪饰”[8]。在文化、宗教和地缘政治观念上，伊朗（自 1935 年起采用了这个正式国名）保留了它历史传统的特殊性和作为地区一员的特点。

霍梅尼革命

20 世纪反对伊朗国王礼萨 · 巴列维的革命，最初是争取民主和经济再分配的反君主制运动（至少对西方是这样表述的）。引发革命的许多民怨确实存在，因为巴列维国王强制实行现代化方案，一些民众因此被迫背井离乡，政府为压制民众的不满而采用的手段又专横粗暴。1979 年，阿亚图拉鲁霍拉 · 霍梅尼结束在巴黎和伊拉克的流亡生涯，作为革命的“最高领袖”返回伊朗。但他回来不是为了推行社会方案或实现民主治理，而是要对整个地区秩序，甚至可以说是对现代世界的制度，发动攻击。

在威斯特伐利亚和会召开之前，西方发生过宗教战争。但自那以后，西方从未实行过霍梅尼治下的伊朗树立起来的理念。根据这种理念，国家不是合法的自立实体，而是更广泛的宗教斗争中恰好可供使用的武器。霍梅尼宣称，20世纪的中东地图是“帝国主义者”和“自私的暴君”制造出来的虚妄的非伊斯兰产物，他们“把伊斯兰社会切成不同部分，彼此分开，人为地创造出不同的国家”。[9] 中东以及广大世界上所有的现行政治机构都是“不合法的”，因为它们“不是建立在真主的律法之上”。现代国际关系所依靠的威斯特伐利亚原则不能成立，因为“国家间的关系应以宗教信仰为基础”[10]，不应建立在国家利益的原则之上。

霍梅尼认为——他的意见与库特布一致——从意识形态扩张的角度来领会《古兰经》可以去除这些亵渎真主意志的制度，创立真正合法的世界秩序。第一步是要推翻伊斯兰世界的所有政府，代之以“一个伊斯兰政府”[11]。要超越传统上对国家的忠诚，因为“推翻现在统治整个伊斯兰世界的不合法的政治势力人人有责”。1979 年 4 月 1 日，霍梅尼在伊朗伊斯兰共和国的开国大典上宣布，在伊朗建立一个真正的伊斯兰政治制度标志着“真主政权的诞生”。

这个政体与任何其他的现代国家都有所不同。正如霍梅尼任命的第一任伊朗总理迈赫迪·巴扎尔甘对《纽约时报》所说：“我们想要……先知穆罕默德的 10 年统治和他的女婿阿里，即第一位什叶派伊玛目（Imam，阿拉伯语，意为“领袖”）的 5 年统治期间那样的政府。”[12] 一旦政府是遵照真主意志建立的，持不同意见就不再是政治上的反对，而是渎神的行为。霍梅尼的伊斯兰共和国把这些原则付诸实施，建立伊始就举行了一系列审判，处决了一批渎神的人，对各少数派宗教的全面镇压远超巴列维国王的专制主义政权。

在一片动荡之中，出现了一种新的矛盾，表现为对国际秩序的双重挑战。[13] 伊朗革命中，致力于推翻威斯特伐利亚体系的伊斯兰运动夺取了对一个现代国家的控制权，但同时又行使它“威斯特伐利亚式”的权利和特权，例如占据在联合国的席位、进行贸易活动、运用外交机构，等等。伊朗的神权政治因此脚踏两个世界秩序，一方面利用威斯特伐利亚体系的保护，另一方面却多次宣称不相信这个体系，绝不受它的约束，总有一天要取消它。

这种双重性深深植根于伊朗的治国理念中。它自称为“伊斯兰共和国”，暗示它的权威超越了领土的界限。居于伊朗权力结构最高点的阿亚图拉（先是霍梅尼，然后是他的继任者阿里·哈梅内伊）不仅是伊朗的政治领袖，而且被视为全球性的权威，是“伊斯兰革命的最高领袖”和“伊斯兰乌玛及被压迫人民的领袖”。

伊朗伊斯兰共和国以一种严重违反外交豁免原则——威斯特伐利亚国际体系核心原则——的方式在世界舞台上亮相：它冲进美国驻德黑兰的使馆，把使馆人员扣为人质长达444天（2014年，现任伊朗政府把当年劫持人质那群人的翻译任命为伊朗驻联合国代表，此举等于宣告了那次行为的正确性）。本着类似的精神，阿亚图拉霍梅尼在1989年发布指令，判处英籍印度裔作家萨曼·拉什迪死刑，以此宣称自己掌握着全球的司法权威。拉什迪也是穆斯林，判处他死刑是因为他在英国和美国出版的一本书被认为冒犯了穆斯林。

黎巴嫩的真主党和伊拉克的马赫迪军是非国家的民兵组织，它们挑战权威，通过恐怖袭击来达到目的。伊朗与部分领土遭这些组织占领的国家保持着正常的外交关系，但与此同时，它又出于宗教的原因为这些组织提供支持。伊朗政府为了推动伊斯兰革命，准许什叶和逊尼两派跨越教派间的鸿沟共同合作，以推动更广泛的反西方事业。比如，伊朗为逊尼派的“圣战”组织哈马斯提供武器打击以色列。据有些报道称，伊朗还为阿富汗的塔利班提供武器。[14]“9 · 11”委员会的报告和 2013 年针对加拿大的一次恐怖袭击阴谋的调查结果都显示，基地组织成员在伊朗获得了根据地。

关于推翻现存世界秩序的问题，逊尼派和什叶派的穆斯林基本上观点一致。尽管 21 世纪初在中东各地爆发的逊尼派和什叶派之间的教义之争十分激烈，但赛义德 · 库特布的观点在实质上与伊朗政治领袖的观点并无二致。库特布坚信伊斯兰将重整世界秩序并最终统治世界，这一观点在那些把伊朗重塑为宗教革命发源地的人的心中引起了共鸣。库特布的著作在伊朗广为流传，有些是阿亚图拉阿里 · 哈梅内伊亲自翻译的。1967 年，哈梅内伊翻译了库特布的著作《本宗教的未来》，在序言中他这样写道：

> 这位崇高伟大的作家在此书的章节中试图……先阐述宗教的实质，在表明了此一宗教的生机勃勃之后……他以雄辩的说理和特有的世界观申明，世界的权力将最终掌握在我们宗教的手中，“未来属于伊斯兰”。[15]

在反西方大业中，伊朗代表着占穆斯林少数的什叶派。伊朗认为，如果为了共同的目标而超越教义上的分歧，就有可能成就大业。为此目的，伊朗宪法把团结所有穆斯林定为国家的一项责任：

> 根据《古兰经》第 21 章第 92 节的经文（“你们的这个民族，确是一个统一的民族，我是你们的主，故你们应当崇拜我。”①），所有穆斯林都同属一族，伊朗伊斯兰共和国有责任在制定国策时注重培育所有穆斯

① 译文取自《古兰经》，中国社会科学出版社，马坚翻译。——译者注

林之间的友谊和团结。它必须为实现伊斯兰世界在政治、经济和文化上的统一而不懈奋斗。[16]

重点不在神学上的争议，而在意识形态上的征服。如霍梅尼所说："我们必须努力向全世界输出我们的革命，必须丢掉一切别的想法，因为伊斯兰教不仅不允许伊斯兰国家之间存在任何分歧，而且还是所有被压迫人民权益的捍卫者。"[17] 这要求对"美国这个世界强盗"、俄罗斯和其他崇尚物质的社会，以及"犹太复国主义和以色列"发起规模浩大的斗争。

然而，霍梅尼和其他什叶派革命者在一点上与伊斯兰逊尼派意见不同，这也是他们兄弟间互相残杀的根本原因所在，分歧就是什叶派认为，世界大乱将随着马赫迪（伊斯兰教中的救世主）的出现而结束。他将降临（身在形不现），掌管起目前暂由伊斯兰共和国最高领袖代为行使的至高权力。[18] 当时的伊朗总统马哈茂德·艾哈迈迪–内贾德认为这条原则已成定论，并于 2007 年 9 月 27 日在联合国的讲话中公开提了出来：

> 最后的救世主必定会降临。他将带领所有信真主的人、寻求正义的人和乐于助人的人建设光明的未来，使世界充满正义和美好。这是主的诺言，因此定会实现。[19]

这样的概念所设想的和平有一个先决条件，那就是艾哈迈迪–内贾德总统在2006年写给乔治·W·布什总统的信中所说的，全世界必须皈依正确的宗教教义。艾哈迈迪–内贾德的那封信（西方普遍认为那是表示愿意谈判的姿态）以“Vasalam Ala Man Ataba’al hoda”[20]结尾。这句话在公开发表的信中没有翻译出来，它的意思是：“只有走正路的人才有和平。”这句话一字不差，正是先知穆罕默德在公元7世纪对拜占庭和波斯皇帝发出的警告，那两个帝国很快就成了伊斯兰“圣战”的对象。

几十年来，西方观察家一直想找到伊朗这种态度的确切“根源”。他们坚信，伊朗的一些比较极端的言辞只是一种比喻。他们认为，如果宣布弃绝西方过去的一些行为，例如20世纪50年代美英两国对伊朗国内政治的干预，也许就能打开和解之门。然而，伊斯兰教的革命派至今尚未表现出愿意寻求西方意义上的国际合作。伊朗的神权政治也不像一个殖民统治结束后满怀怨愤的独立运动在期盼着美国展现善意。根据阿亚图拉们的政策观念，与西方的争端不是仅通过在具体问题上让步就能解决的。它是关于世界秩序性质的角力。

在伊朗与安理会5个常任理事国加德国就它的核计划达成了临时协议后，西方额手称庆，认为此事预示着伊朗即将表现出新的合作精神。但就在这个时候，伊朗最高领袖哈梅内伊却在2014年1月宣布：

> 有些人给美国涂脂抹粉，妄图以此掩盖这张脸的丑陋、暴力和恐怖，使伊朗人民以为美国政府是温情慈悲的政府……如此丑陋的罪恶面孔岂可靠涂脂抹粉就能蒙蔽伊朗人民？……伊朗不会违背自己达成的协议。但美国人是伊朗革命的敌人，是伊斯兰共和国的敌人，是你们升起的这面旗帜的敌人。[21]

2013年9月，哈梅内伊在对伊朗宪法监护委员会的讲话中措辞比较委婉："摔跤手在和对手角力中，有时为了技术原因会显示出灵活性，但他不能忘记对手是谁。”[22]

这种情况未必一成不变。在中东所有国家中，伊朗也许有着最连贯的辉煌历史和最悠久、最精妙的战略传统。多少世纪以来，它通过巧妙地操纵周边的力量，把自己文化的精髓保持了3 000年，其间它甚至一度是向外扩张的泱泱帝国。在阿亚图拉的革命之前，西方与伊朗是友好合作的关系，双方认为彼此的国家利益是一致的。（具有讽刺意味的是，阿亚图拉上台前的最后一步得到了美国的帮助。美国切断了与当时在位政权的关系，错误地以为即将到来的变化会加快民主的步伐，将加强美国与伊朗的关系。）

美国和西方民主国家应当愿意考虑与伊朗发展合作关系，但它们不应假定自己国内的经验必然会自动适用于其他社会，特别是伊朗社会。它们必须认识到，经过了整整一代人的时间，伊朗领导人的言辞丝毫未变。这也许是因为他们并非故作姿态，而是坚信自己正确，而且他们的观点影响了大批伊朗人民。调子的改变不一定意味着回归正常，尤其是在双方对“正常”的定义大相径庭的情况下。它更可能代表着为达到实质上一贯的目标而采用不一样的手法。美国应当愿意与伊朗达成真正的和解，并大力推动这方面的努力。然而，这样的努力要成功，就必须明确方向，特别是在伊朗核计划这个关键问题上的努力方向。

核不扩散与伊朗

伊朗和美国未来的关系至少在短期内取决于一个看起来属于技术性军事问题的解决。就在我撰写本书的时候，一个历史性的变化可能正在打破该地区的军事均衡和心理均衡。起因是伊朗在与联合国安理会的5个常任理事国加德国（P5+1）进行谈判的同时，正迅速朝着成为核武器国家迈进。这个问题虽然表面上涉及的是科技能力，但核心是国际秩序问题。它关系到国际社会是否有能力力克伊朗种种老练而巧妙的抵制行为，坚持自己的要求，关系到全球不扩散制度中的漏洞，也关系到在世界上最动荡的地区发生核军备竞赛的可能性。

传统的均势强调军事和工业实力。均势的改变只能是渐进的过程，或通过一方征服另一方来达到。现代的均势反映的是社会的科技发展水平，一国内部事态的发展就能构成严重威胁。苏联无论征服多少国家都不可能像它 1949 年打破美国核垄断那样使它的军事实力突飞猛进。同样，可运载核武器的扩散必然会大大影响地区均势以及国际秩序，并引发一系列交替升级的反制行动。

冷战期间，历届美国政府在制定国际战略时都必须考虑到令人生畏的核威慑这个大背景，都必须时刻牢记，核战争造成的巨大伤亡可能会断送现代文明。同时他们也知道，要保护世界不落入残酷无情的独裁者的魔掌之中，就必须至少在一定程度上表现出不惜冒核战争之险的决心。在这双重噩梦的威胁下，核威慑发挥了作用，因为世界上只有两个核超级大国，它们对核武器将给自己带来的破坏做出了类似的评估。但随着核武器传到越来越多人的手中，核的威慑力就变得越来越小，想依靠核威慑来保护国家利益的策略也越来越不可靠。在一个核武器广泛扩散的世界中，谁在威慑谁，考虑的是哪些因素，这些问题越来越难以确定。

即使假设搞核扩散的国家在彼此开战时也和旧有的核

国家一样，会仔细考虑涉及生死存亡的各种因素——这种假设极端靠不住——新的核武器国家也可能在几个方面破坏国际秩序。保护核武库和核设施（以及建立先进核国家拥有的先进预警系统）涉及的工作十分复杂，可能会诱使敌方发动突然袭击，发生先发制人打击的风险因此而加大。拥核国家还可以把核武器作为威慑手段，包庇非国家行为者，不许对这类团体的军事行动进行报复。万一在核国家的家门口发生核战争，核国家自然不能视而不见。最后，理论上和西方友好的巴基斯坦与朝鲜、利比亚和伊朗之间的“秘密”扩散网显示出核武器扩散对国际秩序产生的巨大后果，尽管根据官方标准，从事核扩散的国家并不是流氓国家。

要获取制造核武器的实际能力必须克服三道障碍：获取运载系统，生产裂变材料，建造核弹头。法国、俄罗斯，在一定程度上还有中国，都有出售运载系统的公开市场，只要有钱就能买到。伊朗已经获得了运载系统的核心技术，可以在它认为合适的时候配套完成。建造弹头的知识并不高深，也不难获得，而且建造弹头的活动比较容易隐蔽。防止获取核武器能力的最好的，也许是唯一的办法是禁止铀浓缩。在铀浓缩过程中，离心机作为生产浓缩铀的机器不可或缺。（同样必须防止钚浓缩，这也是伊朗与P5+1谈判的一部分。）[23]

为了防止伊朗获得这方面的能力，美国和联合国安理会其他常任理事国已经与伊朗谈判了十多年。其间美国政府换了两届，共和党和民主党各掌一届。自2006年以来，联合国安理会通过了6项决议，要求伊朗停止其铀浓缩计划。来自美国两党的3位总统、联合国安理会的每一个常任理事国（包括中国和俄罗斯）加德国，还有国际原子能机构的众多报告和决议都宣布，伊朗发展核武器是不可接受的，并要求伊朗无条件中止铀浓缩活动。至少两位美国总统说过，为达到这一目标，没有什么办法是“不予考虑的”。

事实表明，伊朗的核能力在稳步增长。与此同时，西方的立场却在逐渐软化。伊朗对联合国的决议置之不理，径自建造铀浓缩离心机。西方则提出了一连串日益宽松的建议：最初坚决要求伊朗永久停止铀浓缩（2004年）；继而允许伊朗继续生产一定的低浓缩铀（LEU），即浓度低于20%的铀（2005年）；之后又建议伊朗把大部分低浓缩铀运到国外，由法国和俄罗斯加工成为铀浓度为 20% 的燃料棒（2009 年）；最后是提议允许伊朗保留一定数量它自己生产的 20% 浓缩铀，足以维持一个用于研究目的的反应堆，同时暂停它在福尔多的核设施中生产浓缩铀的离心机（2013 年）。福尔多曾经是秘密设施，西方发现后曾要求将其完全关闭。现在西方的提议是暂停该设施的活动，并做出保障安排，使它难以重新启动。当 2006 年为了协调国际社会的立场组成 P5+1 的时候，谈判人员坚持要求伊朗在开始谈判之前先停止燃料循环活动。2009 年，这个条件被放弃。看到西方的这种表现，伊朗自然会得寸进尺。世界大国急切地希望找到伊朗核问题的解决方案，但每一次伊朗都表现出对提出的解决方案缺乏兴趣，并要求大国做出新的让步。在整个过程中，伊朗表现出了高超的手腕，也显示了巨大的勇气。

2003 年谈判开始时，伊朗有 130 台离心机。在写作本书时，它的离心机数目大约为 19 000 台（虽然只有一半在使用中）。谈判初始时，伊朗尚未获得生产裂变材料的能力。到 2013 年 11 月达成临时协议的时候，伊朗承认它拥有 7 吨低浓缩铀。以伊朗手中离心机的数量，几个月内它们即可转为武器级的核材料（足以制造7~10枚在广岛使用的原子弹）。在临时协议中，伊朗保证放弃手中一半的20%浓缩铀。但它不肯直接放弃，而是许诺把要放弃的浓缩铀转变为一种很容易复原的形式，而且伊朗还保留了复原浓缩铀的能力。无论如何，对伊朗来说，20%的浓度这个关口并不重要，因为它有那么多的离心机，把5%浓度的铀（这个门槛被称为谈判的一个成果）浓缩到武器级只需几个月的时间。

双方谈判的态度反映了他们对世界秩序的不同看法。伊朗谈判者表示，他们将沿着现在的道路走下去，即使伊朗的核设施可能会遭到袭击也在所不惜。西方谈判者则坚信，对伊朗发动军事袭击的后果远远大于伊朗核能力增加可能带来的风险（他们还不断重申这一信念，以强调他们致力于和平外交）。专业人员也在一旁不断敲边鼓来强化谈判者这种信念，说每一个僵局都需要用新的提议来打破，于是西方的谈判者就充当了提出新提议的角色。对西方来说，问题的核心是能否找到外交的解决办法，或是否有必要采取军事措施。在伊朗，核问题却被视为围绕着地区秩序和意识形态的全面斗争的一个方面。这场斗争遍及众多的领域和国土，斗争的方法有军事和准军事行动、外交、正式谈判、宣传、政治颠覆——从战争到和平，无所不包——经常变换交叉使用，彼此呼应加强。有鉴于此，在努力寻求达成协议时，需要警惕伊朗政府至少会试探这样的策略：把紧张局势缓和到足以解除制裁的程度，但同时继续保留相当规模的核基础设施和最大限度的行动自由，以便晚些时候继续推行它的武器计划。

2013 年 11 月，谈判达成了一项临时协议，伊朗同意有条件暂时中止铀浓缩活动，以此换取解除一部分因它拒不执行安理会的要求而对它实施的国际制裁。[24] 但是，因为在临时协议涵盖的 6 个月内允许伊朗继续进行铀浓缩，所以伊朗的铀浓缩活动依然故我。对伊朗核能力更全面的限制也要等到达成总协议的最后时刻。实际结果就是，事实上接受了伊朗的铀浓缩计划，而限制计划规模的问题仍然没有解决（但这只对西方构成问题）。

就在本书撰写之时，寻求永久性协议的谈判正在进行。尽管协议最终将包括什么条款尚不清楚，是否真的能得到执行也不得而知，但是它一定和涉及中东问题的许多协议一样，会画定“红线”。西方的谈判者（通过P5+1）是否会像联合国决议那样，坚持把浓缩能力定为红线呢？这将是十分艰难的任务。伊朗必须同意把离心机的数目减到民用核计划所需的水平，把多余的离心机销毁或封藏起来。如果能够做到这一点，伊朗就等于放弃了军用核计划。这可能导致西方与伊朗关系的根本性变化，如果双方还能同意共同遏制在中东肆虐的逊尼派和什叶派的极端激进分子的各种活动，就更会使双方关系发生巨变。

伊朗的最高领袖多次宣布，伊朗高官也不断重申，伊朗决不放弃已有的能力。有鉴于此，伊朗的重点似乎转向了把红线推至生产核弹头的阶段，或者把减少离心机数目的目标定在仍然使它有能力推行军用核计划的水平。如果这样安排，伊朗将把据说是最高领袖发布的禁止制造核武器的指令列入协议之中（但这个指令从未公开发布过，在伊朗权力结构之外也没人听说过）。伊朗将向P5+1保证不制造核武器，还会允许对它的守约情况进行检查。伊朗这些保证的实际效果取决于它一旦废除或违背协议，在多长时间内能够制造出核武器。考虑到伊朗在接受国际检查的同时秘密建造了两所铀浓缩工厂的前科，在估算它制造核武器所需时间时，还需要考虑到它可能有秘密的违约行为。达成的任何协议都绝不能让伊朗成为“实际的”核国家，不能让它在很短时间内发展出军事核能力，使其非核的邻国追赶不及，或使核国家来不及阻止。

伊朗宣布，它的目标是打破中东的国家制度，把西方的影响驱除出去。为实现这一目标，它显示出了极为灵活的手法和坚定的决心。无论伊朗是要在近期内制造并试验核武器，还是“仅仅”保留只要愿意几个月内就可以制造出核武器的能力，对于地区和全球的秩序都会产生同样的影响。即使伊朗在实际拥有核武器能力之前止步罢手，世界也会认为它是顶着迄今为止对任何国家实行过的最全面的国际制裁走到这一步的。伊朗的地缘战略竞争对手，例如土耳其、埃及、沙特阿拉伯等国，自然也会争相发展自己的核计划或购买核武器，以图与伊朗抗衡。以色列发动先发制人打击的风险将骤然激增。至于伊朗，它在承受着制裁的情况下发展出了核武器能力，因此将声名远扬，威力大增。它使用常规武器作战的能力或进行非核形式的非常规战争的能力也将加大。

有一种说法认为，尽管西方放弃了它的一贯立场，但通过核谈判，美伊关系将出现新的发展，等于堤内损失堤外补。美国和中国的关系经常被举作例子，因为在20世纪70年代一段较短的时间内，两国从敌对很快发展到互相接受，甚至合作。有人说，伊朗也许愿意自我克制，不再用它实际上已有的军事核计划作为外交筹码，换取美国的善意和战略合作。

这个类比不能成立。当时苏联在中国北方边境上陈兵42个师。中国与苏联的相互敌对不断升级，已达10年之久。中国除了外患，还有内乱，所以亟须寻求另一个国际体系作为依靠。伊朗在处理与西方的关系中却没有这种动力。过去的10年中，伊朗两个最大的敌人——阿富汗的塔利班政权和伊拉克的萨达姆·侯赛因——相继倒台。不无讽刺的是，两个都是被美国推翻的。伊朗在黎巴嫩、叙利亚和伊拉克的影响力和军事作用都得到了增强。埃及和沙特阿拉伯这两个与伊朗争夺地区影响力的主要对手各自忙于应付国内的挑战。而伊朗在2009年国内发生了争取民主的运动后迅速采取行动，成功地镇压了反对派。伊朗领导人在没有做出任何重大的实质性政策调整的情况下，仍然为国际社会所接受。即使在对伊朗进行制裁的同时，西方公司为了寻求投资的机会仍争相讨好伊朗的领导人。具有矛盾意味的是，伊朗边境上逊尼派“圣战”运动的兴起反而可能会促使伊朗重新审视自己的政策。但伊朗政府同样有可能认为战略形势在朝着对它有利的方向发展，认为它的革命道路走对了。至于伊朗在这两个可能中选择哪一个，将由伊朗对自身利益做了盘算之后决定，而不以美国先入为主的看法为转移。

直到本书撰写的时候，伊朗和西方对于谈判的概念仍然有着不同的理解。美国和欧洲的谈判者对于达成核协议的前景表示出审慎的乐观，在公开谈话中字斟句酌，力图为谈判创造有利的气氛。而阿亚图拉哈梅内伊却把核谈判说成是长期宗教斗争的一部分。谈判成了一种战斗的形式，妥协是绝不准许的。就在 2014 年 5 月，离临时协议到期仅剩下 6 个星期的时候，伊朗的最高领袖还如此形容核谈判：

> 之所以强调继续战斗，不是因为伊斯兰世界好战。在穿越海盗猖獗的地区时，做好充分准备，有决心、

有能力保护自己，这是再合理不过的。

在这种情况下，我们别无选择，只能继续战斗，以战斗的意念主导国家的内政外交。宣扬对恶霸妥协投降，指责伊斯兰世界好战，这种行为就是叛国。

国家在经济、科学、文化、决策、立法、外交谈判等各个领域的官员都应当知道他们是在作战，在为伊斯兰政权的建立和生存而战……圣战是永无休止的，因为魔鬼和魔鬼的盟友阴魂不散。[25]

历史之于民族犹如性格之于个人。从伊朗引以为傲而博大精深的历史中，可以看出这个民族对国际秩序的三种不同态度。一是霍梅尼革命之前的国家政策：严守本国边界，尊重他国主权，愿意结盟——实质上就是在威斯特伐利亚原则之下追求国家利益。二是帝国的传统，把伊朗视为文明世界的中心，在权力所及的范围内努力消灭周边国家的自主权。三是前文介绍的打“圣战”的伊朗。伊朗一些高官行为的改变是受了这三种传统中哪一种的启发？如果认为他们的态度发生了根本性的改变，造成这种改变的原因是什么？伊朗和美国的冲突是心理上的还是战略上的？这一冲突能否通过改变态度或调整政策来解决？如果需要调整政策，应如何调整？两国关于世界秩序的观点能否调和？抑或世界只能等待伊朗的“圣战”狂热逐渐消退，如同过去奥斯曼帝国的“圣战”热情由于力量对比和国内重点的变化而消退一样？美伊关系的未来，甚至世界和平，均系于对这些问题的回答。

从原则上说，美国应做好准备，在“互不干涉”的威斯特伐利亚原则基础上与伊朗达成地缘政治谅解，并建立起与之相匹配的地区秩序的概念。在霍梅尼革命之前，伊朗和美国是事实上的盟国。这是无论民主党还是共和党的历届美国总统经冷静分析美国国家利益后达成的结果。伊朗和美国都认为双方的国家利益是一致的。两国都反对由一个超级大国统治中东地区——那时这个超级大国是苏联。两国都愿意以尊重其他国家主权的原则作为制定该地区政策的基础。两国都赞成该地区的经济发展，尽管那时经济发展的面还很窄。从美国方面来说，完全应该和伊朗重建这样的关系。伊朗和美国关系紧张是因为伊朗政府采纳了“圣战主义者”的理念和言辞，并直接对美国的利益及其国际秩序观发动了攻击。

伊朗如何处理它复杂的历史问题在很大程度上受国内形势的影响。在一个文化如此丰富、政治如此错综复杂的国家中，伊朗国内形势的发展也许是外部观察家所无法预测的，也不受外国威胁恫吓或甜言蜜语的直接影响。但无论伊朗对世界示以怎样的面目，都改变不了它必须做出选择这个事实。它必须决定自己到底是一个国家，还是一项事业。美国应该愿意并积极推动与伊朗合作。然而，尽管西方谈判者的机智和决心是促成这种合作关系的必备条件，却尚不足以确保合作的实现。伊朗放弃支持真主党这类团体，将是重建与美国的建设性双边关系的重要而又必要的一步。对伊朗的考验是，它是把边界上的混乱视为威胁，还是实现千年梦想的机会。

美国需要从战略的高度看待它参与的这个进程。政府发言人在解释美国弱化其在中东扮演的角色时，描绘了一幅逊尼派国家（可能还有以色列）抗衡伊朗、形成均势的图景。[26] 即使这种格局能够形成，也只能靠美国积极的外交政策来维持。因为均势从来不是静态的，各方在不断发展变化。在可见的未来，美国仍需要扮演平衡者的角色。要扮演好平衡者的角色，美国需要与相互竞争的各方保持比它们彼此之间更紧密的关系，不能偏向任何一方的战略，尤其是极端的战略。美国在追求自己战略目标的同时，可以帮助决定伊朗是走伊斯兰革命的道路，还是成为威斯特伐利亚体系中一个合法而重要的伟大国家。在此问题上，美国是一个，也许是唯一至关重要的因素。不过，美国要发挥这一作用，只能通过积极参与，而不是撒手不管。

远见与现实

中东和平问题的重点近几年来一直是伊朗核武器这个高度技术性的问题。必须防止伊朗生产核武器，对此没有通融的余地。但回顾过去，可以看到一些具体的例子，表明由于有关人士的坚忍不拔和远见卓识，中东有些似乎无法解决的危机居然柳暗花明。

1967~1973 年，爆发了两次阿以战争，美国两次进入战备状态，叙利亚入侵了约旦，美国对一个战区进行了一次大规模空投，多次发生劫机事件，美国和大多数阿拉伯国家断绝了外交关系。然而，在随之而来的和平进程中，埃及和以色列达成了三项协议（最终于 1979 年签订和平条约）；以色列和叙利亚在 1974 年达成了脱离接触协议（尽管叙利亚爆发了内战，但协议 40 年来一直维持着）；1991 年的马德里会议重新开启了和平进程，巴勒斯坦解放组织和以色列在 1993 年达成《奥斯陆协议》；1994 年约旦和以色列也签署了和平条约。

这些目标之所以能够达成，是因为存在着三个条件：美国推行了积极参与的政策；企图借暴力强制普遍施行某些原则来建立地区秩序的行为遭到挫败；出现了抱有和平远见的领导人。

我亲身经历的两件事就是这一远见的象征。1981 年，安瓦尔·萨达特最后一次访问华盛顿时，邀请我次年春天去埃及参加以色列把西奈半岛归还埃及的仪式。接着，他停顿了片刻后说："别来参加庆典，那样太伤害以色列了。过 6 个月后再来，你我一起开车去西奈山顶。我计划在那里建一座清真寺、一座基督教堂和一座犹太教堂，象征我们需要和平。"

1975 年以色列和埃及达成有史以来第一项政治协议时，曾担任过以色列国防军总参谋长的伊扎克·拉宾是总理。后来，他又和当时的外交部长，曾任国防部长的西蒙·佩雷斯一起在 1994 年和约旦谈判达成了和平协定。1994 年 7 月，在以色列与约旦达成和平协定之际，拉宾和约旦国王侯赛因一起出席了美国国会两院的联席会议。他在会上说：

> 今天，我们在打一场没有伤亡、没有流血、没有痛苦的战斗。这是唯一使人乐于参加的战斗，那就是争取和平的战斗……
>
> 我们的万书之书《圣经》在 237 处以不同的说法提到和平。在作为我们的价值观和力量源泉的《圣经》里，《耶利米书》中有一段对身为母亲的辣黑耳的哀歌：
>
> “要止住痛哭，不再流泪，因为你的辛苦终必有报——上帝的断语。”
>
> 我不会止住为死去的人的痛哭。但在今天这个夏日，在万里之外的华盛顿，我们感到我们的辛苦正如先知所预言的，终必有报。[27]

萨达特和拉宾都死于暗杀，但他们的成就和对后人的激励是不可磨灭的。

现在，暴力威胁的理念再次向建立世界秩序的希望提出了挑战。但是，一旦暴力的理念被挫败——也必须将其挫败——就可能出现类似于上述远见战胜现实，实现突破的时刻。

第五章

亚洲的多样性

亚洲与欧洲：不同的均势观

“亚洲”一词使人以为该地区各国的情况相差无几，其实不然，这是个内部各地千差万别的地区。在近代西方列强崛起之前，没有一种亚洲语言里有“亚洲”这个词。[1] 现在亚洲有近 50 个主权国家，但这些国家的人民过去并不认为他们与其他亚洲国家居住在同一个“大陆”或地区，需要彼此团结。作为“东方”，亚洲与“西方”从来不是明确可比的。亚洲各国没有共同的宗教，就连像西方的基督教那样分裂成不同分支的共同宗教都没有。在亚洲的不同地区，佛教、印度教、伊斯兰教和基督教各领风骚。亚洲人历史上没有一个类似罗马帝国的共同的帝国。东北亚、东亚、东南亚、南亚和中亚，都存在着民族、语言、宗教、社会和文化上的重大差异。近代史上的战争更加深了这些差异和人民之间的嫌隙。

亚洲的政治和经济地图表明了该地区错综复杂的多样性：日本、韩国和新加坡是技术先进的工业化国家，经济和生活水平比起欧洲来不遑多让；中国、印度和俄罗斯三国是大陆规模的国家；（除日本之外）菲律宾和印度尼西亚这两个群岛国家各有上千个岛屿，横跨几条主要的海上通道；泰国、越南和缅甸历史悠久，人口相当于法国或意大利；土地辽阔的澳大利亚和田园牧场风光的新西兰，人口主要是欧洲人的后裔；还有朝鲜这个对外封闭的国家，除了核武器计划以外，工业和科技都很落后。中亚，阿富汗、巴基斯坦、孟加拉国、马来西亚和印度尼西亚的多数人口是穆斯林；印度、中国、缅甸、泰国和菲律宾也有大量穆斯林少数民族。

整个19世纪以及20世纪上半叶，全球秩序由欧洲主导，主要目标是在欧洲大国之间保持大致的均势。欧洲国家在欧洲大陆以外打着所谓文明教化的各种旗号建立殖民地。21世纪，亚洲国家的财富、力量和自信心不断上升，以今天的眼光来看，殖民主义当时如此强大，它的制度居然被当作国际生活中的正常机制，简直令人匪夷所思。单靠物质力量是做不到的，使命感和不可言传的内心驱动力也发挥了作用。

殖民国家在20世纪初发布的小册子和论文里表现出明显的傲慢，自称有权根据它们的信念确立世界秩序。关于中国或印度的文章以倨傲的口吻宣称欧洲负有使命，要教育这两个拥有古老文明的国度，提高它们的文明水平。欧洲的行政官员带领一小队人马，给有着悠久历史的国家重新划界，丝毫不觉得他们的做法可能是不合适的、不受欢迎的，甚至是不合法的。

在今天通称的近代刚刚降临的15世纪，欧洲领土已经划定，充满自信的欧洲各国各不相让，于是它们扬帆出海，去探索广袤的世界，去改善、开发它们发现的土地，给那些土地带去“文明”。欧洲国家向那些土地上的人民灌输由西方的历史经验形成的宗教、科学、商业、治理和外交理念，认为那些是人类的最高成就。

西方的扩张表现出殖民主义一贯的特点——贪婪、文化沙文主义、好大喜功——但有良知的正直的欧洲人也的确努力在世界各地传播鼓励独立思考的思想方法和一系列政治与外交惯例，包括民主思想。可以说，他们这样做，必定会鼓励长期遭受压迫的殖民地人民争取并最终获得自决权。即使在最野蛮的掠夺期间，奉行扩张主义的欧洲列强，特别是英国，还是提出了愿景，希望在未来的某个时候，殖民地人民也将共享一个共同的全球体系的成果。当西方最后摒弃了肮脏罪恶的蓄奴制后，它做了一件任何其他有蓄奴惯例的文明都从未做过的事：发动了一场全球性废奴运动，因为它信奉共同的人性和个人应有的尊严。英国痛改前非，与从事贩奴的卑鄙可耻的过去一刀两断，率先推行尊重人的尊严的新行为规范，在大英帝国全境废除了奴隶制，并在公海上拦截贩奴的船只。盛气凌人的行为、强大的技术能力、理想主义的人道理念和离经叛道的思想激荡，这些因素结合起来，成为塑造近代世界的一股力量。

除了日本之外，亚洲是殖民主义推行的国际秩序的受害者而不是参与者。泰国虽然维持了独立，但它和日本不同，力量太弱，在地区秩序体系中无法影响力量均势。中国因其国土广袤而免于完全沦为殖民地，但它失去了对关键国内事务的控制权。直到第二次世界大战结束时，亚洲大部分地区都是欧洲列强的附属，菲律宾是美国的附属。只是在两次世界大战摧毁了欧洲主导的秩序，非殖民化运动兴起后，亚洲才有了开展威斯特伐利亚式外交的条件。

摆脱旧有地区秩序的过程充满了暴力和血腥：中国内战（1927~1937 年，1945~1949 年）、朝鲜战争（1950~1953 年）、中苏对抗（约 1955~1980 年）、遍及东南亚的革命游击队活动（1961~1975 年）、越南战争（1961~1975 年）、4 次印巴战争（1947 年、1965 年、1971 年、1999 年）、中印边境战争（1962 年）、中越边境战争（1979 年），还有红色高棉灭绝种族的暴行。经过几十年的战争和革命运动，亚洲浴火重生，脱胎换骨。自 1970 年起，香港地区、台湾地区、韩国和新加坡“亚洲四小龙”的崛起带来了繁荣和经济的快速发展。日本采纳了西方民主制度，建立起可与西方国家相媲美、在有些方面甚至超过西方国家的经济。1979 年，中国实行开放，在邓小平的领导下，宣布奉行非意识形态的外交政策和经济改革政策。邓小平之后，中国领导人继续推行并加速经济改革，给中国本身以至整个世界都带来了深远的变化。

随着这些改变，以威斯特伐利亚原则为前提、以国家利益为基础的外交政策似乎成为亚洲的主流。中东几乎所有国家的合法性都面临着军事挑战的威胁。但在亚洲，国家被视为国际和国内政治的基本单元。摆脱了殖民统治的各国总的来说认可彼此的主权，并承诺互不干涉内政。各国都遵循国际组织的规范，并建立起了区域或区域间的经济和社会组织。本着这一精神，中国军方的一位高官，中国人民解放军副总参谋长戚建国于 2013 年 1 月在一份重要的政策评估报告中写道，当今时代的首要挑战之一是坚持“1648 年威斯特伐利亚和约确立的现代国际关系基本准则，特别是主权和平等原则”。[2]

亚洲已成为威斯特伐利亚体系最重要的遗产之一。历史上经常是互相敌对的人民组成了主权国家，不同国家又组成地区性的组织。威斯特伐利亚模式的国际秩序准则如今在亚洲推行得最为得力，远强于欧洲，中东更是无法与亚洲相比。后来西方许多人质疑其中一些原则过分强调国家利益或对人权保护不够。在亚洲，许多国家不久前刚刚摆脱殖民统治，获得了主权。它们把主权视为绝对的概念。国家政策的目标不能像欧洲或美国的流行观念认为的那样超越国家利益，而是要全力以赴、坚定不移地追求国家利益。每个政府都把外界对其国内行为的批评斥为殖民主义心态的表现。所以，即使它们认为邻国的国内行为的确过分，比如缅甸在国内的所作所为，亚洲国家也宁肯通过静悄悄的外交来交涉，而不是公开施加压力，更遑论强力干预。

同时，不明言的威胁永远存在。中国明确宣布不排除使用武力来追求国家的核心利益。所有其他的关键国家也隐晦地表达了同样的意思。各国军费预算不断增加。在中国南海和东北亚海域这类地方发生的国家间竞争基本上是按照19世纪欧洲外交的方法进行的，并不排除武力的选项，尽管多年来各国在使用武力时总是有所克制，但这种克制有时相当脆弱。

亚洲历史上国际体系的组织原则是等级尊卑，不是主权平等。国力体现在统治者的至尊地位和奉他为最高权威的权力结构，而不是地图上具体国界的划分。帝国推行贸易和政令，要求较小的政体依附于它的羽翼之下。身处两个或两个以上帝国势力交叉地的民族经常以附属于不止一个帝国为手段来保持独立（直至今日，有些地方的人们仍然记得并沿用这个办法）。

亚洲历史上的外交体系，无论是中国模式还是印度模式，都把君王视为神意的代表，或至少是一种家长式的权威。[3] 地位低的国家理应向高一级的国家纳贡。理论上这清楚地显示了地区的力量对比，所建立的附属关系也严格明确。但实际上实施这些原则的手法创意百出、复杂多变。东北亚的琉球王国一度同时向中国和日本进贡。缅甸北部山区的部落同时效忠缅甸王廷和中国皇帝（基本上对哪一方的指令都敷衍了事），从而保证了某种形式的事实上的自治。几个世纪以来，尼泊尔巧妙地在外交上与中国以及印度各代王朝保持着平衡——它给中国皇帝的信函和礼品在中国被视为上表纳贡，在尼泊尔自己的记载中却反映为平等的礼尚往来。后来尼泊尔又和中国建立了特殊关系，借以保证自己相对于印度的独立。被19世纪西方帝国视为扩张的战略目标的泰国所采取的战略更是复杂，它同时宣布与所有列强都建立亲善友好的关系，因而得以安然躲开西方殖民的魔爪。它一方面邀请来自多个互相竞争的西方国家的顾问来到宫廷，另一方面继续向中国派遣朝贡使团。泰国皇家还奉养着印度裔的印度教修士。（泰国国王本身被视为神，鉴于这一点，这一平衡战略显示出的思想上的灵活和情感上的坚韧尤其惊人。）任何地区秩序的概念都被认为会限制外交所需的灵活性。

在这微妙而多样的遗产的大背景下，亚洲地图上各个威斯特伐利亚式的主权国家仅仅是对该地区现实的一种过分简单化的体现。地图上看不出各国领导人在治国中多种多样、各不相同的企盼，也看不出在对等级和礼仪一丝不苟的同时，采取灵活敏捷的策略和手腕这一亚洲外交的典型特点。国家是亚洲国际生活的根本性框架。但在亚洲，国家也承载着也许比世界上任何其他地区都更加多样、更加直观的文化遗产。日本和印度这两个亚洲主要国家的经验很好地证明了这一点。

日本

在亚洲历史上所有的政治和文化实体当中，日本最早、最果断地对西方的进击做出了反应。日本是群岛国家，与亚洲大陆最近的距离也有大约 100 英里，所以它长期以来一直孤处一隅，孕育了自己特有的传统和文化。它的民族和语言高度单一，它的官方意识形态强调日本人是神的后裔，结果日本人自觉与众不同的意识变为了近乎宗教般的狂热，而这种意识也使日本能够非常灵活地调整政策以适应它认定的国家战略需要。在仅仅一个世纪的时间内，日本从完全闭关锁国转变为广泛学习借鉴西方国家最现代化的做法（向德国学习军事，向英国学习议会制度和海军事务）；从悍然企图建立帝国转变为奉行和平主义，并在此基础上重新崛起为新型大国；从封建主义转变为类似西方专制主义的政体，继而接受了民主制度；从一个世界秩序转到另一个世界秩序（先是西方，然后是亚洲，最后是全球秩序）。在此过程中，它自始至终坚信它的民族使命绝不会因采纳其他社会的技术和制度而淡化，而只会因对外部世界的成功适应而得到加强。

几个世纪以来，处于中华世界边缘的日本吸纳了中华宗教和文化的大量内容。但日本与中华文化圈中的大多数社会不同，它把借来的东西变为了自己的，且从未因师从中国而认为对中国有称臣的义务。日本这种顽固的态度有时使中国的朝廷为之愕然。向中国进贡是对中国皇帝表示臣服，象征着服从中国确立的世界秩序。亚洲其他国家接受这一进贡制度的前提和规矩，将它们与中国的贸易称为“进贡”，以此得到进入中国市场的机会。它们（至少对中国朝廷表示）尊重儒家关于国际秩序的观念，将国际秩序视为家族式的等级制，中国就是这个家族的家长。日本和中国一衣带水，对儒家的理论熟稔于心，总的来说也默认中国式的世界秩序是地区的现实。日本遣往中国寻求贸易或文化交流的使团谨守礼仪规矩，使中国的官员以为日本希望成为以中国为首的等级制中的一员。然而在亚洲，礼仪上的细微之处，如提到某个统治者时用的称呼、官方信函的模式，或正式文件上所使用的日历，都表现了一国在等级制中所处的位置。[4]而日本一直不肯在以中国为中心的进贡制度中正式明确自己的地位。它游走于中国等级分明的世界秩序的边缘，偶尔坚持自己与中国平起平坐，有时甚至表示自己比中国更优越。

位于日本社会最高层，也是日本人心目中的世界秩序顶峰的是日本天皇。[5]天皇和中国的皇帝一样，是天子，负责人和神之间的沟通。日本在给中国朝廷的外交行文中一贯使用这一称号，等于直接挑战中国人把中国的皇帝作为人类社会等级唯一顶点的世界秩序。除了日本天皇的地位（它象征的无所不包的权力超越了欧洲任何一个神圣罗马帝国皇帝所能想象的范围）以外，日本的传统政治思想还有一个突出的特点，认为日本天皇是天照大神的直接后裔，天照大神生了第一位天皇，并赋予他的后代永远统治的权力。据14世纪的《神皇正统记》记载：

> 日本乃神之国。天神为它奠基，千秋万代以天照大神之子孙为君。唯日本为此，外土均无。故此称为神之国。[6]

日本孤悬海外，因而可以自主决定是否参加国际事务。在长达几百年的时间里，它一直处身于亚洲事务的外围，在历次内战中发展起自己的一套军事惯例，并且自主酌情决定是否允许外国贸易和文化进入日本。16 世纪末，日本企图重新定位自己的角色。对于它突然采取的行动和表现出来的巨大野心，邻国起初不以为意，认为它是在白日做梦。结果，亚洲发生了一场重大军事冲突，令人至今难忘，且仍会引起激烈的争论。如果能汲取这个教训，美国在 20 世纪朝鲜战争中的行为也许就会完全不同。

1590 年，丰臣秀吉打败对手，统一了日本，结束了一个多世纪的内战，接着宣布了他更为宏大的愿景：他要建立世界上最庞大的军队，开入朝鲜半岛，征服中国，使全世界臣服于日本脚下。[7] 他写信给朝鲜国王，宣布他准备“踏上大明王朝的国土，迫使那里的人民采用我们的习惯和风俗”，并请求朝鲜国王的帮助。朝鲜国王拒绝了他的要求，并警告他打消此一念头（朝鲜王提到“中国与本朝密不可分的关系”和“侵犯他国为文人智者所不齿”的儒家理念），于是丰臣秀吉派 16 万大军和约 700 艘战船发动了对朝鲜的侵略。强大的日本军队开始时轻松地突破了朝鲜军队的第一线防守，迅速沿半岛北上。但后来速度慢了下来，因为朝鲜的水军大将李舜臣组织起了顽强的海上抵抗行动，骚扰丰臣秀吉的供给线，把侵略军引到沿海地带作战。当日本军队接近半岛狭窄的北部咽喉要地附近的平壤（现为朝鲜的首都）时，中国出兵相援，因为它不肯坐视其附属国被灭。人数约为 4 万~10 万的中国军队跨过鸭绿江，把日本军队赶到了汉城。5 年毫无结果的谈判和惨烈的战斗之后，丰臣秀吉一命归西，侵略军撤回，秩序复原。[8] 声称历史从来不会重演的人应该仔细想一想，中国对丰臣秀吉侵略的抵抗和 400 年后美国在朝鲜战争中的遭遇惊人的相似。

这次对外扩张失败后，日本改弦更张，日益与世隔绝。在持续了两个多世纪的“锁国”政策下，日本拒绝参加任何世界秩序，只和朝鲜保持着在严格外交平等条件下的全面的国与国关系。[9] 中国商人可以在指定的地方做生意，尽管日本和中国没有正式的关系，因为找不到可以满足双方虚荣心的礼宾程序。[10] 和欧洲国家的贸易严格限制在沿海的几个城市。到 1673 年，除了荷兰人以外，所有欧洲人都被驱逐，剩下的荷兰人则被圈禁在长崎港外的一个人工岛上。到1825年，日本对西方海上强国的怀疑增大，掌权的军事当局颁布了一项“不惜代价驱逐外国人的命令”[11]，宣布要无条件地驱逐任何接近日本海岸的外国船只，必要时不惜动用武力。

然而，这一切只是又一个巨大变化的前奏，这次变化使日本最终一跃进入长达两个世纪基本上由西方主导的全球秩序，成为遵守威斯特伐利亚原则的现代大国。触发这个变化的决定性事件发生在1853年。4艘美国军舰从弗吉尼亚州的诺福克起程远航，舰队驶入东京湾，有意公然藐视日本颁布的驱逐外国人的法令。指挥官马修·佩里准将带来了美国总统米勒德·菲尔莫尔写给日本天皇的信，他坚持要到日本首都直接把信交给朝廷的代表（这违背了两个世纪以来的日本法律和外交礼仪）。日本和中国一样，把对外贸易视为等而下之，看到美国总统的来信后不可能不忧心忡忡，信中告诉天皇（菲尔莫尔称之为“伟大的好朋友”），美国人民“认为陛下只需改变古法，让两国自由贸易，两国人民即均可大受裨益”。菲尔莫尔给事实上的最后通牒披上了一层外衣，提出了一个典型美国式的务实提议，建议日本暂且试着放松此前不容更改的排外法律。

> 若陛下对完全废除禁止外贸的古老法律尚有疑虑，可暂时以5年或10年作为试行期。若效果不彰，即可恢复古法。美国经常把与外国签署的条约限于几年之内，然后再权衡利弊决定是否延长。[12]

日方看到信后，意识到这是对日本的政治和国际秩序观念的挑战。然而，几个世纪以来，日本的经历让其深知人的努力短暂无常，因此其应对方式既表现出这个社会一贯的沉着镇静，同时又保留了自己的特质。看到佩里的火力为日本所望尘莫及（日本的大炮和火器两个世纪内毫无进步，而佩里的军舰配备的却是最先进的舰炮，可以发射装火药的炮弹。他指挥着军舰在日本沿岸耀武扬威的时候就下令发射了炮弹），日本领导人心知肚明，直接对抗"黑船"绝无胜算。他们靠社会的凝聚力承受了那次打击，也要靠这种凝聚力维持独立。他们回复了一封礼貌婉转的信函，说虽然美国想要的改变"为我帝国历朝法律所明文禁止"，然而，"若继续坚持古法，似与时代精神不合”。[13] 日本的代表承认“事出迫不得已”，告诉佩里，日本愿意满足几乎美国的所有要求，包括建造一座新港，以停泊美国的船只。

面对西方的挑战，日本得出了自己的结论，与中国在1793年接待了英国特使后（此事将在下一章讨论）得出的结论完全相反。中国再次表现出对外来者一贯的淡然，同时刻意宣扬中国特有的美德，坚信它人口众多、幅员辽阔、文化先进，最终会使天下归心。日本则注重细节，在敏锐地分析了物质和心理力量均势后，开始加入以西方的主权、自由贸易、国际法、技术和军力这些概念为基础的国际秩序——不过它这样做是为了摆脱外国统治。1868年，一个新派别在日本掌权，喊出了“尊王攘夷”的口号。他们宣布，达到此一目的的手法是掌握夷人的思想和技术，作为平等的成员加入威斯特伐利亚世界秩序。明治天皇在他登基的加冕礼上宣读了由贵族签字的誓词，承诺要推行全面改革，包括鼓励社会各阶层踊跃参加。誓词宣布在各府各藩成立议事大会，保证遵守合法程序，并承诺实现民众的愿望。它依靠的是国民的同心同德，这是日本社会的一个主要力量，可能也是它最突出的特征：

1. 此誓，广增国富，制定宪法。

2. 广兴会议，万机决于公论。

3. 上下一心，大展经纶。

4. 公卿与武家同心，以至于庶民，须使各遂其志，人心不倦。

5. 破历来之陋习，立基于天地之公道。

6. 求知识于世界，大振皇基。[14]

自那以后，日本开始有计划、系统地修建铁路，建设现代工业、出口导向型经济和现代军队。面对这些变化，日本靠文化和社会的独特性维持了其特质。

短短几十年内，日本的宏大变革就使它跃居世界强国之列。1886 年，中国水手和长崎的警察发生了一场斗殴，中国当即派遣一艘德国制造的现代军舰驶往日本，强迫日本尽快解决争端。到了 19 世纪 90 年代，日本通过大量建造军舰和加紧训练水兵占据了优势。日本和中国一直在争夺对朝鲜的影响力，这种角力在 1894 年爆发为战争。在这场战争中，日本取得了决定性的胜利。战后媾和的条件包括结束中国对朝鲜的宗主权（结果导致了日本和俄国的竞争）和中国割让台湾给日本做殖民地。

日本的大力改革很快迫使西方列强放弃了它们首先在中国使用的“治外法权”，即西方国家在日本按照自己的法律而不是日本的法律来审判自己公民的“权利”。英国这个西方最大的强国在一项里程碑式的贸易协定中，同意英国在日本的子民必须遵守日本的管辖权。1902 年，与英国签订的这项条约变成了军事联盟。这是一个亚洲国家和一个西方强国订立的第一个正式军事联盟。英国建此联盟是为了抗衡俄国对印度的压力。日本结盟的目的则是要打败俄国统治朝鲜和满洲的野心，确立自己在那些地区的行动自由，以俟后图。两年后，日本一举震惊世界，在日俄战争中打败了俄罗斯帝国。这是现代西方国家第一次败于亚洲国家之手。在第一次世界大战中，日本加入了协约国一方，攫取了德国在中国和南太平洋的基地。

日本作为近代第一个非西方的强国“成功了”，那些此前建立并影响了国际秩序的列强在军事上、经济上和外交上都接受日本为与它们平起平坐的一员。但这里有一点重要的分别：在日本一方，与西方列强结盟不是因为日本与它们有着共同的战略目标，而是为了把它的欧洲盟国赶出亚洲。

第一次世界大战后，欧洲疲敝，日本领导人认为机会来了。战争和金融危机导致天下大乱，美国又奉行孤立主义，日本正好可以趁此机会扩张帝国，进而建立在亚洲的霸权。日本帝国主义在1931年从中国手中夺取了满洲，把它变为日本的卫星国，扶植退位的中国皇帝做傀儡。1937年，日本向中国宣战，要征服更多的中国领土。它喊出“亚洲新秩序”的口号，后来又提出建立“大东亚共荣圈”，企图建立自己的反威斯特伐利亚的势力范围，设想建立“一个由日本人领导、没有西方国家的亚洲国家集团”。[15] 它按等级排座次，“以使所有国家都在世界上找到适合自己的位置”。在这个新秩序中，其他亚洲国家的主权都归到日本某种形式的监护之下。

现有国际秩序的成员因第一次世界大战而疲惫不堪，同时也担忧欧洲不断加重的危机，对日本的行动无暇应对。

只有一个西方国家阻挡着日本计划的实现，那就是不到一个世纪前强迫日本打开国门的美国。历史如同一场轮回，日美两国战争的第一批炸弹是日本于1941年偷袭珍珠港时投掷在美国领土上的。美国在太平洋的对日作战中，最终向日本投掷了两颗原子弹（迄今为止唯一一次实际使用核武器），迫使日本无条件投降。

“二战”惨败后，日本采用的办法与它对佩里准将的回应相类似，它依靠不屈不挠的民族精神表现出了顽强的韧性，而日本民族精神的基础就是日本特有的民族文化。为重整国家，战后日本的领导人（几乎都在20世纪30年代和40年代从过政）把日本投降描述为对美国优先重视的问题的适应。的确，日本凭借美国占领者的权威，比仅靠一己之力更快更好地实现了现代化。它宣布放弃把战争作为国家政策的工具，宣布坚持宪政民主的原则，并作为美国的盟友再次加入到国际体系中，尽管这次比较低调，重点显然是经济复苏，而非参与大战略的实施。近70年来，日本这个新导向构成了亚洲稳定和全球和平与繁荣的重要基石。

日本战后的姿态经常被描述为一种新的和平主义，而实情却复杂得多。首先它反映出日本对美国统治地位的默认，以及对战略形势和日本生存及长期成功的必要条件的审慎评估。作为战败的必然结果，日本的战后统治阶级接受了由美国占领当局起草的严禁日本采取军事行动的宪法。他们坚称完全支持宪法的自由民主方向，还宣布支持西方国家信奉的民主和国际社会的原则。

与此同时，日本领导人把日本独特的“非军事”地位变为实现国家长期战略目标的手段。他们把战后秩序中和平主义的内容，从禁止军事行动转变为集中全力执行国家战略的其他关键内容，包括重振经济。他们请求美国继续在日本大量驻军，通过签署共同安全条约来保障自己的国防安全，借此来威慑潜在的敌国（包括在太平洋扩张势力的苏联）不要把日本当作其战略行动的目标。日本在冷战期间建立了日美关系的框架后，即着手通过发展日本独立的军事能力来加强国力。[16]

日本战后发展的第一阶段使日本的战略导向摆脱了冷战的竞争，把重点集中于大力促进经济发展上。日本在法律上加入了发达国家的民主阵营，但它以国家的和平主义导向和世界大同的理想为由，置身于当时的意识形态斗争之外。这一巧妙的战略使日本经济在战后时期得以全面增长，只有1868年明治维新之后的景象可与这一时期媲美。在被战火摧毁20年后，日本重新成为世界级的经济强国。很快，日本“奇迹”被说成是对美国经济龙头老大地位的潜在挑战，虽然在20世纪最后一个10年间，日本经济走势开始趋缓。

造成日本惊人变化的社会凝聚力和民族奉献精神在应付当今的挑战时再次显现出来。2011年，日本东北部发生的大地震引发了海啸，造成了一场核危机。据世界银行估计，那是世界历史上损失最大的自然灾害。在那场灾害中，日本公众凭借社会凝聚力表现出了惊人的全国上下团结一心、互相帮助的精神。面对金融危机和人口的挑战，日本人进行深刻的内省，在有些方面采取大胆的措施。在应对每一个困难的时候，日本都表现出一如既往的信心，相信无论经过多少沧桑巨变，它的民族精髓和文化传统都坚如磐石、永世长存。

面对力量均势的重大变化，日本政府必然会重新调整对外政策。安倍晋三首相恢复了强有力的国家领导，加强了日本政府根据评估分析采取实际行动的能力。2013 年 12 月，日本政府发表的一份白皮书得出的结论说，“随着日本的安全环境日益严峻……日本必须根据国际合作原则更加积极主动地做出努力”，包括加强对威胁进行“威慑”、必要时予以“击败”的能力。[17] 纵观亚洲不断变化的形势，日本越来越明确地表示希望成为一个“正常国家”，希望拥有自己的军队，并推行积极结盟政策。对亚洲地区秩序来说，重要的是“正常”该如何定义。

在又一个历史关键时刻，日本正着手重新确立它在国际秩序中更广泛的作用。此举势必在亚洲以及亚洲以外的地区产生深远的影响。在寻找自己的新角色时，日本将再次仔细、冷静、不动声色地评估各国物质和心理力量的对比，充分考虑中国的崛起和朝鲜半岛事态的发展，以及这一切对日本安全的影响。它将审视与美国盟国关系的得失，以及这一同盟关系为推动双方广泛的共同利益所起的重要作用。它也将考虑美国从三场军事冲突中抽身退步的事实。日本的分析将着眼于三个选项：继续依赖与美国的盟国关系，适应中国的崛起，采取更加自主的外交政策。三个选项中日本最终会选哪一个，抑或会把三者相结合，取决于日本对全球力量均势的估计，而不是美国向它做出的形式上的保证，也取决于日本对事态发展的基本趋势的看法。如果日本看到它所在的地区或全世界正在出现新的力量布局，它就会根据自己对现实的判断，而非传统的同盟关系，设法加强自己的安全。因此，日本政府如何抉择要看它认为美国的亚洲政策可信度有多高，以及它对总体力量平衡的评估。其中关键的因素不仅是日本的分析，还有美国外交政策的长期走向。

印度

西方的侵略在日本改变了一个古国的发展轨迹，在印度则把一个伟大的文明重塑为一个现代国家。印度长期处于不同世界秩序的交叉点，因此逐渐形成了自己的特质，既受世界秩序变化的影响，又反过来影响世界秩序的变化。印度的国家特征与其说由它的政治边界划定，不如说体现在一系列共有的文化传统之中。印度教是多数印度人信仰的宗教，也是几个其他宗教的起源。它不是由某个神话人物所创始的。它的源头模糊不清，我们所知的也仅是只言片语。印度教应该是印度河和恒河两岸以及印度北部、西部的高原和山地的各个文化流传下来的颂歌、神话和仪式杂糅而成的。然而，根据印度教的说法，这些具体的不同形式不过是对同样的基本原则的不同表现，而那些基本原则早在任何文字出现之前就已经存在了。印度教异彩纷呈、难以定义，它包括的不同神祇和哲学流派若是在欧洲会被定义为不同的宗教。据说印度教接近并证明了万物归一的道理，反映了“人追求真实的漫长而多彩的历史……既无所不包又无界无垠”[18]。

当印度统一的时候——比如在公元前 4 世纪到公元前 2 世纪以及公元 4 世纪到公元 7 世纪这些时期内——它产生的巨大文化影响一波波向外扩散。佛教从印度传播到缅甸、锡兰、中国和印度尼西亚。印度教的艺术和治国之道影响了泰国、印度支那以及更远的地方。当它分裂为互相竞争的王国时——这种情况在历史上屡见不鲜——侵略者、商人和修行者即蜂拥而至（有些人身负多重使命，例如葡萄牙人，他们 1498 年来到印度“传播基督教，寻找香料”[19]）。印度忍受了他们带来的破坏，最终把他们的文化收归已有，与自己的文化融会贯通。

直到现代之前，中国一直成功地让入侵者接纳自己的风俗习惯和文化传统，使他们完全融入中华文化。相比之下，印度则不同，对于外来侵略者，它并不企图使他们皈依印度的宗教，接受印度的文化，而是泰然自若地接受他们。印度对外国人带来的成就和五花八门的理念照单全收，从不表现出对于任何一方特别的尊崇。入侵者尽可为自己建造雄伟的纪念碑，似乎是在遭遇了当地人的冷遇后要极力向自己证明自己的伟大。但印度民众的核心文化对外国影响怡然自若，水火不侵。印度文化奠基的几个宗教的教义基础，不是对先知所预言的救世主降临的憧憬，而是对人生脆弱无常的领悟。它们提供的不是个人的救赎，而是无可奈何、听天由命的安然。

根据印度教的宇宙观，统治世界秩序的是亘古不变、浩渺无垠的轮回。一个轮回有几百万年之久。王国会覆灭，宇宙会崩毁，但宇宙总是会重新创立，新王国也会再次崛起。印度历史上每一波入侵者到来后（公元前 6 世纪来了波斯人，公元前 4 世纪是亚历山大和他麾下的大夏希腊人，8

世纪是阿拉伯人，11 世纪和 12 世纪是突厥人和阿富汗人，13 世纪和 14 世纪是蒙古人，16 世纪是莫卧儿人，之后不久又来了欧洲列强），都被纳入这无尽的轮回。他们确实造成了破坏，但知道了时空的无限无极，即可看到他们的行为其实是没有意义的。只有忍受并超越了这些暂时乱象的人才能悟出人生的真谛。

印度教经典《薄伽梵歌》[20] 从道德和实力间关系的角度来看待外来者的入侵。《薄伽梵歌》是《摩诃婆罗多》（印度古代梵文叙事诗，其影响有时被比作《圣经》或“荷马史诗”）的一部分，采用二人对话的形式，主人公是阿朱那王子和化身为他的战车御者的神明克利须那。阿朱那在大战前夕因他即将造成的恐怖而“悲痛不已”，想知道有什么有力的理由来为会造成可怕后果的战争辩护。克利须那答道，这个问题本身就问错了。因为生命是无限的循环，宇宙的本质是不可毁坏的，“智者既不悲生也不悲死。你和我，还有集结于此地的众国王，从来就一直存在，也永远不会停止存在”。想脱离苦海，先要履行命定的责任，同时要明白，责任的外象仅是虚幻，因为“无常非真实，真实在于永恒”。

身为武士的阿朱那面对战争别无选择，他应该泰然接受现实，光荣完成使命。他必须努力克敌制胜，“不应悲伤”。

克利须那使阿朱那认清了自己的责任，摆脱了疑虑。但这篇叙事诗中对促成战争的事件的详细描写，却证明阿朱那先前的良心不安有其充分的理由。这部反映印度教思想的重要著作在鼓动战争的同时，也强调需要超越战争，而不是避免战争。它并非拒绝道德，但在具体的形势中，眼前的问题才是首要的，而永恒的概念则给人以慰藉。有些读者称赞《薄伽梵歌》号召在战斗中勇猛无畏，甘地却推许它为自己的“精神宝典”。

印度教宣扬永恒，认为尘世间的任何努力均虚缈不实。但这一大背景却给了世俗统治者极大的行动空间，使他们得以应付实际的需要。[21] 这方面的先驱典范是公元前 4 世纪的大臣考底利耶。据说是他成就了印度孔雀王朝的崛起，而正是孔雀王朝把亚历山大大帝的继承者逐出了印度北部，首次实现了整个次大陆的统一。

考底利耶笔下的印度在结构上类似威斯特伐利亚和平实现之前的欧洲，几个国家并存，极有可能陷入永无休止的争斗。考底利耶和马基雅维利一样，对他目睹的世界做出分析后，提出了务实的行动指南，而不是制约性的规矩。他的指南的道德依据和近 2 000 年后法国路易十三的大臣黎塞留的依据一样，即国家这个组织脆弱不稳，国家领导人无权根据个人良知谨守道德而危及国家生存。

故老相传，考底利耶在匡助孔雀王朝崛起期间或大功告成之后，把他所观察到的战略及对外政策的实践编成了一部《政事论》，对治国术做出了全面的论述。这本著作以冷静清晰的笔调提出了如何建立并保卫国家，同时打败、颠覆、（如果条件许可）征服邻国的构想。《政事论》论述的是务实的治国之道，不是哲理性的思辨。对考底利耶来说，实力是最主要的现实。实力包括多个方面，其中的多个因素各自独立。在某个具体的形势中，所有因素都有意义，都要纳入考虑，并可以用来为统治者的战略目标服务。明智的国王要把地理、财政、军事、外交、情报、法律、农业、文化传统、士气和公共舆论、流言和传说，以及人的恶习和弱点这一切整合起来，以加强并扩张他的王国，就像现代的乐队指挥指导乐队中的各种乐器合奏一支曲子。《政事论》是马基雅维利和克劳塞维茨理论的融合。

早在欧洲思想家根据欧洲的现实提出均势理论几千年前,《政事论》就提出了“国家圈”的体系。它与均势理论类似，但更加复杂。考底利耶分析说，毗邻的政体处于隐在的敌意状态。无论统治者多么信誓旦旦地对邻邦表示友好，一旦他的实力大增，总有一天都会发现颠覆邻邦是符合其自身利益的。这是自我保护的内在逻辑，无关道义。考底利耶就像2 000年后的腓特烈大帝一样，认为竞争的无情逻辑不容违背:“征服者将(总是)努力增强自身实力，提高自己的福祉。”[22] 该怎么做不言自明:“如果……征服者占优势，即会发动战争;反之则按兵不动。”[23]

欧洲理论家宣布，达到均势是外交政策的目标。他们设想的世界秩序建立在国家间力量平衡的基础上。在《政事论》中，国家战略的目的是征服所有其他国家，打破阻挡自己走向胜利的这种均衡。在这方面，与其说考底利耶像马基雅维利，不如说他更接近拿破仑和(统一了中国的皇帝)秦始皇。

考底利耶认为，比起追求荣耀，国家更大的责任是追求自身利益。明智的统治者会寻求与邻国的邻国结盟，从而建立起以征服者为中心的联盟体系："征服者会把国家圈看作一个轮子，他自己为轮毂，他的同盟为轮圈。他与同盟之间虽隔着别国的领土，但通过轮辐连在一起。无论敌人如何强大，在征服者及其同盟的两面夹击下都会落于下风。"[24]然而，没有永远的联盟。即使在自己的联盟体系内，国王也应"努力增强自身实力"[25]，并设法加强本国地位，防止邻国结盟反对自己。

考底利耶与中国兵法家孙子见解一致，认为最迂回的方法经常是最明智的：挑拨邻国之间或潜在盟国之间的关系，"唆使一个邻国的国王攻打另一个邻国以防止它们结盟，然后自己即可用兵攻克敌国"[26]。推行战略的努力永无休止。如果战略成功，国王的领土就会扩大，边界要重划，国家圈也会重新组合。需要对实力重新做出估计。有些原来的盟国现在可能变为敌国，原来的敌国也可能变为朋友。

我们今天所谓的秘密情报活动在《政事论》里被视为重要的工具。情报人员在"国家圈内的所有国家"（不分敌友）活动，是从"虔诚的修行者、行脚僧、车夫、流浪歌手、杂耍艺人、流浪汉和算命人”[27]中间招募的。他们散播谣言，在一国内部或国家之间挑动不和，暗中破坏敌人的军队，并在合适的时机“消灭”反对国王的人。

需要说明，考底利耶坚持说，这些无情行为的目的是要建立一个和谐的海内帝国，弘扬“法”（dharma）——遵照神立的原则运作的永恒的道德秩序。[28]但是，他提及道德和宗教更多是为了实际行动，不是把它们作为原则，也就是说把它们当作征服者的战略战术，而不是一个团结各方的秩序概念的必要因素。《政事论》劝告说，克制、仁慈的行为在大多数情况下在战略上都更有效。[29]视民如草芥的国王会失去民心，国内发生叛乱或国外敌人来犯的可能因此而增加。征服者若是悍然违反被征服人民的习俗或伤害他们的感情，就可能激起老百姓的反抗。

《政事论》详尽无遗地列举了成功所必需的因素，20世纪的著名政论家马克斯·韦伯因此得出结论说，它代表了“真正激进的‘马基雅维利哲学’……与其相比，马基雅维利的《君主论》简直可以算得上温顺平和”[30]。与马基雅维利不同的是，考底利耶并不怀念过去好时光的社会美德。他所接受的唯一美德标准是他对通往胜利之路的分析是否准确。他所描述的政策当时是否真的得到了实施呢？在考底利耶看来，如果真的哪一天实现了平衡，那也是自私的动机相互作用的暂时结果。考底利耶眼中的平衡并非如威斯特伐利亚和平后欧洲人的概念所倡导的，是外交政策的战略目标。《政事论》是实现征服的指南，不是建设国际秩序的指南。

无论印度有没有遵循《政事论》的建议，它的版图都在公元前3世纪达到了历史顶点。[31]万民敬仰的阿育王治下领土包括了今天印度的全境、孟加拉国、巴基斯坦，还有阿富汗和伊朗的部分土地。后来，到公元前221年，中国在秦始皇手中实现统一之时，印度却分裂成为互相竞争的几个王国。几个世纪后，印度恢复了统一。但当伊斯兰教在7世纪开始对欧洲和亚洲的帝国提出挑战时，印度再次陷入分裂。

将近1 000年间，有着肥沃的土壤、富庶的城市、辉煌灿烂的知识和技术成就的印度一直令外来征服者垂涎。外来的宗教也都想争取它的皈依。每个世纪，来自中亚和西南亚的征服者和冒险者，包括突厥人、阿富汗人、安息人、蒙古人，如潮水般一波又一波地来到印度的大平原，建起了五花八门的众多土邦。南亚次大陆就这样通过持续至今的宗教、民族和战略利益的联系“嫁接在了大中东地区上”[32]。那段时期的大部分时间内，征服者之间互不相让，结果谁也无法控制整个地区，也没能消灭南方印度王朝的力量。再后来，到16世纪，来自西北方、最善于治国的莫卧儿人统一了次大陆的大部分地区。存在于印度的多种多样的影响势力在莫卧儿帝国体现得淋漓尽致：信仰伊斯兰教，种族起源于突厥人和蒙古人，精英文化源自波斯，治下人民多数是印度人，不同地区的人又各有自己的特点。

在这个语言、文化和信仰的旋涡中，16世纪期间另一波外来冒险者的到来起初似乎不足为道。英国、法国、荷兰和葡萄牙的私营公司都想从富有的莫卧儿帝国日益扩大的贸易中分一杯羹，竞相争取在与自己友好的土邦获得立足之地。英国在印度的势力范围扩张得最大，尽管最初似乎没有既定的计划。（剑桥大学现代历史钦定讲座教授因此说：“看情形，我们好像全凭一时心血来潮而派人征服了半个世界。”[33]）英国在孟加拉东部地区获得了一块地盘，建立了商业基地后，发现欧洲和亚洲的竞争者也在周围相继占有了各自的地盘。

每一次欧洲和美洲发生战事，在印度的英国人都会和对手的殖民地及其盟友发生冲突，每次得胜，都把对手在印度的资产收归已有。随着英国在印度的资产（严格来说那些资产不属于英国，而属于东印度公司）的增加，它认为自己面临着一系列威胁，有北边虎视眈眈的俄国，有一时好勇斗狠一时又四分五裂的缅甸，还有野心勃勃、日益自行其是的莫卧儿统治者。这些在英国人眼中都构成了进一步扩大势力范围的理由。

最终，英国开始设想建立一个印度实体，而这就需要确保包括今天的巴基斯坦、印度、孟加拉国和缅甸在内的整个次大陆的安全。尽管这片土地上不存在（而只是假设有）印度这个国家，但这里被当作国家来治理，还确定并赋予了它类似印度国家利益的特征。根据这一政策，印度的安全倚仗有英国在印度洋的海军霸主地位，有远至新加坡和亚丁的友好的或至少不具威胁性的政权，还有开伯尔山口的非敌对政权以及喜马拉雅山脉。在北方，英国派遣间谍、探险者和有小股英国军队支持的当地人，通过他们神出鬼没的突袭阻挡住了沙皇俄国的前进。此一行动被称为喜马拉雅地缘战略的“大博弈”。英国还把印度与中国的边界向北推到了西藏——这个问题在1962年中印边境战争中再次出现。印度独立后，在外交政策的关键内容方面吸收了这些政策的精髓，即打造以印度为主干的南亚地区秩序，并反对任何国家企图在与印度毗邻的土地上集结足以构成威胁的力量，无论这样的国家国内政治结构如何。

1857年，东印度公司军队中信奉伊斯兰教的士兵和信奉印度教的士兵爆发叛乱。伦敦遂宣布把印度置于英国政府的直接统治之下。英国不认为此举是建立英国对外族的统治。它把自己视为中立的监督者，是教化背景各异的众多民族和国家达到更高文明的力量。直至1888年，一位英国高级行政官还说：

> 现在没有，过去也从未有过一个印度。印度甚至从未有过一个欧洲人心目中的国家，即在国土、政治、社会和宗教方面拥有统一的国家……以为印度能成为国家就像指望将来欧洲各国被一个单一的国家所取代一样异想天开。[34]

叛乱后，英国决定把印度作为大英帝国的一个行政单位来管理，这在实现印度统一上发挥了重大作用。铁路线和通行的英语把千差万别的各个地区连为一体。英国人研究并整理记载了印度辉煌的古老文明，把英国的思想和制度灌输给印度的精英。在此过程中，英国唤醒了印度作为遭受外国统治的单一实体的意识，激起了人们的信念。他们相信，要想打败外来统治，就必须团结为一个国家。因此，英国对印度的影响和拿破仑对德意志的影响差可比拟。在拿破仑的征服战之前，有着众多邦国的德意志也只是被视为一个地理实体，而非国家实体。

印度实现独立以及确定自己的世界角色的方式，都反映了它多姿多彩的遗产。多少世纪以来，印度对付外来占领靠的是坚不可摧的文化和强大的精神。甘地之所以能够对英国统治发动非暴力不合作运动，首先是因为他“圣雄”称号的精神号召力，也是因为那是反对帝国力量的最有效的方法，它与开明的英国社会所崇尚的自由这一核心价值观不谋而合。印度人和两个世纪之前的美国人一样，用他们在英国学校（包括使印度未来的领导人吸收了许多准社会主义思想的伦敦经济学院）学到的自由思想来反对殖民统治者，证明自己独立的正当性。

现代印度认为，自己的独立不仅是一个国家的胜利，而且是普遍道义原则的胜利。印度建国初期的领导人和美国国父一样，把国家利益与道德正确性等同起来。但印度领导人在是否要把国内制度向外传播的问题上遵守了威斯特伐利亚的原则、对在国际上促进民主和人权不感兴趣。

印度独立后第一任总理贾瓦哈拉尔·尼赫鲁说，印度外交政策的基础将是印度的国家利益，而不是单纯的国际友好或培养扶植和印度一致的国家制度。印度独立不久后的1947年，他在一次讲话中解释说：

> 无论确定什么样的政策，主持一国外交事务的艺术都在于找到对本国最有利的办法。我们说到国家间的善意时，可以语出至诚。但归根结底，政府是为了它治理的国家的利益服务的。没有一个政府敢于做出任何在短期或长期显然不利于自己国家的事情。[35]

连考底利耶（和马基雅维利）都不可能说得比这更加

透彻。

尼赫鲁和后来的历届总理，包括他的女儿、出类拔萃的英迪拉·甘地，都把他们的外交政策提到显示印度卓越的道德权威的高度，以此来加强印度作为全球均势中一个角色的地位。印度把实现自己的国家利益说成是一项独一无二的开明事业——近两个世纪前美国也是这样说的。尼赫鲁和后来两度担任总理（1966~1977、1980~1984）的英迪拉·甘地就这样成功地把他们新生的国家确立为第二次世界大战后国际秩序中的一个主要角色。

不结盟的内容与均势体系中“平衡者”的政策有所不同。印度不会像平衡者那样向弱的一方倾斜，它并不想操纵国际体系。印度最看重的是不正式加入哪个阵营，它对自己政策成功的衡量标准，是不被拉入与它国家利益无关的冲突。

印度独立时，世界强国已经确立，冷战正进行得如火如荼。在此情况下，它巧妙地把转圜余地这个原本是国家间讨价还价的手法提升到道德原则的高度。尼赫鲁把正义的道德主义与力量对比和对大国心理的精明揣摩糅合为一体，宣布印度将成为在主要阵营之间找出另一条路的世界级大国。1947 年，他在《新共和》撰文说：

> 我们要避免卷入任何阵营或国家团体，因为我们知道，只有这样才能推动印度的事业，而且也有利于世界和平。这一政策有时会使一个集团的成员怀疑我们支持另一个集团。在制定外交政策时，每一个国家都把自己的利益置于首位。可幸的是，和平的外交政策，与所有进步国家合作，正是印度的利益所在。印度不可避免地会和友好合作的国家建立更紧密的关系。[36]

换言之，印度对强权政治采取中立超然的态度。这部分是出于维护世界和平的原则，但也是因为这样做符合印度的国家利益。从 1957 年到 1962 年，在苏联对柏林发出最后通牒期间，两届美国政府，特别是肯尼迪政府，都曾为了帮助那个争取维护自己自由地位的被隔绝的城市寻求过印度的支持。但印度的立场是，任何强迫它遵守某一个冷战阵营规则的企图一旦得逞，都会剥夺它的行动自由，也就会使它丧失讨价还价的能力。短期的道义中立是实现长期道义影响力的手段。如尼赫鲁对他的助手所说：

> 印度代表团若是害怕激怒美国人就躲着苏联阵营简直是荒唐，而且也是失策。也许有一天我们会明白无误地告诉美国人或别的人，如果他们的态度仍然不友好，我们只能到别的地方去找朋友。[37]

此一战略的实质使印度得以在冷战的两大阵营之间左右逢源——稳获苏联阵营的军事援助和外交合作，同时又争取美国的发展援助和美国知识阶层在道义上的支持。无论冷战期间美国对印度的战略多么恼火，对一个新兴国家来说，那都是明智的政策。那时的印度，军队羽翼未丰，经济低迷落后。它若是作为盟友会得到尊重，但只能居于次等地位。作为自主自由的国家，它的影响范围则大得多。

为了追求这一地位，印度着手组建起一个想法一致的国家的集团——实际上就是不结盟的国家组成的联盟。1955年，在印度尼西亚的万隆举行的亚非会议上，尼赫鲁对与会的代表们说：

> 我们亚洲和非洲的国家难道除了亲共或反共之外就没有别的积极可为的作用吗？我们是思想的领袖，我们给世界提供了各种宗教和众多的财富，难道我们竟落得只能跟随这个或那个集团，成为这个或那个党的逢迎者，执行它们的意志，只能偶尔提点儿想法吗？这对于任何有自尊心的民族或国家来说都是最大的轻蔑和侮辱。我无法忍受看着亚洲和非洲的各个伟大国家才摆脱了奴役的桎梏获得自由，却又受到如此的轻蔑和侮辱。[38]

印度拒绝它所谓的冷战的强权政治，说到底是因为它认为两大阵营的争端不涉及它的国家利益。印度不会为了欧洲分界线上的问题去挑战仅仅几百英里开外的苏联，它也不想刺激苏联和巴基斯坦联手。印度更不会因为中东的争端去冒惹怒国内穆斯林的风险。在朝鲜战争和越南战争的问题上，印度均不做表态。印度领导人决心紧随他们眼中发展中世界的进步潮流，而且绝不肯冒险触犯苏联这个超级大国。

尽管如此，印度还是在1962年和中国发生了边境战争，并和巴基斯坦打了4场战争（其中1971年的印巴战争是在印度不久前和苏联签署的防卫条约的保护下进行的，结果是印度的主要对手被分裂为巴基斯坦和孟加拉国两个国家，大大提高了印度的全面战略地位）。

印度在寻求不结盟运动的领导地位时，所遵循的国际秩序概念与现有的全球和地区级的秩序概念相一致。这一概念的内容是正统的威斯特伐利亚原则，与历史上欧洲关于均势的分析相契合。尼赫鲁把印度的理念定为“和平共处五项原则”。这些原则的名字虽然来自印度的哲学概念“Pancha Shila”（共处的五项原则），但它们其实是在威斯特伐利亚模式的基础上为主权国家的多极秩序提出的更高尚的原则：

1. 互相尊重主权和领土完整
2. 互不侵犯
3. 互不干涉内政
4. 平等互利
5. 和平共处[39]

印度提倡世界秩序的抽象原则，同时也在地区一级确定了印度的安全理念。正如早期美国领导人在门罗主义中注入了美国在西半球特殊作用的概念，印度实际上在东印度群岛和非洲之角之间的印度洋地区确立了自己的特殊地位。像18世纪和19世纪期间英国对欧洲所做的那样，印度努力防止在地球上这块广袤的地区出现占统治地位的强国。早期美国领导人宣布门罗主义时并未征求西半球其他国家的同意，印度在它特殊战略利益所在的地区推行政策也只遵循它自己确定的关于南亚秩序的定义。虽然美国和印度在冷战期间经常发生意见冲突，但苏联解体后，两国对印度洋及其周边地区的看法基本上是一致的。

冷战结束后，印度承受的多重冲突的压力消失于无形。它对社会主义的热情也有所减退。1991年发生的一次国际收支危机促使它在国际货币基金组织的帮助下开始进行经济改革。现在，印度公司在世界上的一些主要产业中名列前茅。这个新的发展方向也反映在了印度的外交态势上，它与世界各国，特别是亚洲和非洲的国家建立了新的伙伴关系。世界各国对印度在多边经济和金融机构中的作用也更加重视。在经济和外交影响力增加的同时，印度也大大加强了军力，包括海军力量和核武器的储备。几十年后，它还将超过中国，成为亚洲第一人口大国。

印度在世界秩序中的作用受到某些结构性因素的制约，这些因素与它建国有关，其中最复杂的是印度与其近邻，尤其是和巴基斯坦、孟加拉国、阿富汗和中国的关系。过去 1 000 年间，它们对这块次大陆竞相入侵和移民，加之英国统治印度期间对边缘地区频繁袭击，以及第二次世界大战结束后英国殖民统治迅速完结遗留下来了诸多问题，这些因素都导致它们对印度的态度复杂而充满敌意。1947 年印巴分治后，两国都没有完全接受分治的边界。边界有争议的地区总被一方或另一方认为是临时性的[40]，结果成了零星发生的族群暴力、军事冲突和恐怖分子渗透的导火索。

印度和巴基斯坦的边界大致沿次大陆上穆斯林集中的区域界限划分，却无视族群的边界。以此种方法从原英国统治下的印度划出来的以伊斯兰教为主要宗教的巴基斯坦被分成互不相连的两部分，中间隔着数千英里的印度领土，这为后来的多次战争埋下了伏笔。与阿富汗及中国的边界据说是由19世纪英国殖民政府划定的，后来阿富汗和中国都宣布不予承认，至今仍有争端。印度和巴基斯坦各自都花费巨资建立核武库，形成自己在区域内的军事态势。巴基斯坦还容忍，有时甚至支持暴力极端主义，包括在阿富汗和印度的恐怖活动。

印度是更大的伊斯兰世界不可分割的一部分。如何处理与伊斯兰世界的关系将会是一个尤其难以驾驭的问题。[41]印度经常被定义为南亚国家，但是，它和中东的历史渊源更深，它的穆斯林人口比巴基斯坦还多。事实上，除了印度尼西亚，印度的穆斯林人口比任何伊斯兰国家都多。迄今为止，印度避免了政治动乱和教派间暴力的剧烈冲击，部分原因是它对少数民族采取了温和开明的政策，并培育了超越族群间分歧的印度人民共同的原则，包括民主和民族主义。然而，这个成果并非不可逆转，需要多方面的协同努力才能维持。如果阿拉伯世界进一步极端化，或巴基斯坦的国内冲突加剧，印度的国内压力就有可能剧增。

今天，印度奉行的外交政策在许多方面与先前英国统治期间相差无几。它的目标是在从中东到新加坡，再往北到阿富汗这片几乎横跨半个世界的地区建立起以均势为基础的地区秩序。它与中国、日本和东南亚的关系遵循着类似19世纪欧洲均势的模式。印度和中国一样，毫不犹豫地利用像美国这样的“蛮夷”来帮助实现自己的地区目标，尽管在解说政策时，两国都使用了更加委婉的措辞。小布什政府期间，偶尔讨论过印度和美国在全球范围内的战略协调。印美的战略协调至今仍限于南亚地区，这是因为印度传统的不结盟立场阻碍了它与美国建立全球性的关系，也是因为两国都不愿意把与中国对抗定为永久的国策。

19世纪，英国人为保护通往印度的战略要道，不得不加深对全球事务的参与。同样，21世纪的印度也感到，必须提高它在亚洲和伊斯兰世界的战略地位，以防这些地区受到它心目中的敌国或敌对意识形态的统治。在此过程中，印度与讲英语的“英语圈”内的国家有着天然的纽带。然而，它可能会继续遵守尼赫鲁留下的政策，在处理和亚洲及中东国家的关系时维持自主行动的自由，并坚持自主制定对重要的专制国家的政策，因为印度为实现它宏伟的经济计划，需要这些国家的资源。这些重点将超越历史的夙怨，成为必行之事。随着美国在中东力量的调整，该地区的各个国家会寻找新的伙伴来加强自己的力量，并发展出某种形式的地区秩序。印度自身的战略利益不容许在阿富汗出现权力真空，也不容许另一个大国在亚洲建立霸权。

在 2014 年 5 月的大选中，一位倡导改革和经济增长的印度民族主义者以决定性多数当选。在他领导的政府之下，印度应该会更加积极地追求它传统的外交政策目标。这届政府的目标得到民众的坚定支持，又有纳伦德拉 · 莫迪这位魅力四射的总理的领导，印度也许认为自己有条件在印巴冲突或对华关系这类历史问题上开辟新的努力方向。现在，印度、日本和中国均由有战略眼光的强势政府领导，虽然竞争可能加剧，但找到大胆的解决办法的可能性也大为增加。

无论形势如何演变，印度都将是 21 世纪秩序的一个支点。以它的地理位置、资源蕴藏和高超的领导艺术的传统，位于世界不同地区和不同秩序概念交叉处的印度在那些地区的战略演变和秩序概念的进一步发展中，都是不可缺少的要素。

什么是亚洲的地区秩序？

历史上欧洲的秩序自成一体。直到20世纪初，英国一直凭借其四面环海的地理位置和海上的绝对军事优势维持着平衡。欧洲国家偶尔会借外部国家之力来暂时加强自己的地位，比如，法国在16世纪争取奥斯曼帝国的支持，或英国在20世纪初与日本结盟。但除了偶尔自中东或北非而来的入侵之外，非西方国家在欧洲鲜有利益牵绊，欧洲国家之间发生冲突也很少请求外方干预。

相比之下，当今亚洲秩序的一个组成部分就是外部国家。奥巴马总统2011年1月和中国国家主席胡锦涛发表的联合声明中，明确提到了美国作为亚太地区大国的作用，2013年6月和习近平主席的联合声明再次重申了这一点。俄罗斯在地理上可算作亚洲国家，[42]还参加了如上海合作组织这样的亚洲国家集团，尽管它人口的四分之三居住在俄罗斯领土的欧洲部分。

现代的美国偶尔会应要求担任力量平衡者的角色。它调解了俄国和日本之间的日俄战争，达成了1905年的《朴次茅斯和约》。在第二次世界大战中，它打破了日本寻求亚洲霸权的企图。冷战期间，美国在亚洲也发挥了类似的作用，构建了一个从巴基斯坦到菲律宾的同盟之网来对抗苏联。

亚洲秩序结构的演变必须兼顾本书前面没有提到的众多国家的情况。信奉伊斯兰教的东南亚大国印度尼西亚影响力日渐增加，迄今为止在中国、美国和伊斯兰世界之间成功地保持了一种微妙的平衡。与日本、中国和俄罗斯为邻的韩国是充满活力的民主国家，有着具有全球竞争力的经济，包括在电信和造船这样的战略产业中位居世界的前列。许多亚洲国家，包括中国，都认为朝鲜的政策会造成地区不稳定，但也认为它万一崩溃，引发的危险更大。韩国自己则需要应对国内日益加大的统一呼声。

亚洲地域辽阔，各国之间千差万别，亚洲国家建立了各种多边集团和双边机制，其花样繁多令人目眩。这些机构与欧盟、北约和欧洲安全与合作委员会不同。它们把具体的安全和经济问题作为单独的个案处理，并不制定一套地区秩序的正式规则。有些重要的集团包括美国，也有些组织（包括经济组织）只有亚洲成员。其中最具规模、最重要的是东盟，全称是东南亚国家联盟。这类组织的核心原则是欢迎与所涉及的问题直接相关的国家参加。

但这些算得上亚洲的秩序体系吗？在欧洲的均势中，主要国家的利益即使不完全一致，也是相互兼容的。没有霸权，均势是必然的结果，在这种情况下，均势不仅可以实现，而且还可以作为得到普遍接受的合法制度来促成决定和调整政策。亚洲却没有这种利益的一致性，各大国为自己选定的重点就是明证。印度似乎最关注中国，将其作为与自己旗鼓相当的竞争对手，这在很大程度上是1962年边界战争的结果。而中国却认为与自己分量相当的竞争者是日本和美国。印度针对中国部署的军事资源比针对巴基斯坦的少。而巴基斯坦对新德里来说，即使不是平级的竞争者，也是一个主要的战略关注对象。

亚洲国家组成的各个团体性质模糊不清，部分原因是历史上东亚和南亚由于地理的原因而界限分明。文化、思想和宗教的影响越过了地理分界线，印度教和儒家的治国理念都传到了东南亚。但东亚和南亚的两个帝国之间由崇山峻岭和茂密森林构成的屏障难以逾越，直到20世纪之前，它们之间从未发生过战事。蒙古人和后来的入侵者进入印度次大陆是借道中亚，不是经过喜马拉雅山的山口，而且他们也没有到达印度南部。亚洲的不同地区由于地理和历史原因走上了完全不同的发展道路。

历史上亚洲构建的地区秩序没有一个是以威斯特伐利亚的主张为基础的。欧洲的秩序支持国家间的力量平衡。这里的国家指的是边界清晰、彼此承认法律上平等地位的"主权国家"。但历史上亚洲的政治强国所依照的标准却比较模糊。一直到进入近代很久后，受莫卧儿帝国影响的"内陆亚洲"、俄罗斯、伊斯兰世界与中国的帝国朝贡制度在亚洲仍然同时存在。中国的朝贡制度向外传到了东南亚，那里的国家尽管在治国方法上深受来自印度、把君王视为神明的印度教教义的影响，但同时也接受中国自居为万国来朝之中心的理念。

现在这些传统的理念碰到了一起。各国关于它们走过的历程有何意义，对 21 世纪世界秩序能提供什么借鉴，仍然意见不一。在这种情况下，实质上出现了两个均势，一个在南亚，一个在东亚。二者都不具备欧洲均势所必不可少的因素平衡者——即只要转而支持弱的一方就能实现平衡的国家。美国并未把目前南亚内部的均势主要作为军事问题来对待。它必须在外交上有所作为，推动重建地区秩序，以防出现真空，因为万一出现真空，将不可避免地把阿富汗的所有周边国家都卷入地区性对抗。

| 第六章 |

通往亚洲秩序之路：对抗还是伙伴关系？

亚洲国家最广泛的共同特点是，它们都认为自己是“新兴的”或“后殖民时代的”国家，都努力通过突出自己的国家特点来克服殖民统治遗留下来的后果。这些国家都坚信，历经几个世纪西方超乎常规的异军突起，现在世界秩序正再次趋向平衡。但它们从自己的历史进程中吸取的经验教训大不相同。不同国家的领导人在确定本国核心利益的时候，借鉴的是不同的文化传统，向往的是不同的黄金时代。

在欧洲18世纪和19世纪的制度中，维护均势——也就是现状——为人所称善。而在亚洲，几乎每个国家都有自己特有的内在发展动力。亚洲坚信自己正在“崛起”，认为世界尚未完全给予它应有的重视。尽管没有国家挑战别国的主权和尊严，各国均宣布致力于“非零和”的外交，但许多国家同时追求树立国威，这本身就给地区秩序带来了一定的动荡性。随着现代技术的发展，亚洲各大国均储备了具有强大破坏力的武器，远超19世纪最强大的欧洲国家，一旦发生误判，后果不堪设想。

因此，亚洲的构成天生就是对世界秩序的挑战。它现有的秩序机制取决于大国对自身利益的认识和追求，而不是力量均势体系。这些大国面临的考验是能否建立起跨太平洋的伙伴关系，为众多既定利益的互动提供和平框架。

亚洲的国际秩序与中国

在亚洲所有关于世界秩序的观念中，中国所持的观念最为长久、最为清晰、离威斯特伐利亚的主张最远。中国的历史进程也最曲折复杂，从古老的文明到传统帝国，到共产党革命，再到跃居现代大国的地位。中国走过的路将对人类产生深远的影响。

自从中国在公元前 221 年统一为单一的政治实体一直到 20 世纪初，中国居于世界秩序中心的理念对于精英思想的影响可谓沦肌浃髓。这一理念被认为理所当然、不言自明，汉语中竟然没有一个描述这一状况的词。到了后来，学者们回过头去才把它定义为“以中国为中心的”朝贡制度。[1] 根据这个传统观念，中国自认为在某种意义上是世界上唯一的主权政府。皇帝统治世间万物，百姓通过他保持和上天的沟通。他管辖的不单是他治下的“中国”这个主权国家，而是“天下”。中国是天下文明昌盛的中心，是启发教化其他地方人民的“中央王国”。

按照这一观点，世界秩序反映的是全球的等级制，而不是互相竞争的主权国家之间的平衡。每一个社会都和中国有某种附属的关系，至于这种关系紧密到何种程度，部分地要看它和中华文化有多近似。没有一个社会能和中国平起平坐。别国的国王不是和中国皇帝一样的君主，而是向中国皇帝认真学习治国方略、倾心向化的小学生。外交不是多个主权国家之间的讨价还价，而是一系列精心安排的仪式，使中土以外的社会有机会宣示自己在全球等级制中恰当的一席之地。从这个角度出发，在古中国，今天所谓的“外交政策”属于负责决定属国关系等级的礼部和负责管理与游牧部落关系的理藩院的职权范围。中国直到 19 世纪中期才成立外交部，[2] 事出不得已，因为必须和西方入侵者打交道。即使如此，中国官员仍然认为他们的任务一如既往，是管理蛮夷，与威斯特伐利亚式的外交风马牛不相及。新设的部门叫作“总理各国事务衙门”，这个名称很说明问题，暗示中国完全不是在进行国家间的外交。

朝贡制度的目的是培育他国对中国的恭敬，而不是获取经济利益或以武力统治他国。中国最了不起的建筑成就——万里长城——是秦始皇开始大规模修造的。当时他刚刚打败了所有的竞争者，结束了战国时代，统一了中国。经过历朝历代，长城最后的长度超过了 5 000 英里。长城是中国军事胜利的辉煌见证，但也表现了中国固有的弱点。它表明中国尽管具有强大的实力，但也对自己的薄弱之处心知肚明。几千年来，中国在应敌时，与以武力迫使其就范相比，更多地采用欺骗诱惑的手段。所以，汉朝（公元前 206 年~公元 220 年）的一位官员建议采用“五饵”来对付在西北边陲肆虐的马背上的匈奴部落，尽管按常规分析，汉朝的军力要强大得多：

> 赐之盛服车乘以坏其目；赐之盛食珍味以坏其口；赐之音乐妇人以坏其耳；赐之高堂、邃宇、府库、奴婢以坏其腹；于来降者，以上召幸之，相娱乐，亲酌而手食之，以坏其心：此五饵也。[3]

中国外交礼仪的标志是叩首，即双膝跪下，以头触地，以此来表示对皇帝至高无上权威的承认。这当然是一种羞辱，成了阻碍近代中国与西方国家之间关系的绊脚石。但叩首具有象征自愿的含义，它代表着发自内心的恭敬，不是被征服者所逼，而是出于敬畏。在这样的场合，属国使节向中国献上贡品，而皇帝赐给的回礼经常在价值上超过收到的贡品。

历史上，中国靠自己的成就和行为使外国心悦诚服，偶尔也采取军事行动“教训”冥顽不化的蛮夷，令其收敛。这些战略目标和这种根本上的攻心手法直至1962年的中印边境战争和1979年的中越边境战争中还有迹可循，在中国对邻国宣示其核心利益的方式中也清晰可辨。

尽管如此，中国并不是西方意义上的传教式社会。它要的是别国的尊敬，不是皈依。两者之差精细微妙，绝不可混为一谈。中国因自己的卓越成就而令四海归心，外国理当景而仰之。中国可以和另一个国家成为朋友，甚至是老朋友，但绝不会视对方与自己平等。具有讽刺意味的是，唯一获得平等地位的是征服者。两个征服中国的民族——13 世纪的蒙古人和 17 世纪的满族人——都吸收了中华文化的核心内容，以便治理人数如此众多、文化优越感如此顽强的中国人民。这是历史上文化力量最惊人的一个成就。征服者在很大程度上被败在他们手下的中国社会所同化，连他们故乡的大片土地都被认为是传统的中国领土。中国并不刻意输出它的政治制度，而是愿者上钩。在这个意义上，中国的扩张不靠武力征服，而是靠潜移默化。

在近代，西方国家的代表怀着自己的文化优越感，试图把中国纳入已成为国际秩序基本结构的欧洲的世界体系。他们对中国施压，要求它培养和世界其他国家的关系，和别国互派大使，允许自由贸易，还要求中国实现经济现代化，开放社会接受基督教的劝导，以提高国民素质。

西方心目中的启蒙和接触在中国眼里却是来犯。中国先是回避，后来干脆坚决抵制。18 世纪末，英国第一位特使乔治·马嘎尔尼来到中国。他带来了工业革命初期的一些产品，还有乔治三世国王的信，信中建议和中国开展自由贸易，在北京和伦敦互设大使馆。马嘎尔尼从广州到北京乘坐的中国船只打出的旗号是“英吉利贡使”。中方让马嘎尔尼带信给英国国王，解释说不准使节住在北京，因为“西洋诸国甚多，非止尔一国。若俱似尔国王恳请派人留京，岂能一一听许？是此事断断难行”。在皇帝看来，除了已有的受到严格管理的有限贸易之外，不需要扩大贸易，因为英国没有中国想要的东西：

> 天朝抚有四海，惟励精图治，办理政务，奇珍异宝，并不贵重。尔国王此次赍进各物，念其诚心远献，特谕该管衙门收纳……种种贵重之物，梯航毕集，无所不有。尔之正使等所亲见。[4]

拿破仑兵败后，随着英国的商业扩张紧锣密鼓地展开，英国又做了一次尝试，派第二位特使前往中国提出同样的要求。英国在拿破仑战争中表现出来的海军力量，丝毫未能让中国改变不愿与它建立外交关系的主意。当英使阿美士德以礼服未运到为借口拒绝参加叩头大礼的时候，他带领的使团被赶出北京。中方明确表示对外交不感兴趣。皇帝在给英国摄政王[5]的信中，解释说“统御天下”的天朝无暇向每一个蛮夷来使教授正确的礼仪。皇家记录自会记下“咨尔国王，远在重洋，倾心向化”，但：

> 嗣后毋庸遣使远来，徒烦跋涉，但能倾心效顺，不必岁时来朝，始称向化也。俾尔永遵，故兹敕谕。[6]

这样的敕谕按今天的标准来看未免妄自尊大，刚刚成功维持了欧洲的平衡，可称为欧洲最先进的海上、经济和工业强国的英国来说更是怒不可遏。但是，中国皇帝这道敕谕的口气符合几千年来关于他的世界地位的理念，许多邻国也至少不反对这种理念。

可耻的是，西方国家最终和中国摊牌时，要求开放自由贸易的产品显而易见是最有害的产品。它们的工业进步带来了众多的成果，它们却偏偏要对中国出口鸦片，坚持要获得无限制对中国出口鸦片的权利。晚清的中国荒废了军事技术的发展，部分原因是它长期以来没有碰到对手，但主要是因为在中国儒家的社会等级制中，军人的地位十分低下。俗话说："好铁不打钉，好男不当兵。"1893 年，西方军队已经兵临城下，清廷却还挪用军费去修复颐和园中华丽的石舫。

1842 年，中国猛然间被打了个措手不及，不得不签署条约，同意西方的要求。但是，它仍然坚持自己独一无二的地位，对西方进行了顽强的拼死抵抗。在 1856~1858 年的战争中（战争的导火索据说是一艘在英国注册的船只在广州遭到不当扣押），英国取得了决定性的胜利，事后坚持签订条约，以取得它一直寻求的在北京派驻使节的权利。第二年，带领随从踌躇满志地前来上任的英国大使发现通往中国首都的主河道拉起了铁链，设置了铁蒺藜。当他命令一队英国海军去清除障碍的时候，中国军队开了火。接下来的战斗中打死英军 519 人，打伤 456 人。于是，英国派出由额尔金指挥的部队冲进北京，火烧圆明园，迫使清廷逃出北京。这次残酷的入侵逼得清廷万般无奈地同意在北京设立“使馆界”接纳外交使团。对于威斯特伐利亚主权国家体系的对等外交的概念，中国虽然接受下来，但满心的不情不愿、愤恨不平。

这些争端的核心是一个更大的问题：中国到底是自成体系，还是和其他国家一样，是更大的国际体系的一部分？中国紧抱着传统的观念不放。到了1863年，中国已两次败于“蛮夷”之手，而且国内的大乱（太平天国运动）也是借助外国军队才平息。然而中国皇帝在写给亚伯拉罕·林肯的信中却仍然向他示赐皇恩：“朕承天命，抚有四海，视中国与异邦同为一家，彼此无异也。”[7]

1872年，著名的苏格兰汉学家理雅各尖锐地对这个问题做了如下的描述。他的话昭显了他那个时代特有的自信，认为西方世界秩序概念的优越性不言自明。

> 过去的40年间，她（指中国）完全改变了对世界先进国家的立场。她和先进国家在平等的条件下签订了条约。但我认为她的官员和人民尚未正视这个事实，

他们尚未认识到中国不过是世界上许多独立国家中的一个，他们的皇帝统治的“天下”并不是天底下的所有地方，而只是地球表面的一部分，在地图上标得清清楚楚。[8]

随着技术和贸易推动相互冲突的制度近距离接触，哪个世界秩序的准则会占上风呢？

在欧洲，威斯特伐利亚体系是在“三十年战争”结束时众多实际上独立的国家的基础上发展起来的。亚洲在进入近代时没有这样一套国家和国际组织，而是有几个文明中心，周边围绕着较小的王国，文明中心之间的互动靠的是微妙而不断变化的机制。

中国凭借肥沃的平原、无比强韧的文化和敏锐的政治触角，在 2 000 年来的大部分时间内维持了统一并发挥了巨大的政治、经济和文化影响力，尽管按常规标准，它的军力并不强大。中国的相对优势在于它富庶的经济，它生产的产品为邻国艳羡。在这些因素的影响下，中国关于世界秩序的概念明显有别于欧洲建立在多个互为平等的国家基础上的概念。

在中国遭遇西方发达国家和日本的过程中，这些推行扩张主义的强国对一个古文明产生了极大影响，而戏剧性的是，该文明起初对近代国家的礼仪制度不屑一顾，将其视为一种低级的东西。21 世纪中国的“崛起”并非新生事物，而是历史的重现。与过去不同的是，中国重回世界舞台中心，既是作为一个古老文明的传承者，也是作为依照威斯特伐利亚模式行事的现代大国。它既保持了君临“天下”的传统理念，也通过技术治国追求现代化，并在 20 世纪为寻求两者的融合经历了剧烈动荡。

中国和世界秩序

1911 年，清帝国终于寿终正寝。1912 年孙中山领导成立了中华民国，但中央政府力量薄弱，致使中国陷入长达 10 年的军阀混战。1928 年，在蒋介石的领导下，中央政府力量得到加强，于是努力在威斯特伐利亚的世界秩序以及全球经济体系中为中国获取一席之地。中国既要保留传统，又想跟上现代的步伐，尽力加入风云变幻的国际体系。然而就在此时，早半个世纪就开始了现代化努力的日本开始谋求亚洲的霸权。它先在 1931 年占领了中国东北，1937 年更是对华北和华东的大片地区发动了侵略。国民党政府因此无暇站稳脚跟，共产党的革命也得到了喘息之机。虽然 1945 年第二次世界大战结束时，中国和其他同盟国一起成了战胜国，但是它随即陷入内战和革命动荡中，一切关系和传统在动乱中都受到了挑战和破坏。[9]

1949 年 10 月 1 日，中国共产党夺取胜利，建立了中华人民共和国。共产党领导人毛泽东宣布："中国人民站起来了。"作为对这一口号的贯彻执行，毛泽东奉行"继续革命"的理论，带领中国不断自我净化，加强力量，并着手推翻关于国内和国际秩序的原有观念。所有类型的制度，无论是西方民主，还是苏联对共产党世界的领导，还是中国历史的遗产，都成了他的矛头所向。艺术和纪念碑、节日和传统、用语和服装都受到各种形式的禁制，因为这一切被认为造成了中国的政懈兵弛，面对外国侵略只能被动挨打。毛泽东的秩序概念反映了中国的古老思想，他称其为"天下大同"。按照这一概念，强调和谐的传统儒家文化必须摧毁，在这个废墟上将出现一个全新的中国。他宣称，每一波革命的努力都预示了下一波的到来。毛泽东认为，革命的进程必须加速，以防革命者骄傲懈怠。“不平衡是普遍的客观规律，”他这样写道，

> ……循环不已，永远如此，但是每一个循环都进到高的一级。不平衡是经常的，绝对的；平衡是暂时的，相对的。[10]

这种动荡的目的最终是要取得一种传统中国式的结果，一种中国特有的共产主义形式，有其与众不同的行为方式，以其傲人的成就服人。中国将凭借其特有的又是革命的道德权威再次君临“天下”。

毛泽东在国际事务中同样注重中国的特殊性。虽然按照客观实力来说，中国尚属弱国，但毛泽东坚持认为，中国因其心理上和思想上的强大，理应在世界上发挥中心作用。而中国发挥作用的表现就是对注重实力优势的世界凛然不惧，而不是和解合作。1957 年，在莫斯科举行的共产党领导人大会上，毛泽东语惊四座，预言如果发生核战争，中国

将依靠其众多的人口和坚韧的文化成为最终的胜利者。他的话也许有虚张声势的成分，想震慑拥有巨大核武库的国家，但他确实想让世界相信他对核战争能从容以对。1971 年 7 月，在我秘密出访北京期间，周恩来在总结毛泽东的世界秩序观时引用了主席的话："天下大乱，形势大好。"这是毛泽东对中国皇帝处境的调侃。在一个混乱的世界中，经过多年斗争洗礼的人民共和国最终将取得胜利，不仅在中国，而且在整个"天下"。共产主义世界的秩序将融入帝国皇廷的传统观点。

毛泽东在统一中国的同时努力改造中国的古老文化，因为他认为这是造成中国虚弱和耻辱的元凶。他采用了超然的治理方式，又吸收了列宁和斯大林的做法。毛泽东的治国之道恰好体现了革命者的困境。革命者想要实现的改变越全面，遇到的阻力就越大。这阻力不一定来自意识形态和政治上的反对派，而是习俗的惯性使然。毛泽东这位革命家总是企图超越凡人的限制，只争朝夕地实现他的目标，采用一切手段来强行实现他的愿望。1958 年，他发动了"大跃进"运动来推动中国飞速实现工业化。1966 年，他又发动了"文化大革命”。在那场长达 10 年的意识形态运动中，整整一代知识青年被下放到农村。为实现毛泽东的目标，几千万人的命运被改变，被用来在一生的时间内实现此前需要一个历史过程才能实现的国家目标。

一旦革命者的成就被认为事属必然，为实现这样的成就而付出的代价就被看作不可避免，革命者的地位就得到了稳固。中国今天的一些领导人在“文化大革命”期间受到了残酷的迫害，但现在他们说，那时他们遭受的苦难给了他们力量，使他们发现了自己的潜力，因而使他们能够坚强地担负起领导又一个巨变时期的艰巨任务。中国的民众，尤其是没有亲身经历过以前苦难的年轻人，似乎也接受把毛泽东描述为统一了中国、维护了中国尊严的人物。如何对待毛泽东的思想遗产，将在很大程度上决定中国与 21 世纪世界秩序的关系。

“文化大革命”初期，中国在世界各国只有 4 位大使，这是它自己的选择。它还和美苏两个拥核的超级大国都处于对抗状态。到了 20 世纪 60 年代末，毛泽东认识到，就连中国人民经受了几千年考验的忍受力都已经被“文化大革命”

消磨殆尽。他企图通过整肃思想和无畏不屈来吓阻外国干预，但中国的孤立却正可能诱发这样的干预。1969年，苏联似乎蠢蠢欲动，要对中国发动攻击。毛泽东甚至把所有部委都疏散到了各省，只留下周恩来总理镇守北京。对这次危机，毛泽东的反应正如他的风格，出人意料地来了个急转弯。他结束了“文化大革命”中最无法无天的行为，派军队取代了“红卫兵”，而把他的这支突击队分配到农村，让他们和先前遭他们迫害的人一道从事劳动。为遏制苏联，他开始接近此前千夫所指的敌人——美国。

毛泽东认为，和美国修好将使中国不再孤立，给其他对中国敬而远之的国家提供承认中华人民共和国的理由。（有意思的是，就在我为初访中国做准备的时候，美国中央情报局提交了一份分析报告，认为中苏之间严重的紧张关系使得美中关系有可能缓解，但毛泽东的意识形态倾向会阻止美中关系在他的有生之年实现缓解。[11]）

无论革命多么波澜壮阔，其成果都需要巩固，最终都要从激昂的热情转为可以持久的状态。这就是邓小平所起的历史性作用。毛泽东去世两年后，邓小平复出。他迅速推行了经济改革和对外开放政策。为了实现他所说的“有中国特色的社会主义”，他释放出了中国人民巨大的潜能。在不到一代人的时间内，中国一跃成为世界第二大经济体。为加速这一令人瞠目的变化，中国加入了国际组织，接受了世界秩序确立的规则。

然而，中国尽管加入了威斯特伐利亚体系，但它的心态非常复杂。这要归因于它是怎样被推入国家间体系的。中国没有忘记，当初它被迫与现存的国际秩序接触时，所受到的待遇与它对自己的历史定位天差地别，事实上也与威斯特伐利亚体系矢言遵守的原则南辕北辙。听到外国敦促中国遵守国际制度的“游戏规则”和“责任”的时候，许多中国人，包括高级领导人，会本能地想到中国并未参与制定这个制度的规则。对于要中国遵守自己没有参与制定的规则的要求，中国人经过斟酌后同意了。但是，他们期望国际秩序有所发展，使中国得以作为中心角色来参与将来国际规则的制定，甚至修改现有的一些普遍规则。他们早晚会采取行动实现这一期望。

在等待时机来临的同时，中国在世界舞台上日渐活跃。

中国有可能成为世界上最大的经济体，现在每一个国际论坛都积极寻求它的意见和支持。同19世纪和20世纪西方秩序中许多国家的做法一样，中国也开展了一系列活动，来提高自身的声望，例如主办奥运会、国家主席亲临联合国发表讲话、与世界大国进行国家元首和政府首脑级的互访等等。无论按何种标准来看，中国都已恢复了它在世界上影响最为广泛的那几个世纪中的地位。现在的问题是，它在目前寻求新的世界秩序的努力中如何自处，特别是如何处理和美国的关系。

美国和中国都是世界秩序不可或缺的支柱。值得注意的是，两国在历史上都对它们现在成为中流砥柱的国际体系既支持又抗拒，一方面宣布遵守这一体系，另一方面却又对它的某些方面有所保留。作为众多国家中的一个重要国家在21世纪秩序中如何发挥作用，中国没有先例可循。美国则从未和一个在国土面积、影响力和经济实力方面与它相似，但国内秩序却迥然不同的国家长期互动过。

两国的文化和政治背景有着重大差异。美国的政策着眼于务实，中国则偏重概念。美国从未受过邻国威胁，中国的边境四周却无时无刻不强敌环伺，虎视眈眈。美国人相信每一个问题都有解决办法，中国人却认为一个问题的解决只会引起新的问题。美国人对眼前形势一定要拿出结果，中国人注重的则是大局的发展。美国人制定实际“可以做到的”计划，中国人只确定总的原则，进而分析它的走向。中国人的思维部分地受到了共产主义理论的影响，但越来越趋向于传统的中国思维方式。美国人对两者都缺乏直观的和深入的理解。

中国和美国在各自的历史中，只是在最近才充分参与由主权国家组成的国际体系。中国自认为与众不同，基本上自家管自家的事。美国也认为自己独一无二，也就是说它是“例外”，但它相信自己在道义上有义务超越国家利益，在世界上传播自己的价值观。这两个有着不同文化和不同前提的伟大国家都正经历着根本性的国内变化。这些变化最终是会导致两国间的竞争，还是会产生一种新形式的伙伴关系，将对 21 世纪世界秩序的未来产生重大影响。

中国现在的领导人已是革命以来的第五代。前面每一代领导人都体现出了他们那一代对中国所面临问题的深刻洞察力。毛泽东决心把过去的制度连根拔起，即使对他在胜利之初亲手建立的制度也不例外。他这样做是为了防止那些制度在中国的官僚倾向影响下停滞僵化。邓小平明白，中国除非参与国际事务，否则不可能继续发挥其历史性作用。邓小平的目标十分明确：韬光养晦，以防引起别国不安；不出头，但通过实现社会和经济现代化来扩大中国的影响。在这个基础上，江泽民从 1989 年开始，对外亲自执掌外交，对内扩大共产党的群众基础。在他的领导下，人民共和国充分参与国际事务，成为国际政治和贸易体系中的正式一员。胡锦涛巧妙地平抚了世界对中国国力不断增强的担心，为后来由习近平阐明的新型大国关系概念奠定了基础。

以习近平为核心的中国领导层努力将这些遗产进一步发扬光大，开展了规模浩大的改革运动，其程度可与邓小平的改革相媲美。他想要建设的制度虽然不是完全的西方式民主，但将更加透明、更加依靠法律程序，而不是个人和家庭的关系网。许多既定的机构和做法，从国有企业到地方官员称霸一方，再到贪腐蔓延，都是改革的对象。这体现了这一届领导班子的远见和勇气，但也一定会造成一段时期的波动和不确定。

中国领导层的组成体现了中国向着参与甚至影响全球事务这一方向的演变。1982 年，中共中央政治局委员中没有一个成员有大学文凭。而在写作本书的时候，几乎所有政治局委员都是大学毕业，其中很多人拥有大学以上学历。中国大学学位的基础是西式课程，不是历史上的科举制度（也不是后来共产党规定的、只允许教授某些知识的课程）。这代表着他们完全摒弃了过去中国人对外面的世界骄傲自负的狭隘观念。现在的中国领导人受到了中国历史的影响，但并未受其束缚。

放远眼光

老牌大国和崛起中的大国之间存在潜在的紧张因素，这一点自古皆然。崛起中的大国不可避免地会涉足之前被老牌大国视为禁脔的某些领域。同样，正在崛起的大国怀疑对手会在它羽翼未丰的时候试图扼制它的成长壮大。哈佛大学的一项研究表明，历史上新兴大国和原有大国互动的 15 个例子中，10 个导致了战争。[12]

因此，中美双方许多重要的战略思想家根据行为模式和历史经验都预言两国必有一战，这并不令人意外。中国把美国的许多行动理解为要阻挡中国的崛起，把美国对人权的促进看作破坏中国国内政治结构的手段。一些重要人物把美国所谓的重返亚太政策[13]说成是最后摊牌的前奏，认为美国的最终目的就是使中国永远处于二流国家的地位——考虑到本书写作期间美国并未进行任何重大的军事部署调整，这样的态度更值得注意。

美国则害怕不断壮大的中国将一步步削弱它世界第一的地位，也因此而威胁到美国的安全。一些举足轻重的智库把中国比作冷战时期的苏联，认为中国一心要对它的周边地区实行不仅是经济上，而且是军事上的主导，最终建立霸权。

双方的疑虑均因彼此的军事演习和国防计划而进一步加深。即使当军事演习和国防计划是“正常的”，也就是说是为了保护国家利益而采取的合理措施，双方也都会从最坏的角度来解读。双方都有责任小心行事，以免其单方面的部署和行为升级为军备竞赛。

双方需要汲取第一次世界大战前那个10年的教训，当时逐渐形成的猜疑气氛和潜在的冲突最后爆发为巨大的灾难。欧洲领导人沉溺于他们的备战计划，未能把战术问题和战略问题区分开来，结果作茧自缚。

还有两个问题加剧了中美关系的紧张。中国拒绝承认自由民主的传播会有助于国际秩序，不认为国际社会有义务传播民主，特别是采取国际行动实现人权。美国也许可以根据自己的战略重点来调整它关于人权观点的实施。但鉴于美国的历史和美国人民的信念，它绝不可能完全放弃这些原则。在中国方面，邓小平的话说出了占主导地位的精英阶层关于这个问题的观点：

> 真正说起来，国权比人权重要得多。贫弱国家、第三世界国家的国权经常被他们侵犯。他们（七国集团）那一套人权、自由、民主，是维护恃强凌弱的强国、富

国的利益，维护霸权主义者、强权主义者利益的。[14]

这两种观点不可能达成正式的妥协。双方领导人的一个重要责任是防止这方面的意见分歧发展为冲突。

另一个更为紧迫的问题是朝鲜问题。19 世纪的俾斯麦说过："在我们这个奇妙的时代，强国因良知的顾忌而软弱，弱国却因胆大包天而强悍。"他这句格言用在朝鲜身上可说是分毫不爽。朝鲜的统治不符合任何被认可的合法性原则，甚至不符合它声称信奉的共产主义原则。它的最大成就是制造了几个核装置。它没有军事能力和美国打仗，但它手中那些核武器的政治影响远远超过了其军事用途。朝鲜的核武器会刺激日本和韩国发展自己的核军事能力，也让平壤自以为有所倚恃，贸然进行与它的实力不符的冒险，因此造成朝鲜半岛战火重起的危险。

中国过去和朝鲜的渊源留下了复杂的经验教训。在许多中国人眼中，朝鲜战争象征着中国决心结束它"一个世纪的屈辱"，在世界舞台上"站起来"，但也是一个警告，告诫中国不要卷入它无法控制其起源，并会产生始料不及的严重长期后果的战争。所以中国和美国在联合国安理会中采取了相同的立场，要求朝鲜放弃——而不是缩小其核计划。

对朝鲜当局来说，放弃核武器很可能会造成它政治上的解体。但中国和美国在它们支持的联合国决议中公开要求朝鲜做的，正是放弃核计划。中美两国为了达到自己的国家目标，需要协调政策。双方有关朝鲜半岛的关注和目标有可能达成一致吗？中国和美国能否制定出协作性的战略，实现朝鲜半岛的统一和无核化，使所有各方都更加安全、更加自由？如能做到这一点，那将是向着只闻楼梯响不见人下来的“新型大国关系”迈出的一大步。

中国新一届领导人将认识到，他们不可能预料中国人民对他们确定的宏图伟业如何反应，他们进入的是一个全新的领域。中国的领导人不希望对外冒险，但正是因为他们感到只能通过强调国家利益来解释改革必然带来的调整，所以他们可能会比过去的领导人更加坚定地抵抗他们眼中对中国核心利益的侵犯。任何包括中美两国在内的国际秩序都必须达到均势，但对均势的传统管理方法却需要通过商定规范来改进，并借助合作来加强。

中美两国领导人都公开承认，两国建立建设性的关系符合双方的共同利益。两届美国总统（乔治·W·布什和巴拉克·奥巴马）都和中国的国家主席（胡锦涛和习近平）达成协议，要建立太平洋地区的战略伙伴关系。此举既可以维持均势，也能减少其中固有的军事威胁。迄今为止，中美尽管宣布了意图，却仍未向着两国同意的方向采取具体的步骤。

光靠声明是建立不起伙伴关系的。任何协议都无法保证美国的国际地位永远不变。如果美国被视为衰落的大国——这并非命中注定，全看美国如何自处——那么经过一段混乱动荡之后，中国和其他国家就将获得自第二次世界大战以来一直由美国把持的世界领导权。

许多中国人也许认为美国这个超级大国已经盛时不再。但各种迹象表明，中国领导层明白，美国在可预见的未来仍会维持相当强大的领导力。建立具有建设性的世界秩序最根本的原因在于现在没有哪个国家，无论是中国还是美国，能够像美国在冷战刚刚结束，在物质和心理上独步全球的时候那样，单独担负起领导世界的责任。

在东亚，美国与其说是平衡者，不如说是均势的一部分。本书在前面的章节里已经说明，如果均势中参与方很少，那么任何一方改换门庭都会产生决定性的影响，这样的均势总是岌岌可危的。[15] 东亚的均势若是纯靠军事力量来维持，由此产生的联盟可能会比引发第一次世界大战的联盟更加僵化。

在东亚，中国、韩国、日本和美国之间存在着类似均势的平衡。俄罗斯和越南算是处于边缘的参与者。但是，这种平衡与传统的均势有所不同，因为美国这个关键角色的重心在地理上远离东亚。而且最重要的是，中美两国的军方在军事刊物和声明中彼此视为对手，但两国又宣布要努力建立在政治和经济领域中的伙伴关系，结果美国既是日本的盟国，又宣布是中国的伙伴——这与俾斯麦的情况可有一比，他与奥匈帝国结盟，又和俄国签订条约。矛盾的是，正是这种模棱两可维持了欧洲均势的灵活性。后来为了透明，不再采用这种模糊的手段，结果引起了一系列愈演愈烈的对抗，最终导致了第一次世界大战的爆发。

一个多世纪以来，也就是说，自从门户开放政策和西奥多·罗斯福充当日俄战争的调解人之后，防止亚洲出现霸权是美国的一贯政策。在当前的情况下，中国必然会把潜在的敌手尽量远拒于国门之外。中美两国就是在这个空间内活动。两国能否维持和平，要看双方在追求自己的目标时能否保持克制，能否确保彼此之间的竞争只停留在政治和外交的层面上。

在冷战期间，不同阵营的分界线由军事力量划定。今天，不应主要靠军事部署来确定界线。军事力量不应被视为力量平衡的唯一决定因素，甚至不应算作首要的决定因素。具有矛盾意味的是，现代均势的内容必须包括伙伴关系这个概念，特别是在亚洲。如果这能作为总的原则得以执行，那么它就不仅重要，而且是史无前例的。均势战略和伙伴关系外交的结合不可能消除所有的敌对因素，但可以减轻它们的影响。最重要的是，它可以使中美两国领导人有机会进行建设性的合作，为两国建设更加和平的未来指明道路。

秩序永远需要克制、力量和合法性三者间的微妙平衡。亚洲的秩序必须把均势与伙伴关系的概念结合起来。使用纯军事手段来维持均势将一步步引发对抗，只靠施加心理压力来营造伙伴关系则将引发别国对霸权的担心。必须运用精明睿智的政治技巧来找到两者间的平衡。假如这一平衡无法实现，迟早会酿成大祸。

| 第七章 |

“代表全人类行事”：美国及其秩序观

在塑造当代世界秩序方面，没有哪个国家像美国一样发挥了如此决定性的作用，也没有哪个国家参与世界秩序的态度令人如此难以参透。美国笃信自己的道路将塑造人类的命运，然而历史上，它在世界秩序问题上却扮演了矛盾的角色：它以“天定命运”之名在整个美洲大陆扩张，却宣称绝无帝国企图；对重大事件发挥着决定性影响，却矢口否认有国家利益的动机；最终成为超级大国，却声言无意施行强权政治。美国外交政策表明，美国深信自己国内的原则放之四海而皆准，实施这些原则对他国有益无害。美国的对外交往不是传统意义上的外交政策，而是传播价值观的工程。它认为其他所有民族都渴望照搬美国的价值观。

这套学说的内核是一个极具创意和诱惑的愿景。“旧世界”认为“新世界”是一个积聚财富和权力的竞技场，然而一个新型国家在美洲大陆崛起，声称信仰、言论和行动自由是其国家经验和民族性格的精髓。

欧洲秩序的基础一直是谨慎地将绝对的道德观和政治区分开来，因为以往试图将一种信仰或道德体系强加给这个大陆上形形色色的民族的尝试均以灾难收场。而美国既有劝服他人改变信仰的精神，又融入了对现有社会体制和等级制度根深蒂固的不信任。因此，英国哲学家、下院议员埃德蒙·伯克曾对其他议员说，殖民者“输出了英国人的自由理念”，同时也输出了众多非主流教派（“新教精神”），这些教派在欧洲备受压制，彼此主张各异，“唯一的共同之处是都崇尚自由”。这些力量在大洋两岸相互交织，形成了独特的民族面貌：“北美人的民族性格与其他民族迥然不同，最突出的特征就是热爱自由。”[1]

1831 年游历过美国的法国贵族亚历西斯·托克维尔撰写了一部讲述美国人精神和观点的著作，该著作在今天看来仍然颇有见地。他认为美国人的性格应追溯至他所谓的“起点”。在新英格兰，“我们看到了当地独立性的诞生和巩固，它至今仍是美国自由的主要动力和生命线。”他写道，清教徒主义“不只是一种宗教学说，它在许多方面还体现了最为纯粹的民主和共和理论”。他总结道，这是“两种截然不同的力量”的产物，在世界其他地方，它们互相冲突，“而在美国，它们以某种方式结合起来，形成了一个奇妙的组合。我指的就是‘宗教精神’和‘自由精神’”。[2]

美国拥有开放文化和民主原则，千百万人将它奉为楷模，希望能够栖身于此。与此同时，美国坚信自己的原则具有普世性，这给国际体系带来了挑战，因为它暗示不实行民主原则的政府就不是完全合法的政府。这一信念根植于美国人的思想深处，只是偶尔才会成为官方政策。在美国看来，世界绝大部分地方都生活在不尽如人意的暂时性安排之下，终有一天会得到救赎。同时，他们与美国这个世界最强大的国家之间的关系肯定也含有潜在的敌意。

自美国建国之初，这些互相矛盾的关系就已经存在。对托马斯·杰斐逊来说，美国不只是正在形成的大国，也是一个“自由帝国”，是一股代表全人类捍卫善政原则的不断扩展的力量。杰斐逊担任总统期间曾经写道：

> 我们感觉肩负的责任不限于我们自己的社会。我们不可能没有意识到，我们是全人类的代表。时势拒绝了别人，但对我们偏爱有加，赋予我们责任，去证明一个社会可以为其个人成员创造多大的自由和自治空间。[3]

根据这一定义，美国的成功扩张与人类的利益密切相关。杰斐逊总统精明地运作了1803年的“路易斯安那购地”，使国土面积翻了一番。退出政坛之后，杰斐逊向门罗总统“坦承”：“我一直把古巴看作我们联邦诸州体系最有意义的补充。”[4]杰斐逊还致信詹姆斯·麦迪逊，称：“我们届时只要再把北部（加拿大）纳入邦联……就能建立一个自古以来从未有过的广袤的自由帝国，她从建国以来就未测量过国土，而且我确信，古往今来的宪法没有一部像我们的宪法一样设计巧妙，允许我们享有一个幅员辽阔的帝国和自治政府。”[5]杰斐逊及其他政治家认为，他们所设想的这个帝国与欧洲的帝国迥然不同。他们认为欧洲帝国建立在对异族的征服和压迫之上。杰斐逊脑海中的帝国本质上是北美式的，是自由的延伸。（而且事实上，尽管人们对这一事业或开国元勋个人生活中的矛盾众说纷纭，随着美国的扩张和日益繁荣，民主也不断扩展壮大，对民主的追求在西半球及全世界生根发芽，蔓延开来。）

尽管美国宏图远大，因地理位置优越，资源丰富，反而觉得外交政策可有可无。美国依托两个大洋而安全无忧，它完全可以把外交政策视为一系列间歇性的挑战，而不是一项永恒的事业。按照这种观念，外交努力和使用武力是两个截然不同的行动阶段，各自遵循自己的规则。美国一方面具有全球视野，另一方面怀着矛盾的心情看待他国。其他国家不像美国那样幸运，必须苦心经营国家利益，寻求均势，把外交政策当作一个永无休止的过程。

美国在 19 世纪取得大国地位之后，这些习惯仍然根深蒂固。数代人之间，美国曾三次采取果断行动——两次世界大战和冷战——对抗敌对的甚至是生死攸关的威胁，挽救国际秩序。在每次行动中，美国都成功维系了威斯特伐利亚体系和均势，却又指责正是这一体系导致了战争的爆发，声称希望建立一个全新的世界。在这一阶段的大部分时间里，美国对西半球以外地区的潜在战略目标是，改造整个世界，从而不必再扮演其战略角色。

当初，美洲大陆闯入欧洲人的意识，迫使他们重新审视既有的思想。对那些试图彻底改造世界秩序的人来说，定居美洲展开了一幅全新的图景。对早期来到新大陆的定居者而言，美洲位于趋于分裂的西方文明的前沿，是他们尝试建立道德秩序而一展身手的新舞台。[6]这些殖民者之所以离开欧洲，不是因为他们不再相信欧洲是世界的中心，而是因为他们认为欧洲不能响应时代的召唤。宗教纷争和血腥战争让生活在威斯特伐利亚和约下的欧洲得出痛苦的结论：让整个大陆团结在单一神权治理之下的理想永远不可能实现，而在遥远的美洲彼岸正可一展身手。欧洲只能接受现实，以均势换安全，而美国人（他们开始这样看待自己）则胸怀着通过团结和治理实现救赎的梦想。早期清教徒声称，在新大陆弘德行善是以某种方式改造他们离开的那片大陆。清教徒律师约翰·温思罗普为了逃避宗教压迫而离开了东安格利亚

（即古英格兰）。他在 1630 年开往新英格兰的“阿贝拉”号（Arbella）船上布道，称上帝想把美洲塑造成“全人类”的典范：

> 当我们几十个人就能抵御上千敌人的时候，当上帝以我们为荣的时候，我们会发现以色列之神就在我们中间。人们提到自己将来的种植园时，会祈祷“上帝让它像新英格兰那样吧”。因此，我们必须想到，我们应该成为山巅之城。全人类的眼睛都在注视着我们。[7]

没有人怀疑人性会在美洲得到弘扬，目标会在美洲得到实现。

世界舞台上的美国

美国自视为一个新型大国，以确认自己的独立地位。《独立宣言》提出了一些原则，并把它当作“全人类的观点”。在 1787 年发表的《联邦党人文集》中，亚历山大 · 汉密尔顿开门见山，称这个新共和国“在许多方面是世界上最吸引人的帝国”，其成败将验证世界任何一地自我治理的可行性。[8] 他没有把这个说法当成一种新颖的解读，而是“老生常谈”的常识。考虑到美国当时只包括从缅因州到佐治亚州的东部海岸线，这一说法显得更为引人关注。

尽管推出了这套学说，美国的开国元勋们毕竟久经世故，他们熟稔欧洲的均势，也懂得如何让它为这个崭新的国家服务。美国针对英国发动独立战争时，与法国结成同盟，之后法国发生革命，走上了试图通过战争称霸欧洲的道路。美国对此没有兴趣，双方的同盟关系随之松散。华盛顿总统在 1796 年的“告别演说”（当时正值法国大革命期间）中忠告，美国应当“避免与外界任何一方缔结永久同盟”，“只有在危急关头才能暂时依靠可靠的同盟”。他的这番话与其说是一份道德声明，不如说是对如何利用美国比较优势的精明判断。美国是一个新兴国家，在两个大洋庇护下安全无虞，卷入欧洲大陆的均势争端既没有必要，也缺少财力。它之所以结盟，不是为了捍卫一种国际秩序观念，只是服务于严格意义上的国家利益。只要欧洲的平衡得以维持，美国的战略还是重在巩固内政、保持行动自由。一个半世纪后，前殖民国家（例如印度）独立之后实际上执行的就是这一路线。

1812 年与英国的最后一场短暂战争之后，这一战略沿用了一个世纪，美国因此取得了他国无法企及的成就：通过积累内部实力，一跃成为一个幅员覆盖整个大洲的大国，而外交政策整体消极，基本重心是排除外部干扰。

美国很快就开始将这一准则推向整个美洲。美国与头号海上大国英国达成默契，在 1823 年提出“门罗主义”，宣称整个西半球不允许外来殖民。实际上直到几十年后，美国才有实力兑现如此不可一世的声明。在美国内部，门罗主义被解读为《独立宣言》的延伸，旨在防止欧洲均势政策染指西半球。这一切都没有与任何拉美国家协商（部分是因为当时拉美也没几个国家）。随着美国疆域覆盖整个大洲，美国的扩张被视为自然规律的结果。当美国奉行其他地方所称的帝国主义政策时，美国人却赋予它另一种说法：遵从天命，占据上帝指派的这片大陆，让每年来到这里的数百万人自由发展。[9] 从法国手中购买路易斯安那领地时，获取大片领土被当成了一桩商业交易，而从墨西哥手中夺取土地则称为遵从天命的必然结果。直到19世纪末，在1898年美西战争中，美国才在海外与另一大国爆发全面战争。

整个19世纪，美国一直福星高照，得以分别在不同时候逐一应对种种挑战，而且常常彻底解决了一些挑战：走向太平洋并确立了有利的南北边界；在内战中捍卫了联邦的完整；投放力量反对西班牙帝国，继承了其多数殖民领地。以上事件发生在不同的时间段，每完成一件事，美国又立即回到缔造繁荣、改善民主这一使命上来。美国的经验使它更加坚信，和平是人类的自然状态，只有他国的无理或恶意才会妨碍和平。欧洲的治国策略是在和平与战争之间纵横捭阖。在美国人看来，这违反常识。旧大陆的整个外交政策体系和国际秩序是暴君任性无常的产物，是贵族做派和玩弄阴暗手段的劣根性文化倾向。美国将摒弃这些做法，拒绝承认殖民利益，高度警惕欧洲设计的国际体系，倡导在共同利益和公平交易的基础上与他国发展关系。

约翰·昆西·亚当斯于1821年理清了这些思路。目睹其他国家决意奉行更难捉摸和别有用心的路线，他言语之中透着恼怒：

> 自从加入各国大家庭以来，美国一直向他国伸出真诚友谊、平等自由和慷慨互惠之手，虽然经常徒劳无益。它一视同仁地在它们中间宣讲平等自由、平等公正和平等权利，但经常得不到响应，甚至遭到鄙视。在过去的近半个世纪里，它主张和维护自己的独立，也毫无例外地尊重他国的独立。美国一直避免介入他国的关切，哪怕是涉及它一贯坚守的原则的冲突也不例外。[10]

亚当斯认为，因为美国追求的“不是领土，而是自由”，所以它应该避免卷入欧洲的所有争斗。美国应当维持其独特的理性和公正立场，通过远远地表示道义同情来支持追求自由和人的尊严的努力。他声称美国的原则具有普世性，但又拒绝在西半球（即美洲）之外捍卫这些原则：

> （美国）不会走出国门去寻找可以摧毁的怪兽。它企盼所有人自由和独立。它只是要维护自己，捍卫自己。[11]

在西半球，这样的原则却没有市场。早在1792年，马萨诸塞州牧师、地理学家杰迪代亚·莫尔斯就提出，虽然美国被其他国家承认不到10年，其《宪法》颁布也才4年，但它却标志着历史的巅峰。他预言，这个新的国家将向西扩张，将自由原则传遍整个美洲，实现人类文明最辉煌的成就：

> 此外，众所周知，帝国正在从东往西推进。[12]它最后也是最宏大的事业很可能是占领全美洲……我们不由得期待，在不远的将来，美利坚帝国将接纳密西西比河以西的数百万人。[13]

自始至终，美国一直虔诚地认为，这些作为不是传统意义上的领土扩张，而是奉上帝之命传播自由原则。1839年，官方的美国探险远征队勘查了西半球遥远的边界和南太平洋地区。《美国杂志和民主评论》（*United States Magazine and Democratic Review*）发表了一篇文章，称颂美国为“伟大的未来之国”，与历史上之前的任何国家毫无瓜葛且更加优越：

> 追根溯源，美国人来自许多其他国家，《独立宣言》完全建立在人类平等的伟大原则之上。这些事实已然表明，我们的立场与其他国家没有联系。实际上我们与他们的历史几乎没有任何瓜葛，与他们的古老历史、昔日的荣耀和罪行也毫无关系。正好相反，美国的诞生正是崭新历史的开端。[14]

这位作者自信满满地预言，美国的成功将成为对其他一切政体的有力反驳，并开拓未来民主时代。一个伟大自由的联邦奉上帝的旨意，雄居其他国家之上，愿意将其原则传遍整个西半球。与以前任何人类行为相比，这注定是一个幅员更辽阔、道德更高尚的国家：

> 我们是代表人类进步的国家，谁会给我们的前进设限呢？又有什么力量能给我们设限呢？上帝与我们同在，世间没有任何国家可与我们媲美。

因此，美国不仅仅是一个国家，还是上帝神圣计划的推手和世界秩序的缩影。

1845年，美国因向西扩张而陷入争端，与英国争夺俄勒冈领地，与墨西哥争夺得克萨斯共和国（已经脱离墨西哥，并宣称有意加入美国）。这份杂志得出结论，兼并得克萨斯是针对自由之敌的防御性措施。作者的理由是，“加利福尼亚下一步很可能脱离”墨西哥，紧接着美国将北上横扫加拿大。他推断，美国这支大陆力量最终将拥有绝对的抗衡力量，让欧洲的均势政策变得无足轻重。这篇文章的作者还预言，百年后（即1945年），终有一天，美国甚至会比一个统一而且敌视它的欧洲更强大：

> 即使把法国、英国乃至全欧洲的刺刀和大炮放在天平的另一端，又怎么能与2.5亿乃至3亿纯朴、坚定的美国人民这一沉甸甸的分量相抗衡？在匆匆将至的1945年，美国人民注定要聚集在飘扬的星条旗下！[15]

这一预言变成了现实（除了美国与加拿大的边界是和平划定的，英国在1945年已不是敌对欧洲的一部分，而是美国的盟友）。美国将超越和抗衡旧大陆的严酷理论——这个愿景尽管言过其实且仅是预测，却成了激励美国人重塑历史进程的动力，虽然他国当时大多对其不是置之不理，就是惊恐不安。

南北战争中，美国经历了一场全面战争（欧洲已有半个世纪没有发生过全面战争）。殊死搏斗的南北双方都违反了保持西半球与外界隔离的原则，尤其是把法国和英国拉入战争之中。美国人把这场冲突解释为一个具有重大道德意义的特别事件。[16]美国当时建立了世界上最庞大、最具威慑力的军队，并用它发动全面战争。这反映出美国当时认为这场冲突是一次终极行动，是为了维护“地球上最后最美好的希望”。但战争结束一年半之内，这支军队几乎全部解散，数量从 100 多万骤减至 6.5 万人。[17]1890 年，美国陆军位居世界第十四位，排在保加利亚之后。美国空军规模甚至小于意大利，而意大利的工业实力仅为美国的十三分之一。[18]直到 1885 年格罗弗·克利夫兰就任总统时，他还把美国的外交政策描述为超然中立，完全不同于以前不够开明的国家所采取的自私自利的政策。他拒绝

> 背离我们这个共和国的历史、传统和繁荣所推崇的外交政策。这是独立的政策，依托我们的地理位置，

> 我们对正义的热爱以及我们的实力将为它保驾护航。这是和平的政策，符合我们的利益。这是中立的政策，美国拒绝卷入任何外部纷争，没有觊觎其他大洲的野心，同时抵制它们对美国这片土地的入侵。[19]

10 年后，美国的世界地位逐渐提高，口气更加坚定，对权力的考虑开始突显。在 1895 年委内瑞拉与英属圭亚那的边界争端中，国务卿理查德 · 奥尔尼警告英国（当时仍被视为世界头号大国）注意西半球军事力量的不平衡 ："美国今天实际上是这个大陆上至高无上的国家，它的命令就是法律。"美国拥有"无限的资源和超然的地理位置，它在任何情况下都可以随心所欲，不会受到任何其他国家的实际伤害"。[20]

美国现在成了一个大国，不再是一个徘徊在世界事务边缘的羽翼未丰的共和国。美国不再因奉行中立政策而作茧自缚。它认为有义务让长期宣扬的普世道德发挥更广泛的地缘政治作用。当年晚些时候，西班牙帝国的古巴殖民地人民奋起反抗。这时，美国不愿看到反帝运动在自己的家门口被镇压，也认为美国展示大国能力和意志的时机已经到来，而且当时评判欧洲国家强大与否，其中一个标准便是看它们海外势力范围的大小。当 1898 年美国军舰“缅因”号不明原因在哈瓦那港爆炸时，美国民众普遍支持进行军事干预，促使麦金利总统宣布对西班牙开战。这是美国第一次在海外与另一个大国兵戎相见。

海约翰当时是美国驻伦敦大使，也是纽约市一位政治改革新星。几乎没有多少美国人想象得到，在这场海约翰致西奥多·罗斯福的信函中所称的“辉煌的小型战争”之后，世界秩序会发生如此巨变。美西战争仅仅三个半月之后，美国就把西班牙帝国赶出了加勒比海，占领了古巴，吞并了波多黎各、夏威夷、关岛和菲律宾。麦金利总统坚持用传统逻辑来为这一事业辩护。他理直气壮地把这场确立美国在两大洋的大国地位的战争描述为一项独特的无私使命。他 1900 年再次竞选的海报上打出的口号是：“美国国旗插到外国土地上，不是为了攫取更多的领土，而是为了保护人类的利益。”

美西战争标志着美国开始涉足大国政治，卷入它之前一直鄙视的争斗。从加勒比海到东南亚海域，美国的行动跨越两个大陆。凭借其规模、位置和资源，美国将成为最有分量的全球参与者。老牌大国现在需要仔细审视、不断测试甚至有时抵制它的行为了。它们彼此之间早就因领土和海上通道而争执不休，而现在美国的利益又冒了出来。

西奥多·罗斯福：美国成为世界大国

西奥多·罗斯福是第一位全面审视美国的世界角色的总统。他在政治上迅速崛起，当上了副总统，并于 1901 年麦金利遇刺后继任总统。他精力充沛、雄心勃勃、博览群书、受过良好教育，而且见多识广、才华横溢。他刻意装出牧场工人的做派，其实比他同时代人以为的精明得多。罗斯福认为美国有幸继承了丰厚的政治、地理和文化财富，势必承担至关重要的世界角色，因此将成为最伟大的国家。他主要以地缘政治为基础考虑问题，追求一种对美国来说前所未有的外交政策理念。这种理念认为，伴随 20 世纪的脚步，美国将承担一种全球角色，类似 19 世纪英国在欧洲的角色：守候在欧亚大陆的近海，防范任何国家主宰这一战略地区，通过确保均势来维护和平。就像他在1905年就职演讲中所说：

> 的确，作为一个民族，我们要在新的大陆上为国家生活奠定基础……我们得到了很多，按理我们也要付出很多。我们对他人有义务，对自己也有义务，哪一项也不容逃避。我们成了一个伟大的国家。由于我们的伟大，我们不得不与其他国家建立关系。我们的行为必须与一个负责任的民族相符。[21]

罗斯福一度曾在欧洲接受教育，熟悉欧洲的历史（20多岁时便针对1812年战争中的海军撰写了权威性的论述性文章）。他与“旧大陆”的社会名流关系密切，精通包括均势在内的传统战略原则。他赞同同胞们对美国特殊性的评判，但他也深信，为了履行使命，美国需要走进这个不仅要靠原则，更要靠实力主导事态发展的世界。

在罗斯福看来，国际体系处于不断变化之中。野心、自私和战争不只出自传统统治者愚蠢错误的想法，而美国可以打消他们这些想法：这一切都是人类社会的自然存在，需要美国有针对性地参与国际事务。国际社会就像边远地区的定居地，没有有效的警察力量：

> 陌生而野蛮的人群中会出现暴力，诚实的人必须保护自己。对人类有危险的人仍然手持武器，如果没有其他确保安全的手段可用，却让诚实的人放下武器，这不仅愚蠢，而且有违道德。[22]

罗斯福在诺贝尔和平奖获奖演说中表达了这种实质上霍布斯式的分析，标志着美国已经背离了它认为中立立场与和平意图足以维护和平的主张。对罗斯福来说，如果一个国家不能或不愿行动起来维护自己的利益，它就别指望他国尊重自己的利益。

显然，罗斯福对主导美国外交政策思维的许多虔诚想法颇不耐烦。他得出结论，除非得到武力的支持，否则国际法方兴未艾的发展不会收到效果。裁军这个正在兴起的国际话题也只是幻想：

> 由于还不可能形成一种国际力量……去有效遏止恶行，一个伟大而自由的国家应有能力保护自身权利，若是自动放弃这样的实力，那不仅愚蠢，而且邪恶。没有什么比让自由文明的人们……主动放下武器，而让专制和野蛮全副武装……更加不公正了。[23]

罗斯福认为，自由社会容易低估国际事务中的对立和冲突因素。他在致英国外交官塞西尔·斯普林·赖斯的信中，暗示了达尔文的适者生存理念：

> 令人悲伤的事实是，最讲人道主义、最热衷于国内进步的国家，与不顾及他人利益的国家相比，往往趋向虚弱……
>
> 我憎恨和鄙视那种伪人道主义，它认为文明的进步必然意味着战斗精神的削弱，从而导致了先进文明被不先进的文明摧毁。[24]

如果美国放弃战略利益，只能意味着更加好斗的国家将蹂躏这个世界，并最终破坏美国繁荣的根基。因此，“我们需要建设庞大的海军，不仅要有巡洋舰，也要有各类强大的战列舰，实力足以匹敌任何其他国家”，并且要表现出使用它们的意愿。[25]

罗斯福认为，外交政策是一门艺术：要灵活调整美国的政策，谨慎果断地平衡全球势力，使事态朝有利于国家利益的方向发展。他认为美国地位独特（经济上充满活力，是唯一没有地区竞争者的国家，既是大西洋国家，也是太平洋国家），“可以利用地位优势掌握发言权，决定东西两侧大洋的命运”[26]。美国可以保护西半球不受外来大国的侵扰，也可以插手干预其他战略地区，保持力量平衡，因而将崛起成为全球平衡乃至国际和平的坚定卫士。

这是一个令人瞠目的雄心勃勃的愿景，因为美国在此之前一直视孤立为它的典型特征，认为海军主要是海岸防御的工具。[27]然而通过卓越的外交政策运作，罗斯福至少暂时成功地重新确定了美国的国际角色。在美洲，他比反对外部干预的“门罗主义”走得更远。他承诺，美国不仅要抵制外国对西半球的殖民图谋（他本人威胁说，为了阻止德国对委内瑞拉的觊觎不惜一战），也可以先发制人防患于未然。因此，他在"门罗主义"的基础上提出了"罗斯福推论"，大意是美国有权先行干预其他西半球国家的内部事务，以纠正不能容忍的"恶行或无能"。[28] 罗斯福阐述了如下原则：

> 美国的唯一愿望是看到邻国稳定、有序和繁荣。任何光明磊落的国家都可以获得我们的真诚友谊。如果一个国家显示，它懂得在社会和政治事务上如何高效得体地行事，如果它维持了秩序，履行了义务，它就没有必要害怕美国的干预。如果长期作恶，或者治国无能，导致文明社会之间的纽带全盘松弛，那么在美洲，就像在其他地方一样，最终需要某个文明国家出面干预。因此在西半球，出于对门罗主义的坚守，在无法容忍此类恶行或无能的情况下，不管多么不情愿，美国可能都会被迫行使国际警察的权力。[29]

就像最初的"门罗主义"一样，美国这次也没有与任何拉美国家磋商。"罗斯福推论"也充当了西半球的安全保护伞。自此之后，美洲以外的大国不能再在美洲使用武力消仇解恨。它们的行动必须得到美国的认同，因为美国赋予了自己维护秩序的任务。

支撑这一宏大理念的是新修的巴拿马运河。美国凭借运河得以在大西洋和太平洋之间轻松调动海军，而不必长途航行至南美洲南端的合恩角。[30]巴拿马运河始建于1904年，于1914年开通，使用的是美国的资金和工程技术，美国通过支持一场地方叛乱从哥伦比亚手中拿到所需土地，并凭借对运河区的长期租赁合约而行使控制权。运河会刺激贸易，也会在本地区的军事冲突中赋予美国决定性优势。（如果美国不同意，它也可以阻止外国海军使用这一航线。）在美国强硬坚持国家利益的基础上，西半球的安全成为美国扮演世界角色的关键。

只要英国的海上力量依然占据支配地位，它就还会确保欧洲的均衡。在1904—1905年日俄战争期间，罗斯福表明，他愿意将他的外交理念运用于亚洲均衡，如果必要，也可用于全球均衡。罗斯福对此不存幻想，他所关注的是太平洋的均势，而不是俄国沙皇独裁专制的缺陷。用罗斯福的话说，沙俄这个国家“在东方一贯奉行反对我们的政策，其狡诈无法估量”[31]。沙俄毫无阻挡地东进至中国满洲和朝鲜，对美国的利益不利，所以罗斯福起初欢迎日本的军事胜利。俄国舰队远道驶往亚洲，最后覆灭于对马海峡战役。罗斯福把俄国舰队的覆灭描述为日本“做了我们想做的事”。但当日本取得压倒性胜利，全面超越沙俄在亚洲的地位之时，罗斯福改变了主意。虽然他赞赏日本的现代化，但也许正是因为这一点，他开始把日本帝国的扩张视为对美国在东南亚地位的威胁，并得出结论称，日本有朝一日会“对夏威夷群岛提出要求”[32]。

虽然罗斯福实质上支持沙俄，但他还是在遥远的亚洲调解这场冲突，突显了美国作为亚洲大国的角色。1905 年签订的《朴次茅斯和约》是罗斯福均势外交的典型体现。该条约抑制了日本的扩张，防止了沙俄的崩溃，达成了一种结局。用他的话说，俄国“将可以抗衡日本，双方可以相互牵制”[33]。由于这次调解行动，罗斯福被授予诺贝尔和平奖，成为获此殊荣的第一位美国人。

罗斯福没有把这一成就看作静态和平环境的降临，而是视其为美国发挥作用管理亚太均衡的开端。收到关于日本

“主战派”的威胁性情报后，罗斯福打算让日本领教一下美国的决心，但是要以极其微妙的方式。他派出16艘军舰进行“环球演练巡航”，对外国港口进行友好访问，意在提醒人们美国现在可以向任何地区部署强大的海军力量。[34]他把军舰涂成白色，号称“大白舰队”，象征这是一次和平任务。他写信给儿子称，展示武力的意图是警告日本的好斗派，从而以实力实现和平：“我不认为会与日本交战，但我的确认为发生战争的概率很大。所以建立这样一支海军，不让日本有任何希冀战胜的侥幸心理，从而确保不发生战争，这显然是明智之举。”[35]

罗斯福一方面向日本大规模展示美国的海军力量，另一方面对日本最大可能地以礼相待。罗斯福告诫舰队司令，要威慑这个国家，但要尽其所能避免触动它的敏感神经：

> 我知道不需要叮嘱你，但还是希望你在日本的时候，要尽力确保我们的人不做任何出格的事情。在东京或日本其他地方，如果你给士兵放假，切记只批准那些可以绝对信赖的人。不能让日本猜忌我方傲慢无

礼……在这种特殊条件下，宁愿我们受到污辱，也不能污辱别人，除非损失军舰。[36]

用罗斯福最喜欢的谚语说，美国应当“说话温和，手持大棒”。

在大西洋方向，罗斯福主要担心德国不断增强的实力和野心，尤其是其庞大的海军建设计划。如果英国的制海权随之动摇，那么英国维持欧洲均衡的能力也会受到动摇。他认为德国正在逐渐压倒邻国的抗衡力量。第一次世界大战爆发时，已经退休的罗斯福呼吁美国增加军事开支，及早参战，支持英国、法国和俄国等协约国，以防威胁蔓延至西半球。1914年，他致信美国的一位德国同情者，说道：

难道你不认为，如果德国赢得这场战争，粉碎了英国舰队，摧毁了大英帝国，不出一两年，它就会坚决要求在南美洲占据主导地位吗？……我认为德国会的，实际上我知道它肯定会的。我曾经与一些德国人交谈过，一旦谈得热络起来，他们都会近乎无所顾忌地坦率接受这个观点。[37]

罗斯福认为，正是大国之间雄心的碰撞，决定了世界秩序的最终本质。对追求自身利益并能维持可靠威慑力的自由国家来说，只有取得地缘政治胜利，人类价值才能得到最好的维护。它们在国际竞争的摩擦中占据上风的地方，文明就会得到有效传播和加强。[38]

对于国际上善意的空洞渴求，罗斯福基本上持怀疑态度。他断言，对于美国来说，面对顽固的反对势力，只做出冠冕堂皇的原则声明，而没有能力采取行动，往往有百害而无一利。“我们要言出必行。”[39] 当实业家安德鲁·卡内基敦促罗斯福推动美国积极参与裁军、保护国际人权时，罗斯福援引了考底利耶也会赞同的一些原则，回答道：

> 我们必须时刻牢记，对伟大、自由的人民来说，让暴政和野蛮全副武装，而自己软弱无能，将是致命的。如果有某种国际警察体系，这样做还算稳妥，但现在没有这样一个体系……我不愿虚张声势、口出狂言、威胁恫吓，却言而不行。[40]

假如罗斯福的继任者信奉他的理论，或者他赢得了

1912年的选举，美国可能已经加入了威斯特伐利亚世界秩序体系或某种与其相似的体系。如果事态这样发展，几乎可以肯定美国会遵循欧洲均势（按照日俄战争后签订的条约的原则）尽早结束“一战”。德国被打败，但会对美国的宽厚心存感激，同时美国还会在德国周边驻有足够军队，防止它未来采取冒险行动。这样的结局很可能会改变历史进程，防止欧洲文化和政治自信的毁灭，不会让流血事件发展到不可收拾的地步。

然而，罗斯福去世了，他虽然是一位备受尊敬的政治家和环保主义者，却没有创立任何外交政策学派。在公众或总统继任者中，他都没有培养出重要的追随者。而且罗斯福也没有赢得1912年选举，因为他与在位总统威廉·霍华德·塔夫脱分散了保守派的选票。

罗斯福本想通过竞选第三任来维护他的遗产，但不可避免地失去了留下遗产的机会。传统至关重要，社会发展不会摆脱历史，也不会信马由缰，但可以在一定范围内偏离先前的轨道。伟大政治家的行为会以这个范围的外沿为限。如果不及外沿，社会就会停滞；如果超出这个极限，政治家就会失去影响后人的能力。西奥多·罗斯福正是在社会承受力的绝对边沿上游走。没有了罗斯福，美国外交政策又回归对山巅的光明之城的憧憬，不参与地缘政治平衡，更不必说主导地缘均势了。不过，罗斯福尚在世时，美国阴差阳错地扮演了罗斯福所设想的领导角色。但是美国这样做却是为了捍卫罗斯福曾嘲弄的原则，而且是在一位罗斯福鄙视的总统的领导下。

伍德罗·威尔逊：代表世界良心的美国

刚从学术界投身政坛两年，仅凭借42%的普选票，伍德罗·威尔逊就在1912年大选中脱颖而出，获得胜利。他把为美国量身定制的宏图大略转变成了适用于整个世界的行动计划。对于美国的强大实力和宏伟蓝图，世界有时深受鼓舞，有时困惑不解，却无法视而不见。

第一次世界大战开启了摧毁欧洲国家体系的进程。美国加入“一战”，并不是基于罗斯福的地缘政治观，而是打着道德普世性旗号。即便在三个世纪之前欧洲的历次宗教战争中，这种道德标榜也闻所未闻。美国总统之所以宣扬全新的道德普世性，是为了推行仅在北大西洋国家存在的治理体系。威尔逊所提倡的治理形式也仅存在于美国。承载着这一道德使命赋予的历史感，威尔逊宣称美国之所以干预，不是为了恢复欧洲均势，而是“让民主在这个世界中得到保护”。换言之，各国的国内制度均应效仿美国，这种彼此相似的国内制度将成为世界秩序的基础。虽然这一理念与欧洲的传统相悖，但为了换取美国参战，欧洲领导人还是接受了它。

威尔逊在阐述自己的和平愿景时，严厉谴责势力均衡，而这正是他的新盟国参战的初衷。他拒绝接受原有的外交方式（他斥之为“秘密外交”），认为这是战争的主要根源。在一系列前瞻性讲话中，他提出了新的国际和平理念。这一理念中既有传统的美国观念，也有对在全球彻底实施这一理念的坚持。从那以后，这一理念稍做微调，便成了美国的世界秩序计划。

与之前的许多美国领导人相似，威尔逊宣称，神圣天命让美国与众不同。威尔逊 1916 年对西点军校毕业生说：“这就好像在上帝的圣域有一片大陆从未开发，等待着一群爱好和平的人们到来，建立一个无私的联邦。他们热爱自由和人权远胜其他。”[41]

威尔逊总统的几乎所有前任都会认同这样的信仰。但威尔逊不同，他认为以此为基础的国际秩序可以在一代人甚至一届政府之内实现。约翰·昆西·亚当斯曾经赞颂美国对自治和国际公平规则的特殊承诺，但警告他的同胞，对西半球之外那些无意于此的国家，不要试图强加这些美德。但威尔逊的赌注更大，目标更加急迫。他对国会说，这场伟大的战争“将是争取人类自由的终极战争”[42]。

威尔逊宣誓就职时，表示美国在国际事务中将继续保持中立，作为一个立场超脱的调解者尽自己的一份力量，并促进建立一个旨在预防战争的仲裁体系。1913 年就任总统之后，威尔逊启动了“新外交”，授权国务卿威廉·詹宁斯·布赖恩就一系列国际仲裁条约进行谈判。1913 年和 1914 年，布赖恩努力缔结了 30 多个这样的条约。这些条约大致规定：任何无法解决的分歧都应该提交给没有利害关系的委员会进行调查。在委员会向有关各方提出建议之前，各方不得诉诸武力。要设立一段“冷却期”[43]，在此期间，外交解决方式有可能战胜民族主义的热情。没有记录表明这些条约曾经解决过什么具体问题。到 1914 年 7 月，欧洲与世界大部分地区已经陷入战争。

1917 年，威尔逊宣布，交战一方（德国）的严重暴行迫使美国与交战的另一方“联手”参战（威尔逊不愿考虑“联盟”这个说法）。他一再声称美国的目的不是自私的，而是具有普世价值：

> 我们没有私心。我们不追求征服别国，也不追求占有领土。我们不为自己索取赔偿，对于我们自愿做出的牺牲，也不追求物质上的补偿。我们只是人类权利的捍卫者。[44]

威尔逊的大战略的前提是，全世界人民和美国一样，都受到同样价值观的激励：

> 这是美国的原则，美国的政策。我们不代表其他任何人。这也是各个地区富有远见的人们、每个现代国家和每个开明社会的原则和政策。[45]

导致战争的原因是独裁国家的阴谋，而非不同国家利益或愿望之间的内在矛盾。如果公开所有事实，公众可以做出选择，普通人都会选择和平。启蒙时期的哲学家康德（如前所述）和当代开放互联网的倡导者都持这种观点。就像威尔逊 1917 年 4 月要求对德宣战时对国会讲的那样：

> 实行自治的国家不会在邻国布满间谍，也不会耍阴谋诡计，制造紧张态势，好让他们伺机实施打击，进行征服。这样的阴谋只能偷偷摸摸地进行，在无人有权质疑时才能成功。费尽心机的欺骗或侵略计划代代相传，它们只有在宫廷的掩护下、在一小撮特权阶层的精心粉饰下，才会不为人知，才会得逞。如果公共舆论坚持要求披露关于国家事务的所有信息，他们断无这种可能。[46]

因此，势力均衡过于注重程序，对争端各方的道德功过不持立场，这不仅是不道德的，也是危险的。民主不仅是最好的治理形式，也是永久和平的唯一保障。正因如此，美国的干预不单纯是为了挫败德国的战争目标，而正如威尔逊在后来的一次演讲中所解释的，也是为了改变德国的治理体系。首要目标不是战略性的，因为战略是治理的一种表现形式：

> 对德国人民最为不利的事情是，战争结束以后，如果他们依然不得不生活在破坏世界和平的野心家、阴谋家的统治之下，依然受制于世界各国人民无法信任的人或阶级，那么世人可能无法接纳他们融入今后保障世界和平的各国伙伴关系。[47]

依据这一看法，当德国宣布愿意讨论停战协定时，威尔逊提出，除非德皇退位，否则他拒绝和德国谈判。国际和平需要“摧毁可以单独、秘密和任意破坏世界和平的任何专制力量，如果目前无法摧毁，至少也要削弱其能力，使其无法行动”[48]。以规则为基础的和平国际秩序是可以实现的，但是因为“无法信任专制政府能信守承诺或者遵守约定”[49]，所以和平需要“专制政府首先表明自己完全无意在现代世界中称霸或寻求领导权”[50]。

在威尔逊看来，民主的传播是实施自决原则的必然结果。维也纳和会召开后，战争结束了，欧洲通过领土调整达成了恢复均势的协议。但是，威尔逊的世界秩序理念倡导每个国家应根据民族和语言一致性被赋予“自决权”。他断言，只有通过自我治理，各国人民才能表达对国际和谐的真诚愿望。而且一旦实现独立和民族团结，他们就不会再有施行侵略或自利政策的动机。在维也纳和会上，各大国精英代表秘密地重新划定了国际边界，只注重势力均衡，不顾民众的愿望。奉行自决原则的政治家“不敢像维也纳和会那样……试图达成那样自私和妥协的契约”[51]。由此，

> 世界将进入一个新时代……拒绝曾经主导各国决策的民族自利标准，代之以新的行事方式。人们只需问几个问题：“这正确吗？”“这公平吗？”“这符合人类的利益吗？”[52]

威尔逊认为，与备受他指责的传统政治家相比，公共舆论更支持“人类的整体利益”，但支持威尔逊这个前提的证据并不多。1914年参战的欧洲国家都有影响力大小不一的代议制机构（德国议会还是由全民公投选举产生的）。在

每一个国家，战争都受到民众的热情支持。在这些选举出来的机构中，几乎连象征性的反对意见都没有。战争之后，在民主的法国和英国，民众要求实现惩罚性的和平，而罔顾他们自己的历史经验，即除非胜利者与战败者最终达成和解，稳定的欧洲秩序是不可能出现的。参加维也纳和会谈判的王公贵族们反而比较克制，哪怕仅仅是因为他们有着同样的价值观和经历。由于受到需要平衡各种压力集团的国内政策的影响，与其遵行抽象的人类利益原则，领导人可能更愿意迎合当下的情绪或维护国家尊严。

允许每个民族建立国家并借此消除战争的理念，作为一般概念是值得赞赏的，但在实践中也面临着巨大的困难。具有讽刺意味的是，在很大程度上应威尔逊的要求，欧洲以语言为基础进行民族自决，并按照这个新原则重新划定欧洲地图，结果却造成了在地缘政治上对德国有利的局势。战前，德国被三个大国（法国、俄国和奥匈帝国）环绕，领土扩张受到限制。现在它面对的是一批按照自决原则建立起来的小国。当然，自决原则只是得到部分实施，因为东欧和巴尔干地区民族情况错综复杂，新成立的国家都包含其他民族，意识形态方面的脆弱更加重了战略脆弱。在愤愤不平的欧洲中心国家的东翼，德国东面的奥匈帝国已不复存在（维也纳和会认为这对限制当时的侵略国法国至关重要）。但是，正如英国首相劳合·乔治有些感伤地指出的，“一大堆小国，其中许多国家的人们以前从未自己建立过稳定的政府，但每一个国家都有大量的日耳曼人，他们强烈要求重回祖国怀抱”[53]。

确立和平解决争端的新的国际机构和实践，能帮助落实威尔逊的愿景。国际联盟将承担起之前各国之间的协调功能。国联成员国将放弃传统的利益均衡观念，建立“权力共同体，而非势力均衡；有组织的共同和平，而非有组织的竞争敌对”[54]。可以理解，在一场因两种僵化的盟国体系相互对抗触发的战争结束之后，政治家们会选择一种更好的替代方案。但是，威尔逊所说的“权力共同体”用以替代僵化的却是不可预测性。

威尔逊所说的“权力共同体”，是一种后来被称为“集体安全”的新概念。在传统的国际政策中，具有相同利益或相似担忧的国家可以赋予自己一项特殊职责，即组成同盟，确保和平。它们在击败拿破仑之后就是这么做的。这样的安排一般是为了对付特定的或明或暗的战略威胁，例如维也纳和会之后志在复仇的法国。与之相反，国际联盟将建立在道德原则之上，即对军事侵略一概反对，不管其根源、目标或宣称的合理性为何。它针对的不是具体问题，而是对准则的违反。但准则的定义取决于不同的解读，因此在这种意义上，集体安全的运作是不可预测的。

在国际联盟概念中，所有国家都承诺和平解决分歧，自愿中立地实施一套公正的共同准则。[55] 如果国家之间就权利或义务产生了分歧，它们将提出各自的诉求，由一个公正的小组进行仲裁。如果一个国家违反了这一原则，使用武力推行自己的主张，它将被贴上侵略者标签。国际联盟成员将团结起来抵制这个破坏总体和平的好战国家。在国联之内，不允许有联盟、“各自利益”、秘密协定或“小圈子密谋”，因为这将阻碍以中立的方式应用体系的规则。相反，国际秩序将再次建立在对和平的“公开契约、公开实现”[56] 之上。

威尔逊对联盟和集体安全（国联体系的构成要素）所做的区别为其后来的两难处境埋下了种子。联盟是就某个具体事实或期望所达成的协议。在规定的紧急情况下，相关方有以确定方式采取行动的正式义务。这是一种按照约定方式可以实现的战略义务。联盟产生于共同利益，这些利益越相近，联盟的凝聚力就越强。与之相反，集体安全是一种不针对具体情况的法律概念。当国际秩序的和平规则被违反时，除了采取某种共同行动，它没有确定其他具体的义务。在实践中，要根据具体情况采取行动。

联盟产生于共同利益，而共同利益须事先确定。集体安全宣称在参与国的职权范围内反对任何地方的任何侵略行为。在提议的国联内，参与国指的是每一个被国联承认的国家。一旦有违反规则的情况，这一集体安全体系将聚合各种不同的国家利益，在事发之后形成共同目标。在这种形势下，各国将对破坏和平的情况达成共识，并准备采取共同行动加以抵制。但历史经验证明，这种想法是站不住脚的。从威尔逊到现在，从国联到其后继者联合国，完全符合集体安全概念的军事行动计划是朝鲜战争和第一次伊拉克战争。这两次军事行动之所以发生，是因为美国已经声明，如果必要，美国将采取单边行动（实际上，在这两次战争中，在联合国做出正式决议之前，美国已经开始调兵遣将了）。联合国与其刺激美国自行做出决定，不如干脆决定支持美国的行动。[57]联合国支持美国，与其说表达了道德共识，还不如说是争取以某种方式对美国的行动（早已准备就绪）施加影响。

“一战”爆发后，均势体系崩溃了，因为它促成的联盟缺少灵活性，而且被不加区别地应用于不太重要的问题，反而加剧了所有冲突。面对“二战”前夕最初的事件，集体安全制度则表现出截然相反的缺陷。捷克斯洛伐克遭到肢解，意大利袭击阿比西尼亚，德国撕毁《洛迦诺公约》，日本入侵中国，国联对这些都无能为力。国联对侵略的定义模糊不清，对采取共同行动极不情愿，证明即便面对对和平的公然威胁，它也起不到任何作用。在国际和平和安全遭到最严重威胁时，集体安全已经多次证明运转不灵。（例如，在 1973 年的中东战争期间，由于安理会常任理事国彼此串通，安理会迟迟不开会，直到华盛顿和莫斯科谈判同意停火，安理会的会议才开起来。）

不过，威尔逊的遗产已经塑造了美国人的思维。美国领导人经常把集体安全与联盟混为一谈。“二战”后，在向心怀疑虑的国会解释新生的大西洋联盟体系时，政府发言人坚持把北约联盟解释成单纯的落实集体安全学说的行为。政府向参议院外交关系委员会提交了一份分析报告，追溯历史上的联盟与北约之间的不同。他们坚持说，北约与领土防御无关（这对美国的欧洲盟国可是新闻）。分析报告的结论是，北大西洋公约“不针对任何人，只针对侵略行为。它不寻求影响不断变化的‘力量均衡’，而是强化‘原则之间的平衡’”[58]。（国务卿迪安·艾奇逊是位精明的历史学者，足智多谋。当他把一个旨在规避集体安全学说缺点的条约对国会说成是落实集体安全学说的措施时，人们可以想象他闪现出的狡黠目光。）

已经退休的西奥多·罗斯福谴责威尔逊“一战”初对欧洲风雨欲来不理不睬。接着在“一战”结束时，他又质疑美国代表国联提出的各种诉求。1918 年 11 月宣布停战后，罗斯福写道：

> 只要我们期望不高，我是赞成这样的联盟的……我可不愿充当伊索笔下被嘲笑的那种角色，比如狼和

羊如何同意放下武器，羊为了表达诚意如何赶走了牧羊犬，最后如何被狼毫不犹豫地吃掉。[59]

对威尔逊主义的考验从来不是世界能否召集足够多的签字国，制定足够详细的规则，从而把和平奉为圭臬。最基本的问题是，当这些规则被违反，或者更具挑战的是，当这些规则被操纵结果事与愿违时，应该怎么办？如果国际秩序是接受民意陪审团监督的一个法律制度，那么当侵略者选择发起一场民主大众认为过于模糊而不应介入的冲突（比如，意大利的东非殖民地与独立的阿比尼西亚帝国之间的边境争端），那该怎么办？[60] 如果双方都违反了禁止使用武力的规定，结果国际社会中断了对双方的武器供应，这经常会使强大的一方占据上风。如果一方“合法地”退出了国际秩序的和平机制，并宣布不再受其约束（例如德国、日本、意大利最终退出国联、1922 年的《华盛顿海军条约》和 1928 年的《凯洛格–白里安公约》，以及当前核扩散国家对《核不扩散条约》的蔑视），那么是应授权支持现状的国家使用武力惩罚这些蔑视行为，还是应该努力劝诱这些反叛国家重回机制之内？抑或干脆不理睬这些挑战？绥靖路线会不会成了对蔑视行为的一种奖励？最重要的是，有一些行为尽管合法，但违反了其他军事或政治均衡原则，比如民众支持的奥地利“自决”，1938 年捷克斯洛伐克德语区并入纳粹德国，1932 年日本从中国东北分割出一个所谓自治的“满洲国”，对这样的行为是否也应该抵制？规则和原则本身就是国际秩序，还是只是地缘政治架构顶端的脚手架，支撑着（本身也需要）更为复杂的管理？

“旧外交”试图在不同力量的均衡中平衡敌对国家之间的利益，平衡相互敌对的民族主义情绪。在这种精神下，它在拿破仑战败之后把法国拉回欧洲秩序，邀请法国参加维也纳和会，同时又把它置于大国包围之中，防止它未来的扩张企图。而新外交试图按照道德而非战略原则重新规划国际事务，不能做这样的算计。

这让 1919 年的政治家们非常为难。德国未被邀请参加和平会议，会上缔结的条约将德国定为这场战争的唯一侵略者，将财政和道义责任全都加在德国头上。然而，在德国以东，许多民族生活在同一片领土上，都声称有权自决，政治家们在凡尔赛和会上为在它们之间进行调解而伤透脑筋。若允许它们自决，在德国和俄国两个潜在大国中间，就会夹杂着十几个实力虚弱、民族分立的小国。不管怎么说，鉴于民族数量众多，让它们都实现独立既不现实，也不稳固，于是开始半心半意地制定少数民族的权利。凡尔赛会议上也没有新生苏联的代表。协约国对苏联北部的干预行动没有成功，结果未能毁掉苏联，却把苏联推向了对立面，之后又把它孤立起来。让这些问题雪上加霜的是，美国参议院拒绝美国加入国联，让威尔逊极度失望。

威尔逊卸任总统之后的年代里，他的失败通常被归咎于偶然情况（国会奉行孤立主义，而威尔逊没有试图消除或缓和国会的保留态度），或是在全国巡回演讲支持国联时中风让其虚弱不堪，而不是他在国际关系理念上的缺陷。

尽管这些事件都是人类的不幸，但必须说，威尔逊愿景的失败不是因为美国对威尔逊主义重视不够。威尔逊的继任者努力通过其他补充性、基本上属于威尔逊式的方式落实这一富有远见的计划。20世纪20年代和30年代，美国及其民主伙伴对裁军外交与和平仲裁投入了大量精力。在1921~1922年的华盛顿海军会议上，美国同意报废30艘舰艇，以实现美国、英国、法国、意大利和日本舰队的成比例限制，从而阻止军备竞赛。1928年，卡尔文·柯立芝的国务卿弗兰克·凯洛格倡导签署了《凯洛格–白里安公约》，规定战争作为"国家政策工具"是完全非法的。所有签署国，包括世界上大多数独立国家、"一战"的所有交战方和所有后来的轴心国，都承诺将"它们之间各种性质、各种起源的争端或冲突"[61]提交和平仲裁。可惜，这些倡议中的关键要素都没有存续下来。

威尔逊的事业不像外交政策教科书的内容，而更像莎士比亚悲剧的素材。不过，威尔逊触动了美国人的心弦。他在地缘政治上远远算不上最为精明，在外交政策上也远远算不上20世纪最成熟的人物，但在当代的民意测验中，他一直跻身"最伟大的"总统之列。正是由于威尔逊的智慧成就，连实际上继承了西奥多·罗斯福外交政策理念衣钵的理查德·尼克松，也认为自己是威尔逊国际主义的门徒，并把这位战时总统的画像挂在内阁厅里。

伍德罗·威尔逊之所以伟大，归根结底是因为他提出了宏大愿景，极大地激发了美国例外主义传统，让那些起初的缺陷显得微不足道。他被尊崇为先知，美国矢志追求他的愿景，并以此评判自己的行为。每当面临危机或冲突（“二战”、冷战和我们这个时代伊斯兰世界的动荡）的考验，美国都会以某种方式回归威尔逊的世界秩序愿景，通过民主、公开外交、培育共同规则和标准来维护和平。

这一愿景的天才之处是让美国人的理想主义为缔造和平、人权和合作解决问题等重大外交举措服务，在对更美好、更和平世界的希望中注入美国实力。由于威尔逊主义的影响力，20世纪参与式治理在全世界得到传播，美国参与世界事务时总是表现出非凡的信念和乐观。威尔逊主义的悲剧在于，它留给20世纪这个举足轻重的大国的是一套令人振奋但脱离历史感和地缘政治意识的外交政策学说。

富兰克林·罗斯福与世界新秩序

威尔逊原则的影响无处不在，深深地影响了美国对自身的看法。当20年后世界秩序问题再次浮现时，两次世界大战间隔期间的失败也没能阻碍威尔逊原则的胜利回归。又一次世界大战爆发了，美国再次面对挑战，又要按照威尔逊原则塑造世界新秩序。

1941年8月，富兰克林·罗斯福（西奥多·罗斯福的远房侄子，当时正史无前例地在第三任总统任期上）和温斯顿·丘吉尔作为两国领导人首次会面，会面在纽芬兰皇家海军舰艇“威尔士亲王”号上举行。他们在《大西洋宪章》的八项“共同原则”中表达了他们所谓的共同愿景。对所有这些原则，威尔逊肯定会认可，而丘吉尔之前的英国首相则不会乐意接受。“共同原则”包括：“各国人民有权选择自己的政府形式”；停止违背当地人民意愿进行领土扩张；“免除恐惧和匮乏”；还有一项国际裁军计划，推动最终“放弃使用武力”和“建立一个更普遍、更持久的全面安全体系”。有些内容，尤其是非殖民化方面的内容，不会是丘吉尔主动提议的。如果不是丘吉尔认为赢得美国的伙伴关系（英国避免溃败的最佳选择和唯一希望）至关重要，他本不会接受这些原则的。[62]

罗斯福对国际和平基础的看法比威尔逊有过之而无不及。威尔逊出身学界，主要依靠哲学原则来构筑国际秩序。罗斯福则从美国政治的大旋涡中脱颖而出，更加注重与人打交道的方式方法。

因此，罗斯福表达了这样一个信念，即国际新秩序应该建立在个人信任基础之上：

> 我们这些热爱和平的国家必定实现的那种国际秩序，必须基本依靠友好的人际关系、相互了解、宽容大度以及不容置疑的真诚、善意和信誉。[63]

罗斯福在 1945 年第四次就职演说中再次提到这个话题：

> 我们已经明白了一个简单的道理，正如爱默生所说，“要想得到别人的友谊，自己就得先向别人表示友好。”如果对别人充满猜疑、不信任或恐惧，我们就无法实现持久的和平。[64]

在战争期间与斯大林打交道时，罗斯福将这些信念付诸实践。据报道，面对苏联撕毁协议的证据及其对西方的敌意，罗斯福还是安慰美国前驻莫斯科大使蒲立德：

> 比尔，我不质疑你说的事实，它们都是准确的。我也不质疑你推理的逻辑。我只感到斯大林不是那种人……我认为，如果我对他倾尽所有而且不求回报，那么他自重身份，就不会再去强占，反而会为一个民主和平的世界而努力。[65]

1943年，两位领导人在德黑兰初次会面举行峰会期间，罗斯福兑现了他所说的话。[66]刚一抵达，苏联领导人就警告罗斯福，称苏联情报机构发现了一项纳粹阴谋，企图不利于总统，主动邀请他到壁垒森严的苏联使馆大院，并说美国使馆不太安全，距离预定的会议地点太远。罗斯福接受了苏联的好意，拒绝了距离较近的英国使馆，避免给人留下英美领导人联手对付斯大林的印象。更有甚者，在与斯大林的联席会议上，罗斯福表面上取笑丘吉尔，试图让人觉得他与这位英国战时领导人有些距离。

迫在眉睫的挑战就是确定和平的概念。用什么原则来指导世界大国的关系？在设计和维护世界秩序方面，美国需要做出什么贡献？是应该安抚还是对抗苏联？还有，如果这些任务都能顺利完成，世界将会是什么样子？和平是一份文件还是一项进程？

1945 年，美国总统面临的地缘政治挑战一如既往的复杂。即便备受战争蹂躏，苏联还是对建立战后国际秩序造成了两个障碍。它的国土面积及其占领的范围破坏了欧洲的均势。它的意识形态挑战着西方制度架构的合法性。共产主义指责所有现存制度是各种形式的非法剥削制度，号召进行世界革命，推翻统治阶级，由卡尔·马克思所说的“全世界工人阶级”掌权。

20 世纪 20 年代，欧洲第一波共产主义运动多数被镇压，其他则因缺少所谓无产阶级的支持而消退。斯大林提出了“一国社会主义”论。在长达 10 年的清洗中，他除掉了所有其他革命元老，征召部署大量劳动力以振兴工业实力。为了将纳粹风暴引向西方，1939 年他与希特勒签署了中立条约，把北欧和东欧分割成了苏联和德国的势力范围。1941 年 6 月，希特勒还是对苏联发动了侵略，斯大林重拾民族主义的意识形态，宣布进行“伟大的卫国战争”，借机在共产主义意识形态中注入了俄罗斯帝国情怀。在共产党掌权时期，斯大林第一次唤起了俄罗斯精神，这是俄罗斯建国所依赖的精神，是历经数个世纪国内暴政和外敌入侵仍誓死捍卫的精神。

战争胜利后，苏联构成的挑战与拿破仑战争结束时相当，甚至更为严峻。对于面前的真空地带，这个受伤的巨人（至少损失 2 000 万人口，西部三分之一广袤的领土遭到毁坏）会作何反应？要不是斯大林在战时精心布置的烟幕弹（显示他在约束而非鼓动共产主义思想家），也许从他的言论中就能找到答案。

斯大林的全球战略非常复杂。他深信资本主义制度必然导致战争，因此“二战”结束顶多是休战。他认为希特勒是资本主义制度的特殊代表，而不是这一制度的异类。希特勒战败后，不管西方领导人怎么说或怎么想，资本主义国家依然是敌人。斯大林对 20 世纪 20 年代的英法领导人充满蔑视。他说：

> 他们谈论和平主义，谈到欧洲国家之间的和平。

白里安和张伯伦正相互拥抱……这一切毫无意义。根据欧洲历史，我们知道，每次签署条约，规定重新部署军队准备打一场新战争，这种条约都被称为和平条约……之所以签署（这些条约），都是为了描绘下一场战争的新要素。[67]

在斯大林的世界观中，决策取决于客观因素，而非个人关系。因此，战时同盟之间的友好是“主观性的”，会被胜利带来的新情况取代。苏联的战略目标是最大限度地实现安全，为不可避免的摊牌做好准备。这意味着把苏联的安全边界尽量向西推进，并通过各国共产党和特工行动削弱安全边界之外的国家。

但在战争期间，西方领导人不愿承认这样的评判：丘吉尔是因为需要与美国保持同步；罗斯福是因为正在倡导维护公正持久和平的“全面规划”，实际上是要推翻昔日的欧洲国际秩序。罗斯福既不支持势力均衡，也不赞成帝国复辟。他的公开计划号召确立和平解决争端的规则，并要求主要大国（即美国、苏联、英国和中国等“四大警察”）共同努力。在遏止破坏和平的行为方面，美国和苏联尤其要起带头作用。

查尔斯·波伦当时还是一位年轻的外交官，担任罗斯福的俄语翻译，后来成为冷战时期美苏关系的设计师。罗斯福曾经说："美国人深信其他人都是'好人'，只要你对他们好，他们就会对你好。"查尔斯对此不以为然：

> 他（罗斯福）觉得斯大林对世界的看法和他差不多，认为斯大林的敌意和怀疑……来自革命后多年来其他国家对苏联的怠慢。罗斯福不明白，斯大林的敌意是基于深刻的意识形态信念。[68]

另一种观点认为，罗斯福能够让本来中立的美国人民去支持一场很少人认为必要的战争，证明他极其精明，不会上当受骗，哪怕面对老谋深算的斯大林。[69] 这种解读认为，罗斯福是在迁就这位苏联领导人，以便争取时间，不让他与希特勒单独签订协议。他肯定知道或者马上就会发现，苏联的世界秩序观跟美国是对立的。民主和自决可以激励美国民众，但最终莫斯科不会接受。这种看法认为，一旦德国无条件投降，苏联又毫不妥协，罗斯福就需要拿出对抗希特勒的决心去团结那些同样坚决的民主国家。[68]

伟大领导人在大事上的态度经常表现得模棱两可。约翰·F·肯尼迪总统被暗杀时，他是正要扩大美国对越南的投入还是要从越南撤出呢？一般而言，批评罗斯福的人不会指责他天真。最可能的答案是，像他的国民一样，罗斯福对国际秩序的正反两面也是犹豫不决的。他希望和平建立在合法性上，也就是基于个人之间的信任、对国际法的尊重、人道主义目标和善意。但是面对苏联崇尚实力的一贯做法，罗斯福也有可能重拾不择手段的策略，毕竟这是他成为领导人和时代风云人物的法宝。要把握什么样的平衡，这个问题还没来得及回答，他就在总统第四任期的第四个月中去世了，他对付苏联的设想也没有完全实现。曾经被罗斯福排除在决策圈外的哈里·S·杜鲁门突然被推上了总统职位。

| 第八章 |

美国：心情矛盾的超级大国

战后12位美国总统都热情地肯定美国在世界上的特殊角色。每个总统都认为，美国在无私地追求解决冲突和实现各国平等的目标，这一点不言自明。成功的最终标准是世界和平与全球和谐。[1]

所有总统（虽然巴拉克·奥巴马不那么坚持）都宣称美国的原则适用于全世界，其中最雄辩的（尽管绝不是唯一的）阐述来自约翰·F·肯尼迪总统。在1961年1月20日的就职演说中，肯尼迪呼吁国民“不惜一切代价，顶住一切压力，克服一切艰辛，支持一切朋友，反对一切敌人，确保自由的存在与实现”。肯尼迪对所有威胁不加区分，对美国的外交不分轻重缓急。他尤其排斥传统均势中狡诈的算计。他提倡的是一种“新努力”，“不是势力均衡，而是新的法治世界”。这是一个反对“人类共同敌人”的“全球大联盟”。这些话在其他国家可能被当成华丽的辞藻，但在美国的语境里，却是具体明确的全球行动蓝图。肯尼迪总统遇刺一个月后，林登·约翰逊在联合国大会上演讲时，重申了同样的无条件的全球义务：

> 追求和平、憎恨战争，愿意与饥饿、疾病和痛苦做斗争的任何人、任何国家，都会发现美国站在他们一边，愿意与他们并肩前进，携手走好每一步。[2]

这种对世界秩序的责任感，以及美国实力不可或缺的信念，得到了国内共识的支撑。这种共识认为，领导人的道德普世主义建立在美国人民对自由和民主的热忱之上。这让美国在冷战时期及之后取得了卓越的成就。美国帮助重建了满目疮痍的欧洲经济，创建了大西洋联盟，结成了全球安全和经济伙伴关系网络。它从孤立中国转而实行与中国合作的政策。它设计了开放的世界贸易制度，提高了生产率，促进了繁荣，并在过去一个世纪中的所有技术革命中遥遥领先。美国支持其他国家（无论友好还是敌对）的参与式治理。它带头阐明新的人道主义原则，并在 1945 年后的五次战争和其他事件中，不惜牺牲远至天涯海角去实施这些原则。没有其他国家拥有这样的理想主义和资源去应付那么多挑战，并取得成功。美国的理想主义和例外主义是建设国际新秩序的动力。[3]

几十年来，美国的传统信仰和历史经验与其所创建的世界之间有极大的一致性。对承担起建设战后秩序重任的那一代领导人来说，克服 20 世纪 30 年代的经济衰退和 40 年代击退侵略是两次伟大的经历。两项任务都找到了明确的解决方案：在经济领域，恢复增长并推出新的社会福利计划；在战事方面，则是敌人的无条件投降。

战争结束时，美国是唯一基本上毫发未损的大国，其国民生产总值占全世界的 60%。因此它有能力阐明：领导意即按照美国国内经验确立的模式取得切实进步，联盟意即符合威尔逊主义的集体安全，治理则是指经济复苏和民主改革。美国开辟冷战事业，是为了保卫那些拥护美国世界秩序观的国家。而对手苏联则被视为脱离了国际社会，但它最终必定回归。

在实现这个愿景的征程上，美国开始与其他历史性的世界秩序观迎头相撞。随着殖民主义的终结，拥有不同历史和文化的新型国家开始登上舞台。共产主义的性质变得更为复杂，影响也更加模糊。排斥美国国内和国际秩序观的一些国家的政府和武装学说形成了严峻挑战。美国的实力无论多么强大，也开始显露出局限。美国需要确定轻重缓急。

这些现实情况给美国提出了一个前所未遇的问题：美国的外交政策是一个有始有终、最后必定胜利的故事吗？还是只是一个管理和应付无穷挑战的过程？外交政策是有终点呢，还是一个无穷无尽的过程？

为了回答这些问题，美国陷入了痛苦的辩论，对自己世界角色的本质也产生了分歧。这一切反映了美国具有历史意义的理想主义的另一面。如果把美国的世界角色说成是对完美道德的检验，它必定因力不从心而深深自责。它期望自己的努力会换来一个圆满的结果——威尔逊所预言的和平、民主和遵守规则的世界——但现实中的外交政策永远是忙于应付偶发事件，这又令它心有不甘。几乎每位美国总统都坚称美国拥有普世原则，而其他国家只有国家利益。结果，美国只好在四面出击与黯然撤回两个极端之间徘徊。

“二战”结束以来，为了实现世界秩序愿景，美国打了五场战争。开战时的宏大目标几乎得到公众的普遍支持，但之后公众转而反对这些目标，公众的反对还经常滑向暴力的边缘。在其中三次战争中，当权者的共识突然变成了支持无条件单边撤出。两代人的时间里，美国或因准备不充分或因考虑不周，三次中途放弃战争：越南战争是由于国会的决定，伊拉克战争和阿富汗战争是出于总统的选择。

冷战胜利后，固有的矛盾随即浮现。美国一直追问自己所付出的努力的道德价值何在，它反躬自省，苦苦纠结，历史上几乎无先例，要么是美国的目标本来就不可能实现，要么是美国没有采取恰当的战略。批评家把这些挫折归咎于领导人的道德和智力缺陷。历史学家也许得出结论，认为这源于整个美国社会在武力与外交、现实主义与理想主义、权力与合法性的问题上态度暧昧，踌躇不决。

冷战的开启

在哈里·S·杜鲁门的职业生涯中，没有迹象表明他能当上总统，更遑论主导创建一个贯穿冷战始终并决定冷战走向的国际秩序架构了。但就是这个标准的“普通美国人”将崛起成为最有影响力的美国总统之一。

没有哪位总统面对的任务如此艰巨。“二战”结束后，各国不愿按1648年威斯特伐利亚方案解决问题，也不愿像1815年维也纳和会那样重新确定国际秩序。因此，杜鲁门的首要任务是具体落实罗斯福的一项愿景，按照现实情况创建一个叫作“联合国”的国际组织。1945年,《联合国宪章》在旧金山签署，它将两种国际决策形式结合起来。联合国大会实行普遍会员制，符合各国一律平等理论（“一国一票”)。同时，联合国通过代表全球一致的安全理事会实现集体安全，并指定五个大国（美国、英国、法国、苏联和中国）为安理会“常任理事国”，享有否决权。(接纳英国、法国和中国是为了向它们的伟大成就致敬，也反映了它们当时的实力。）再加上九个轮换国家，安理会被赋予“维护世界和平与安全”的特殊职责。

只有五个常任理事国拥有共同的世界秩序观，联合国才能实现它其既定的宗旨。在有争议的问题上，这个世界组织缓和不了它们之间的分歧，反而可能将分歧永远确定下来。1945 年 7、8 月间在波茨坦召开的战时盟国最后一次峰会上，温斯顿 · 丘吉尔和斯大林划定了各自在德国的占领区。（在会议中途，丘吉尔由于选举失败而被他的战时副手克莱门特 · 艾德礼取代。）会议还把柏林置于四个战胜国共同管理之下，并保证可以通过苏占区进入西方占领区。这成了战时盟国之间最后一份重要协议。

在谈判落实这些协议时，西方盟国和苏联陷入了日益严重的僵局。苏联坚持按照斯大林 1945 年主张的原则在东欧建立新的国际、社会和政治框架："谁占领了领土，谁就建立自己的社会制度。军队推进到哪里，制度就建到哪里。没有其他选择。"[4] 斯大林完全放弃了威斯特伐利亚原则，转而支持"客观因素"，在整个东欧以渐进的无情的方式建立莫斯科的马列主义制度。

战时盟国之间发生的第一次直接军事冲突，起因于进入昔日敌国首都柏林的通道。1948 年，作为对西方盟国三个占领区合并的回应，斯大林切断了通往柏林的道路。西柏林基本上只能靠美国空运物资来维持，直到封锁结束。

斯大林是如何分析这些“客观因素”的呢？1989 年，我与安德烈·葛罗米柯进行了一次谈话，很好地厘清了这个问题。葛罗米柯担任苏联外交部长 28 年，直到新上台的米哈伊尔·戈尔巴乔夫把他明升暗降到礼节性的主席位置上。因此他有许多时间和我讨论他眼中的苏俄历史，也不用谨小慎微地保护自己的前程。我问他，鉴于苏联在战争期间伤亡巨大、破坏惨重，假如美国对封锁柏林做出军事反应，苏联会如何应对呢？葛罗米柯回答道，斯大林也曾经回答过下属提出的类似问题，大意是：他不相信美国会在这么一个局部问题上使用核武器。如果西方盟国沿通往柏林的道路发动常规性、试探性的地面进攻，苏联军队受命不必请示斯大林即可发起抵抗。如果美国军队全线出动，斯大林说，“就来找我”。换言之，斯大林对局部战争胸有成竹，但不会冒险与美国进行全面战争。

从此以后，两大阵营寻求压制对方的气焰，而无法消除潜在的危机根源。欧洲刚脱离了纳粹的魔爪，又面临被一个新霸权统治的危险。新独立的亚洲各国体制脆弱，面临深刻的国内（通常是民族）分裂，本来可能实现自治，却遇上了一种敌视西方且不利于国内及国际多元共存的理念。

在这个紧要关头，杜鲁门做出了一个对美国历史和国际秩序演变至关重要的战略抉择。他不再接受以往“单打独斗”的诱惑，让美国投身不断塑造国际新秩序的努力。他提出了一系列重要的倡议。1947 年的希腊—土耳其援助计划取代了英国的作用。英国曾直接提供补贴，维系这两个至关重要的地中海国家，但现在英国再也无力支撑了。1948 年的“马歇尔计划”提出了一项复兴计划，及时恢复了欧洲的经济健康。1949 年，杜鲁门的国务卿迪安·艾奇逊主持仪式，创立了北约（北大西洋公约组织），美国主导的国际新秩序至此达到顶点。

北约是建立欧洲安全的新起点。国际秩序不再是传统上多个国家合纵连横的欧洲均势。相反，不管以前是何种均衡，现在只剩下两个核超级大国之间的均衡。如果一方消失或者置身事外，均衡便不复存在，对方则将占据统治地位。

1990年苏联崩溃属于第一种情况；冷战期间美国的盟国一直惴惴不安，担心美国对欧洲的防御失去兴趣，这属于第二种情况。北约的其他成员国提供了一些军事力量，但充其量是为了获得美国核保护伞的庇护，而不是用来进行本土防御。在杜鲁门时代，美国构建了一个传统联盟形式的单边保障体系。

架构搭好了，关于美国外交政策终极目标的历史争论再次浮现。这一新型联盟的目标是道义性的还是战略性的？是和平共处，还是击败敌人？美国是寻求改造敌人，还是让其自然演变？改造需要诱导敌人全面彻底地告别过去。演变则是一个渐进过程，愿意以不完美的步骤追求外交政策的终极目标，在确保向前推进的同时，客观现实地对待敌人。美国将选择什么路线？实际上，美国兼顾了二者，表明了它在这个问题上一贯的矛盾心态。

冷战秩序的战略

冷战期间最全面的美国战略构想出自一位不知名的外

交官乔治·凯南，他当时是美国驻莫斯科大使馆政治处的负责人。没有别的外交官对美国世界角色辩论的影响可与凯南比肩。华盛顿依然相信斯大林的友好，沉浸在战争时期的亢奋之中，而凯南却预言冲突已经隐约可见。他在1945年给同事的私人信函中断言，美国需要面对现实，战争结束之时，便是苏联由盟国变成对手之日：

> 因此，在大西洋海洋国家和心怀戒备的欧亚大陆国家的利益之间，一场根本性冲突正在欧洲展开。欧洲需要维持活跃而独立的政治生活，而苏联总是追求向西扩张，而且根据它自己的安全观，恐怕要一直扩张到大西洋。[5]

凯南建议做出明确的战略回应：“把我们所有的牌都握在手里，并完全打出它们的价值。”凯南的结论是，东欧将被苏联控制。东欧离苏联的权力中心比离华盛顿更近，而且遗憾的是，苏联军队已捷足先登。因此，美国应该巩固美国保护下的西欧势力范围——分界线贯穿德国——并赋予其足够的力量和凝聚力，以维护地缘政治平衡。

这种对战后格局的先见之明被凯南的同事查尔斯·“奇普”·波伦拒绝了。波伦的理由是威尔逊式的，即“民主国家不能采取那样的外交政策。只有极权主义国家才可能制定并执行那样的政策”。[6]华盛顿或许可以接受均势是一个事实，但不能把它当作政策来执行。

1946年2月，美国驻莫斯科使馆收到华盛顿的一份电报，询问斯大林所做的一次教条式讲话是否会改变苏联对保持国际秩序和谐的承诺。当时作为驻苏联代办的凯南得到了一次许多外交官梦寐以求的机会，不需大使批准便可向高层陈述观点。[7]凯南用19页单倍行距电报纸分五部分回答了这个问题。这份“长电报”的精髓是，美国有关苏联意图的整个辩论需要调整。苏联领导人认为，东西方关系是两种对立的世界秩序观之间的竞争。他们表现出“俄国人传统和天生的不安全感”，并植入了一种放眼全球的革命学说。克里姆林宫依据苏维埃学说解释国际事务的方方面面，认为国际事务就是斯大林所谓的“两个世界级中心”之间争夺优势的斗争，资本主义和共产主义的全球竞争不可避免，而且最后只有一个赢家。他们认为斗争不可避免，于是便让斗争成为现实。

第二年，凯南开始主掌国务院政策计划司。他在《外交》杂志上以X为名发表了一篇文章。从表面上看，这篇文章的论点与“长电报”相同：苏联对西方的压力是真实的、内生的，但“在一系列不断变化的地理和政治节点上，通过熟练而警惕地进行反制，（这些威胁）是可以遏制的”。[8]

如果换作西奥多·罗斯福，他会毫不犹豫地认可这种分析。但在陈述这场冲突如何收场时，凯南再次使用了威尔逊式的表述。他预言，在莫斯科与外部世界徒劳对抗中的某一时点，一些苏联领导人将会觉得有必要走出党政机关，接触广大民众，以获得更大支持。但苏联民众从未拥有独立的政治意识，极不成熟，缺乏经验。“作为政治工具的党的团结和力量”一旦这样瓦解，“苏联可能一夜之间从最强大的民族社会之一变成最虚弱、最可怜的民族社会之一”。[9]这个预测基本正确，但它的看法是威尔逊式的，认为最终民主原则会占据上风，合法性会战胜权力。

被他的后任（包括我）奉为伟大楷模的国务卿迪安·艾奇逊践行了这一信念。1949~1953年，艾奇逊集中精力通过北约建立他所谓的实力地位。东西方外交或多或少自动反映了势力均衡。艾森豪威尔执政期间，艾奇逊的继任者约翰·福斯特·杜勒斯通过东南亚条约组织将联盟体系扩展到东南亚（1954 年），又通过巴格达条约组织扩展到中东（1955 年）。实际上，遏制政策逐渐等同于在横跨欧亚两大洲的苏联周边建立军事同盟。世界秩序就是这两个不可调和的超级大国之间的相互对抗，双方都在各自的势力范围内构建自己的国际秩序。

艾奇逊和杜勒斯这两位国务卿都认为，实力和外交是两个连续的阶段：美国将首先巩固和展示实力，然后迫使苏联停止挑战，与非共产党掌权的世界达成理性和解。但是，如果外交的基础是军事力量，在大西洋关系的酝酿阶段，为什么要压制军事力量呢？如何让对方感受到自由世界的力量？冷战伊始，美国占据核垄断地位，再加上“二战”对苏联的毁灭性影响，力量对比实际上对西方有利。实力地位无须建立，它已然存在。

温斯顿·丘吉尔在 1948 年 10 月的讲话中承认了这一点。他认为当时西方的谈判地位最为有利。谈判必须加快，而不是暂停：

> 有人问：当他们自己拥有并大量储备原子弹时，会发生什么？根据现在已经发生的事情，你们自己就可以判断将会发生什么事情。风平浪静时尚且如此，风雨欲来时会怎样呢？……没人真正相信我们的时间是无限的。我们应该马上行动起来，达成最终解决方案……在西方国家拥有原子弹而苏联共产党人还没搞成之前，如果西方提出正当要求，就更有可能不必流血而达成持久的解决。[10]

毫无疑问，杜鲁门和艾奇逊认为这样做风险太大，可能破坏盟国之间的团结，因而不愿展开如此重要的谈判。尤其是因为，丘吉尔呼吁外交上摊牌时，只是反对党领袖而不是首相，而且现任首相克莱门特·艾德礼及其外交大臣欧内斯特·贝文也肯定反对含有战争威胁的方案。

在这种情势下，美国承担起全球领袖职责，努力遏制苏联的扩张政策。但是，这一努力主要是道义上的，不是出于地缘政治考虑。两个领域中都有各自正当的利益，但描述这些利益的方式常常掩盖了确定战略重点的意图。美国国家安全委员会第68号文件是一份秘密文件，整理了杜鲁门的国家安全政策，其中大部分内容由主张强硬路线的保罗·尼采撰写。即便这份文件也避免使用国家利益概念，把这场冲突归入了几乎有些抒情的传统道德范畴。这是一场“法治政府之下自由”（这需要“非凡的多样性、深刻的宽容性和自由社会的合法性……其中每个人都有机会发挥创造力”）的力量与“克里姆林宫无情的寡头政治下被奴役人民”之间的斗争。[11] 美国出于自己的理由加入冷战斗争，不是为了跟苏联开展地缘政治竞争，而是要为自由世界发起道德攻势。

在这一事业中，美国的政策被描述为无私地努力推进人类普遍利益。就连约翰·福斯特·杜勒斯这样一位精明的危机管理者、美国实力的强硬倡导者，也把美国外交政策表述为一种全球志愿行为，所秉承的指导原则与历史上其他国家不同。他指出，尽管“许多人难以理解”，但美国的“动机……真的不是短期的权宜之计”[12]。根据他这一观点，美国的影响不会恢复地缘政治平衡，而是会超越它：“数百年来，各国已经习惯于谋取自身利益，伤害对手，还没准备好进入各国遵章行事的新时代。”

别国图“私利”，而美国有“原则”和“天命”，这种暗示和（美国）这个共和国的历史一样悠久。新鲜的是，美国在这场全球地缘政治竞争中不再置身事外，而是成了领导者。它为这场竞争提出的理由主要是道义上的理由，宣称美国的国家利益完全不在考虑之列。世界责任的呼唤支撑着美国果断投入，重建满目疮痍的战后世界，团结一致对抗苏联扩张。可是，到了在共产党掌权的世界周边打“热”战的时候，这种责任感就不是足够明确的指引了。

朝鲜战争

朝鲜战争已经停战，但没画上句号。它引发的争论为 10 年后撕裂了美国社会的问题埋下了种子。

1945 年前，朝鲜半岛是日本的殖民地，之后被获胜的盟国解放，北半部被苏联占领，南半部由美国占领。1948 年和 1949 年，两国撤出前分别在自己的地盘上支持建立了不同形式的政府。1950 年 6 月，朝鲜战争爆发。杜鲁门政府认为，这是中苏仿照“二战”前德日模式实施侵略的典型例子。美国军队在前几年已经大规模削减，但杜鲁门果断地决定进行抵抗，主要依靠驻扎在日本的美军。

当代研究结果表明，共产党方面的动机是复杂的。1950年4月，朝鲜领导人金日成请求斯大林同意他统一朝鲜半岛，得到了斯大林的鼓励。斯大林从两年前铁托背叛一事领悟到，第一代共产党领导人尤其难以融入苏联卫星国体系，而这对苏联的国家利益来说至关重要。自从1949年末（中华人民共和国宣布成立后不到三个月）毛泽东访问莫斯科起，斯大林就对毛泽东这一强人领导下的中国的潜力感到不安。朝鲜战争也许能把中国拖入一场边境危机，把美国的注意力从欧洲引到亚洲，并且无论如何，都可以消耗美国的资源。如果朝鲜在苏联支持下获得成功，朝鲜半岛的统一会让苏联在朝鲜半岛占据支配地位，再加上这几个国家历史上相互猜疑，就会在亚洲对中国形成一定牵制。出于相反的理由，毛泽东答应听从苏联的指示（金日成向毛泽东传达苏联的指示时肯定极尽渲染之能事），他担心被苏联包围。俄国对朝鲜半岛的觊觎之心几个世纪来早就显露无遗。作为中苏结盟的代价，斯大林甚至要求中国在意识形态上俯首帖耳。

有一次一位中国知名人士告诉我，跟在斯大林后面同意卷入朝鲜战争是毛泽东犯下的唯一战略错误。朝鲜战争最终把中国的统一推迟了一个世纪，因为它使美国更加坚定了保护台湾的承诺。即便如此，朝鲜战争的起源与其说是中苏联手抗美的考虑，倒不如说是共产党国际秩序内争夺主导地位的三角博弈。金日成为争取对其出兵计划的支持，不断抬高出价，结果这场战争给全球造成的后果震惊了所有参战大国。

共产主义世界的复杂战略考虑非美国方面能比。实际上，美国是为了一项原则而战——击退侵略，并通过联合国落实这一原则。美国之所以能够得到联合国的批准，是因为苏联驻联合国代表不断抗议联合国将共产党中国排除在外，因而缺席了安理会的关键投票。但“击退侵略”这个短语的意思就不那么清晰了。是指全胜吗？如果不是，那又是什么呢？简言之，打算怎么收场？

结果，经验走到了理论的前面。1950 年 9 月，道格拉斯 · 麦克阿瑟将军突然在仁川登陆，包围了深入南方的北朝鲜军队，北朝鲜军队大败。获得大胜的军队应该越过“三八线”北上统一朝鲜半岛吗？[13] 如果是这样，就逾越了集体安全原则的字面意义，因为“击退侵略”在法律概念上已经实现了。但从地缘政治的角度看，本应该汲取什么教训呢？如果“侵略者”最终不过是回到原状，而无须承担其他后果，那么其他地方会不会有人步其后尘？

当时还有其他几种选择，比如在平壤至元山一线的半岛狭长地带停止前进，这里距中国边界大约 150 英里。这既能摧毁北朝鲜的大部分战斗力，将 90% 的北朝鲜人口置于南朝鲜统治之下，也能保证不触碰中国边界。

我们现在知道，早在美国政策规划者开始考虑在哪里停止前进这个话题之前，中国就已经开始准备干预了。1950 年 7 月，中国已在中朝边境集结了 25 万军队。到 8 月，中国高层决策者已经预想到，一旦实力强大的美军全面部署至战场，正在向前推进的北朝鲜军队将被击溃（其实他们准确预测到了麦克阿瑟在仁川的突然登陆）。8 月 4 日，当前线仍在所谓的釜山防线之际，毛泽东对政治局说：“如美帝得胜，就会得意，就会威胁我。对朝鲜不能不帮，必须帮，用志愿军的形式，时机当然还要适当选择，我们不能不有所准备。”[14] 不过，他也告诉周恩来，如果美国停留在平壤至元山一线，中国军队不必立即进攻，应该停下来加紧练兵。至于中国暂时勒兵不前期间和之后会发生什么，那就不得而知了。

可是美国军队没有停下脚步。华盛顿批准麦克阿瑟越过“三八线”，允许他一直推进到中国边境。

对毛泽东来说，美国向中国边境推进不只涉及朝鲜的利益。朝鲜战争爆发之时，杜鲁门已经把第七舰队派至台湾海峡，声称是为了保护中国内战双方，展现美国对亚洲和平的承诺。那个时候，毛泽东宣布建立中华人民共和国才不到九个月。如果朝鲜战争的最终结局是大批美国军队陈兵边境，美国舰队又在台湾与大陆之间插足，那么中国允许北朝鲜攻入南朝鲜将会变成一个战略灾难。

在两种截然不同的世界秩序观迎头相撞之时，美国试图按照威斯特伐利亚和国际法原则维护现状。但维护现状不符合毛泽东的革命使命感。中国历史一次次地告诉他，朝鲜一直是他国入侵中国的通道。他自己的革命经历也是基于这样一种看法：内战不胜则败，没有模糊地带。而且他深信，一旦美国在中朝之间的鸭绿江沿岸驻扎下来，下一步便是进入越南，完成对中国的包围。（四年后，美国果然卷入了印度支那问题。）周恩来道出了这种分析，并表明了朝鲜在中国战略思维中的巨大作用。1950 年 8 月 26 日，他在中央军委会议上说，朝鲜“确实成为世界斗争的焦点……美国压服朝鲜之后，下一步必然对越南及其他原殖民地国家进行压服。因此，朝鲜战争至少是东方斗争的焦点”[15]。

这样的考虑促使毛泽东再次使用了 1593 年中国统治者对付丰臣秀吉率领的日本人入侵的战略。[16] 与超级大国打仗是一个令人望而却步的想法，至少有两名中国陆军将领拒绝带兵与美军作战，但毛泽东坚持出兵。中国的突然进攻迫使美军从鸭绿江撤退。

但在中国插手干预之后，这场战争的目标是什么？应该采用什么战略？这些问题在美国国内掀起了激烈的争论，预示着在未来的战争中，美国将面临更加痛苦的争议。（与反对越南战争的人不同，批评朝鲜战争的人指责杜鲁门政府没有使用足够武力。他们要的是胜利而不是撤退。）

战区司令官道格拉斯·麦克阿瑟与受到参谋长联席会

议支持的杜鲁门政府发生了公开争论。麦克阿瑟强调了美国历次军事行动背后的传统考虑：战争的目的是胜利，只要需要，可以使用各种手段，包括空袭中国本土。僵持是战略上的挫折。共产主义侵略无论出现在哪里，都要击败它，包括在亚洲。美国的军事实力该用就用，不能留着用于遥远地区（指西欧）假设的意外事件。

杜鲁门政府以两种方式回应了麦克阿瑟。为了表明美国文职政府控制着军队，1951 年 4 月 11 日，杜鲁门总统解除了麦克阿瑟的军事指挥权，理由是他发表与政府政策相矛盾的言论。实质上，杜鲁门强化了遏制概念，即主要威胁是苏联，苏联的战略目标是主宰欧洲。因此，用时任参谋长联席会议主席奥马尔·布雷德利（对德作战中的一位高级将领）的话说，用军事手段解决朝鲜战争，甚至深入中国境内，是“在错误的地点、错误的时间与一个错误的敌人打了一场错误的战争”[17]。

几个月后，1951 年 6 月，战场前线稳定在了“三八线”附近，这是战争开始的地方，而且 500 年前的一场战争也是从这里打响的。这时中国提议进行谈判，美国接受了提议。

两年之后双方达成了解决方案，和平持续了60多年，直到本书写作的时候，尽管在这期间和平被无情地打断过，但为时很短。

如同这场战争的起源一样，谈判中两种不同的战略手法也发生了碰撞。杜鲁门政府表达了美方对权力与合法性关系的看法：战争与和平是两个不同的政策阶段；谈判开始后，不再使用武力，外交取而代之。每个阶段都有适用的规则。有时需要使用武力促成谈判，但之后武力必须退居次席。谈判结果取决于友好氛围，军事压力会破坏气氛。在这种精神指导下，美国军队在会谈期间只能奉命采取必要的防御措施，避免首先发起大规模进攻。

中国的观点正好相反。战争与和平是同一事物的两个方面，谈判是战争的延伸。根据中国古代战略家孙子在《孙子兵法》中所说，“攻心为上”，要打乱对手的盘算，削弱对手的信心；“避其锐气，击其惰归”，对手减弱攻势是内心虚弱的信号，可乘机扩大己方军事优势。共产党方面利用这一僵局，让谈判议而不决，加大了美国民众的不安。实际上，在谈判期间，美国遭受的伤亡与战争进攻阶段相当。

最终，双方都实现了自己的目标：美国维持了遏制学说，捍卫了盟国的领土完整，并使其逐渐发展成为亚洲的一个重要国家。中国证明了捍卫边境安全的决心，表达了对自己没有参与制定的国际规则的蔑视。最后的结果是一场平局。但它揭示了美国能力的潜在弱点，即无法很好地将战略与外交、权力与合法性相结合，确定自己的首要目标。最终，朝鲜半岛画了一条跨世纪的界线。这是美国明确放弃胜利目标的第一场战争，并为后来的许多事情埋下了伏笔。

最大的输家是苏联。它最初鼓励进攻的决定，并向盟国提供大量物资作为进攻的后援，但它失去了盟国的信任。中苏分裂的种子在朝鲜战争期间就已播下，因为苏联坚持要求中国为得到的援助付款，还拒绝提供战斗支援。这场战争也激发美国快速大规模地重整军备，大踏步地纠正了西欧的失衡局面，确立了美国执行遏制政策所需的实力地位。

各方都遭受了挫折。一些中国历史学家认为，中国为了支持一个不可靠的盟国，失去了统一台湾的机会。美国失去了“二战”后一直享有的不可战胜的光环，在一定程度上也失去了方向感。其他亚洲国家的革命者学到了经验，即把美国拖入不确定的战争会削弱美国民众对战争的支持。美国的战略和国际秩序思维中的不足依然存在，它将因此在越南的丛林中付出惨痛的代价。

国家共识的瓦解

还在朝鲜战争的困难时期，威尔逊主义原则就与罗斯福式地缘战略相结合，形成了冷战政策头 15 年背后的非凡动力。尽管最初也有一些争论，但它让美国挺过了一系列事件，包括美国 1948~1949 年利用空运挫败苏联关于柏林通道的最后通牒、朝鲜战争、1962 年挫败苏联在古巴部署中程核弹道导弹的企图。紧接着 1963 年，美国与苏联签署放弃在大气层进行核试验的条约。这标志着这两个超级大国认识到需要讨论和限制它们毁灭人类的能力。遏制政策得到国会两党共识的支持。决策层与知识界高度默契，都专注于共同的长期目标。

但大致在约翰 · F · 肯尼迪总统遇刺前后，国家共识开始瓦解。这位年轻总统遇刺带来的震惊是一部分原因，他曾经号召美国践行理想主义传统。虽然刺客是一位曾在苏联逗留的共产主义者，但在年青一代心目中，肯尼迪遇刺引起了对美国事业的道德正当性的质疑。

冷战之初的号召是支持全世界的民主和自由，肯尼迪就任增强了这一号召。但是一段时间之后，遏制战略背后的军事学说开始瓦解公众意识。在武器的毁灭性与使用武器的目的之间，有一条无法逾越的鸿沟。所有有限使用军事核技术的理论都不可行。占主导地位的战略背后的实力将造成无法接受的平民伤亡，必定在几天内便殃及双方数千万人口。这一估算动摇了美国领导人的自信，也动摇了民众对领导人的信任。

此外，遏制政策运用于亚洲边缘时，遇到了与欧洲截然不同的情况。马歇尔计划和北约之所以成功，是因为欧洲国家政府的政治传统虽然遭到破坏，但依然存在，经济复苏也能帮助恢复政治活力。但在许多不发达国家，政治架构脆弱或刚刚建立，经济援助快速实现了稳定，但也马上带来了腐败。

这种困境在越南战争期间达到顶点。1951年，杜鲁门派出文职顾问到达越南，对抗游击战争。1954 年，艾森豪威尔增派了军事顾问。1962 年，肯尼迪批准作战部队作为辅助人员进入南越。1965 年，约翰逊部署了远征部队，人数最终达到 50 万人。肯尼迪政府已经走到参战的边缘，约翰逊政府更是走到台前，因为它深信北越袭击南越是中苏在全球争夺主导权的前奏，美国必须出动军队进行抵制，以免东南亚落入共产党的控制。

保卫亚洲的时候，美国建议像在西欧那样推进。按照艾森豪威尔总统的“多米诺骨牌理论”，一国陷入共产主义，其他国家也会跟着陷落，所以美国运用遏制理论（按照北约模式）来反击侵略者，实施经济和政治重建（如同马歇尔计划）。与此同时，为了避免“扩大战争”，美国极力避免打击河内的军队位于柬埔寨和老挝的庇护所，而他们则利用这些地方发动进攻，造成数千人伤亡，然后又退回原处，躲避追击。

美国的政策是捍卫南越的独立，消灭北越武装和部署的颠覆南越的力量，集中力量轰炸北越，促使北越重新考虑其征服政策并开始谈判。除此之外，美国历届政府从未制订过一项终止战争的计划。直到约翰逊政府中期，美国的政策既没有收到显著成效，也没有引起多大争议。1968年的新年攻势从传统军事角度来看是北越遭到惨败。但被西方媒体描述为北越惊人的大捷和美国失败的例证。这一波民众抗议和媒体批评的浪潮触动了政府官员的神经。

新加坡“国父”李光耀也许是他那个时代最有智慧的亚洲领导人。他在言谈和作品中都坚定且高调地认为，对于维护东南亚的独立，美国的干预是不可或缺的。对于共产党在越南取得胜利对整个地区的影响，他的分析在很大程度上是正确的。但到美国全面参与越南战争的时候，中苏团结已经不复存在，而且整个20世纪60年代两国都处于明显的危机之中。中国受到“大跃进”和“文革”的严重破坏后，越来越把苏联视为危险的对手。

在欧洲使用的遏制原则在亚洲证明并不奏效。在欧洲，战争导致经济危机，就会威胁和破坏传统的国内政治制度，就会出现不稳定。但东南亚经历了长达一个世纪的殖民统治，这些制度尚未建立起来，尤其是南越，历史上从来就不是一个国家。

美国试图在做出军事努力的同时，加紧开展政治建设，以缩小差距。美国一方面与北越主力打常规战，另一方面与越共游击队打丛林战，还要在这个数世纪以来不知自治和民主为何物的地区大搞政治工程。

经过一系列政变（其中1963年11月那次政变实际上受到美国大使馆的鼓励，并得到了白宫的默许，期望军事统治能够带来更加自由的体制），阮文绍将军崛起为南越总统。冷战之初，南越政府的非共产主义倾向曾让美国相信应该支持它，以防范苏联的图谋。可是现在，在一片相互指责中，南越（在血腥内战中）未能成为运转良好的民主国家，反而遭到激烈的谴责。一场起初受到美国绝大多数人支持的战争，一场被美国总统提升到普世自由和人权原则高度的战争，现在却被当成美国道德迟钝的独特证据。不道德和欺骗等指责满天飞，“野蛮”成了人们挂在嘴边的形容词。美国的军事介入被说成某种“精神错乱”，反映了美国生活方式的深刻缺陷。肆意屠杀平民的指控成了家常便饭。[18]

美国国内有关越战的争论成了美国历史上最大的伤痛。在涉足印度支那事务的历届美国政府中，有许多官员充满智慧、廉洁正直，但他们突然被指控为可耻的傻子和骗子。这些争论起初还是关于可行性和战略的理性辩论，最终却变成了街头游行、恶语谩骂和暴力行为。

批评者正确地指出，在战争开始阶段，美国的战略极不适应非对称冲突的现实。轰炸时断时续，以测试河内的谈判意愿，但结果常常造成僵局。美国动用的武力足以招致谴责和抵抗，但不足以坚定对手进行严肃谈判的意愿。越南僵局在很大程度上是冷战渐进升级理论的后果。尽管核超级大国对峙时这一概念运用得体，但它并不适用于与采取游击策略的对手进行非对称冲突。有人希望经济改革与政治演变相互促进，但事实证明这在亚洲行不通。这些都是可以严肃辩论的问题，但不是诽谤中伤甚至在抗议活动中袭击大学和政府建筑的理由。

远大志向的破灭摧毁了自信，而失去自信后，执政者变得手足无措。此前负责美国外交政策的领导人尤其对学生的怒火感到痛苦。由于年长者的不安全感，懵懂青年的正常不满变成了有组织的发泄愤怒，造成了全国性的精神创伤。民众示威愈演愈烈，约翰逊总统（他依然把这场战争说成是保护自由人民、抵抗极权主义的行动）在任最后一年公开露面仅限于军事基地。

1969年，约翰逊总统任期结束之后的数月中，这场战争的几位重要谋划者先后公开辞职，并呼吁结束军事行动，撤出美国军队。这些话题不断发酵，直到执政者对“结束战争”计划达成共识，即美国单方面撤出，仅以释放战俘作为交换条件。

理查德·尼克松就任总统时，仍有50万美国军人在远离美国的越南作战。根据约翰逊确定的时间表，这个数字还在增加。尼克松从一开始就承诺结束这场战争，可是他也认为他有责任在撤军的同时继续履行美国维持战后国际秩序的全球承诺。尼克松是在苏联军事占领捷克斯洛伐克五个月之后上台的，当时苏联正在建造洲际导弹，威胁到（有人甚至认为超过了）美国的威慑力量。而且中国与美国依然相互敌对。如果美国放弃对这个地区的安全承诺，那么它对世界其他地区的安全承诺也必定会受到挑战。维护美国捍卫盟国及全球秩序的信誉（美国已经履行这项职责20多年了）仍然在尼克松的盘算中不可或缺。

尼克松按照每年 15 万人的速度撤出美国军队，1971 年美军不再参与地面作战。他同意进行谈判，但有一个不容商量的条件：他永远不会接受河内的要求，在和平进程开始时用河内提议的人选组成联合政府，替换（美国盟国）南越政府。这一条件被美国强硬拒绝了四年，直到 1972 年北越攻势遭到失败（没有美国地面部队参与）。河内最终同意停火，接受了它一直拒绝的政治解决方案。

美国国内辩论的焦点是，人们普遍希望结束这场战争给印度支那人民造成的创伤，好像美国是他们受苦受难的根源。然而河内坚持继续战斗，这不是因为它不相信美国的和平承诺，而是因为它希望借此耗尽美国继续牺牲的意愿。为了争夺主导权，河内大打心理战，以推行它夺取统治权的计划。事实表明，河内就此坚决不肯妥协。

尼克松下令发动的军事行动——我作为国家安全事务助理也表示支持——再加上灵活的外交政策，使越南问题在 1973 年最终得到解决。尼克松政府确信，西贡能够依靠自己的力量对付一般规模的违反停火协议的行为。美国将提供空中和海上援助，对抗北越的全面进攻。随着时间的推移，依靠美国的经济援助，南越政府能够建立一个运转正常的社会，向着更加透明的体制演进（就像韩国出现的情况一样）。

这一进程能否更快，以及能否给美国的信誉另外一种定义，将一直是热烈讨论的话题。最主要的障碍是美国难以理解北越的思维方式。约翰逊政府高估了美国军事力量的作用。与一般看法相反，尼克松则高估了谈判的效力。对北越久经沙场的领导人来说，不惜牺牲投入战斗就是为了取得胜利，妥协与战败没有区别，建立多元社会不可想象。

如何解决这场争论，超出了本书讨论的范围。对所有相关各方来说，这都是一个痛苦的过程。尼克松实现了完全撤军，找到了一个解决方案。他相信这给予南越人民一个塑造自己命运的良好机会。然而，经过10年的争论，在水门危机群情激昂的余波中，国会1973年对援助实施严格限制，并于1975年切断所有援助。北越军队倾巢而出，越界攻克了南越。国际社会保持了沉默，国会禁止美国进行军事干预。由于共产党革命，老挝和柬埔寨政府先后倒台。红色高棉在柬埔寨进行了几乎令人难以想象的暴力清算。

美国第一次输掉战争，也失去了推进国际秩序观的思路。

尼克松与国际秩序

20 世纪 60 年代充斥着暗杀、暴乱和没完没了的战争。历经这一乱局，尼克松 1969 年接过了恢复美国国家凝聚力和外交政策连贯性的重任。作为富有经验的公众人物，尼克松聪明过人，却有少见的个人不安全感，因此他并不是恢复国内和平的理想领导人。但是也必须记住，当 1969 年 1 月 20 日尼克松宣誓就职的时候，大规模示威、恐吓威胁、非暴力反抗等手段已成气候，逐渐脱离了和平抗议的范畴。

不过对于重新确定美国外交政策的实质这项任务，尼克松已经胸有成竹。作为来自加利福尼亚州的参议员、德怀特 · D · 艾森豪威尔的副总统以及多次参选的总统候选人，他见多识广。外国领导人与尼克松接触时，一般不会与他对抗，让他难堪，而是愿意与他进行他最擅长的实质性对话。与一般有政治抱负的人相比，他独来独往的个性让他拥有更多的自由时间，因此他更愿意潜心读书。这使他成为自西奥多 · 罗斯福以来在外交政策上准备最充分的候任总统。

自西奥多 · 罗斯福以来，还没有哪位总统如此系统地从理论上将国际秩序作为一个全球概念加以阐述。1971 年与《时代》杂志编辑对话时，尼克松提出了这个概念。在他的想象中，五个主要政治和经济权力中心将在非正式承诺的基础上运行，都以克制的态度追求自己的利益。它们的雄心和克制相互交织，形成了均衡：

> 我们必须记住，世界历史上唯一一次拥有较长的和平时期，是在形成均势的时候。当一个国家相对其潜在竞争者实力无限大的时候，正是战争危险来临的时候。所以我希望美国在世界上是一个实力强大的国家。我认为，如果我们看到强大而健康的美国、欧洲、苏联、中国和日本形成合理的平衡，相互制衡，但不相互拆台，那么这将是一个更加安全的世界，更加美好的世界。[19]

这篇讲话中最引人注目的是，“大国一致”中的两个国家其实是敌对国家：苏联和中国。美国与前者陷入冷战，与后者在中断关系 20 多年后刚刚恢复外交接触，美国与中国既没有互设大使馆，也没有正式外交关系。西奥多·罗斯福曾提出一种国际秩序设想，美国在其中充当全球均势的守卫者。尼克松更进一步，认为世界秩序千变万化，均势不会一成不变，美国不是平衡者，而是其中的组成部分。

尼克松在这段话中宣布放弃挑动均势中的一方斗另一方，这展示了他的策略技巧。警告潜在对手的微妙方式就是，公开声明放弃对方已知的我方能力，而这种能力实际上不受声明的影响。尼克松是在起程访问北京之前说这番话的。尼克松访华标志着两国关系显著改善，也是在任美国总统第一次访问中国。美国与这两个共产党巨人的关系比它们二者之间的关系更为紧密，用中国制衡苏联当然成为这项渐进战略的用心所在。1971 年 2 月，尼克松的年度外交政策报告称中国为中华人民共和国（这是美国官方文件首次给予中国这一级别的承认），并宣称美国已经“准备好（在国家利益的基础上）与北京对话”[20]。

1971 年 7 月我正在所谓的秘密访华途中，尼克松就中国的国内政策表达了类似的观点。在堪萨斯城的讲话中，尼克松认为：

> 中国的国内阵痛（即“文化大革命”）不会长久持续下去。因为当我们把中国人作为一个民族看待时（我在世界各地见到过他们），他们富有创造力，成就卓著，是世界上最能干的民族之一。8亿中国人民必定会成为巨大的经济力量。这就意味着，凭着这些特质，如果朝着这个方向前进，他们也能够在其他领域大显身手。[21]

这些说法在今天已经是老生常谈，在当时却是革命性的。[22] 这些是尼克松的即兴谈话，而我当时与华盛顿无法联络，所以我是在20多年来与北京的首次对话中从周恩来口中听到这番话的。尼克松尽管是一位坚定不移的反共产主义者，但他认定，地缘政治平衡的迫切性超过了意识形态纯洁性的需要，这一认识与他的中国同行不谋而合。

在1972年总统竞选中，尼克松的对手乔治·麦戈文曾经嘲弄地说：“回家吧，美国！”尼克松的回应是，如果美国逃避其国际责任，那么它肯定在国内也会失败。他宣称：“只有在履行海外责任方面有大作为，我们才能始终是一个伟大的国家；只有继续作为伟大的国家，我们才能在克服国内挑战方面有大作为。”[23] 与此同时，他希望抑制“我们自恃高明，好为别人借箸代筹的本能”，从而不让“他们依赖我们为其定计”[24]。

为了达到这个目的，尼克松开启了编写世界现状年度报告的做法。就像所有的总统文件均由白宫同事起草，这类报告由我主管的国家安全委员会起草。不过，尼克松要确定文件的总体战略基调，并在定稿之前多次审阅。它们是政府部门的外交政策指南，更重要的是，它们向其他国家表明了美国的战略方向。

尼克松强调，美国不能把命运全部或部分寄托于他国的善意。在这一点上，尼克松可谓一个现实主义者。正如他在 1970 年的报告中强调的，和平需要谈判，也需要有寻求新型伙伴关系的意愿，但只有这些还不够：“持久和平的第二个元素必须是美国的实力。我们知道，和平不可能仅仅通过善意实现。”[25] 他断定，通过持续展示美国的力量以及开展全球行动的明确意愿，和平就会得到巩固而不会被阻滞。这让人想起了西奥多·罗斯福 1907~1909 年派遣大白舰队进行的环球航行。同样，美国也不能期望其他国家把未来押在他人的善意之上。主导原则是努力建立权力与合法性相得益彰的国际秩序，做到使这一秩序的所有关键成员都认为这种安排公正合理：

> 对于所有国家，无论是敌人还是朋友，维护国际体系都与其利益攸关。他们必须感觉到他们的原则得到了尊重，他们的国家利益得到了维护……如果国际环境满足了他们的重要关切，他们就会努力去维护它。[26]

正是这种国际秩序愿景为对华打开大门提供了最初动力。尼克松认为向中国开放是整个愿景中不可缺少的组成部分。向中国开放的一个原因是试图走出过去10年美国的国内争吵。尼克松接掌的美国已经被10年国内国际动荡和无休止的战争所动摇。至关重要的是，要向美国传递一个和平与国际礼让的愿景，鼓舞它去追求一个无愧于历史和价值观的愿景。同样重要的是，尼克松重新定义了美国的世界秩序概念。与中国改善关系将逐渐孤立苏联，或者迫使苏联寻求改善对美关系。只要美国小心行事，与这两个社会主义大国的关系胜过它们之间的关系，困扰美国外交政策20年的中苏合作追求世界霸权的噩梦将被驱散。（在适当的时候，苏联会发现在欧洲和亚洲两面受敌，与自己貌合神离的意识形态阵营里也出现了敌人。苏联已经无力驾驭这个自设的无解困局。）

尼克松力图让美国的理想主义更加实际，让美国的实用主义更具有长远眼光，结果却受到两面夹击，反映出美国人在实力和原则之间摇摆不定。理想主义者批评尼克松按照地缘政治原则推行外交政策。保守派对他提出质疑，声称缓和与苏联的紧张关系是在共产主义对西方文明的挑战面前畏缩退让。两派批评者都忽视了以下事实：尼克松在苏联周边部署了坚不可摧的防御措施；他是第一位访问东欧（南斯拉夫、波兰和罗马尼亚）的美国总统，象征着对苏联的控制发出了挑战；他让美国平安度过了与苏联的几次危机，其中两次（1970 年 10 月和 1973 年 10 月）他义无反顾地让美军进入警戒状态。

在建立国际秩序的地缘政治方面，尼克松表现出了非同寻常的技巧。他不厌其烦地将各种战略要素联系起来，在抵御危机时表现出无与伦比的勇气，在追求外交政策长期目标时则坚韧不拔。他惯用的逻辑是 :“半途而废与坚持到底要付出同样的代价，那干脆坚持到底好了。”结果，从 1972 年至 1973 年，在 18 个月之内，他结束了越南战争，对华打开了大门 ; 为抵抗北越攻势而不断升级军事措施的同时就与苏联举行了峰会，让苏联盟国埃及转而与美国紧密合作 ; 在中东促成了两份脱离接触协议（一份在以色列与埃及之间，另一份在以色列与叙利亚之间。以叙脱离接触协议持续至今，连目前的血腥内战都没有影响它）; 启动了欧洲安全会议。长期来看，欧安会严重削弱了苏联对东欧的控制。

这些策略成果即将转化成长远的世界秩序概念，把令人鼓舞的愿景与切实可靠的均势联系起来。但就在这个节点上，悲剧发生了。越南战争让各方筋疲力尽。水门风暴纯粹是愚蠢的自作自受，又被尼克松的长期批评者无情利用，让整个行政部门陷入瘫痪。在正常时期，尼克松的政策多路并进，完全可以汇聚成美国新的长期战略。尼克松已经看见了希望与现实交汇的乐土（冷战结束、重新定义大西洋联盟、与中国建立真正的伙伴关系、大步迈向中东和平、苏联开始重新融入国际秩序），但他已经没有时间将地缘政治愿景与这些进展融合起来，这段旅程只能留给他人去走完了。

复兴的开端

历经 20 世纪 60 年代的痛苦和总统的下台，美国首先需要的是恢复凝聚力。幸运的是，应时势召唤来完成这一空前任务的人是杰拉尔德·福特。

福特从未涉足总统政治的复杂旋涡，却被推上了一个他想都没想过的职位。正因如此，他不受焦点群体和公共关系的困扰，能够在总统任期内实践善意的价值观和他自小培养起来的对国家的信念。他长期在众议院任职，身居重要的国防和情报小组委员会，熟谙外交政策挑战。

福特的历史任务是弥合美国内部的分歧。在外交政策方面，他努力——且通常成功地——将实力与原则相结合。他的政府见证了以色列与阿拉伯国家（这里指埃及）之间首份协议的签订，其条款在很大程度上是政治性的。第二次西奈停火协议标志着埃及不可逆转地转向支持和平协议。福特发起了积极的外交活动，促成南部非洲由多数人统治，这是第一位美国总统在此问题上采取明确行动。面对国内强烈的反对，他监督召开了欧洲安全会议，会议产生的一些条款把人权奉为欧洲安全原则之一。这些条款被波兰的莱赫·瓦文萨和捷克斯洛伐克的瓦茨拉夫·哈维尔等人大胆采用，在他们的国家引入了民主，开启了东欧剧变的序幕。

在杰拉尔德·福特的葬礼上，我致悼词，其中几句话是：

> 自古以来，尽管人类罪孽深重，上帝还是保留了人类，因为在任何时期，总会有十个正义之士来救赎人类，尽管他们没有意识到自己的角色。杰拉尔德·福特就是其中之一。

由于美国还享有不可战胜的光环，印度支那的失败给美国带来了无法想象的挑战。吉米·卡特正是这时成为美国总统的。一直是中东地区秩序的支柱的伊朗被一些什叶派领袖接管。他们在政治和意识形态上向美国宣战，颠覆了中东的力量均势。其标志就是围困美国驻德黑兰外交使团400多天。几乎同时，苏联认为入侵并占领阿富汗的时机已到。

值此动荡之际，卡特大胆地推进中东和平进程，最终在白宫举行了签字仪式。埃以和平条约的签署是一个历史性事件。虽然这得益于前几届政府消除了苏联的影响，开启了和平进程，但在卡特任内结束谈判却是这一持久而坚定的外交努力的顶点。卡特与中国建立了全面外交关系，巩固了对华开放政策，就这一新方向形成了两党共识。而且他对苏联入侵阿富汗做出强烈反应，支持抵抗苏联占领的人。固然，直到任期结束，他在新的战略挑战面前曾经有过犹豫（寻找权力和合法性之间的平衡），但就是在这段极度痛苦的时期，卡特重申了人类尊严的价值，这对美国自身的形象至关重要。

罗纳德·里根和冷战的结束

罗纳德·里根生逢其时，这样的总统在美国历史上少之又少。早 10 年，里根可能显得过于好战，不够务实；晚 10 年，他的诉求可能显得过于肤浅。他就任总统期间，苏联经济陷入停滞，该国年迈的领导人接连去世。美国公众舆论急于摆脱一段幻灭的时期。于是里根把美国潜在的、有时看似不可调和的力量（理想主义、韧性、创造力和经济活力）整合起来。

里根意识到了苏联潜在的弱点，并对美国制度的优越性高度自信（他对美国政治哲学的理解比其国内批评者要深），他把 19 世纪让美国态度模棱两可的两种成分（权力与合法性）捏合在了一起。依托一些被国会长期搁置的计划，他向苏联发起挑战，使其陷入无法取胜的军备和技术竞赛。

同时，里根在演讲中或多或少地重提威尔逊的道德主义，激发了强大精神动力。1989 年他离任时发表的告别演说也许是最深刻的例子。在这篇讲话中，他描述了对美国这个辉煌的山巅之城的憧憬：

> 在整个政治生涯中，我曾经一再谈起这座辉煌的山巅之城，但是我不知道是否清楚地表达了我的思想。在我的心目中，这是一座高大的、令人骄傲的城市，它建立在坚实的基石上，而绝非空中楼阁。上帝保佑着它，街上人来人往，各种肤色的人生活在和睦与和平之中。这是一座拥有自由港、商业繁荣并且富有创

造力的城市。如果这座城市建有城墙，那么城门一定向所有梦寐以求来到这里的人们敞开。我过去这样认为，现在仍然这样认为。[27]

对里根来说，美国作为辉煌的山巅之城不是一个比喻，而是一个真实存在，因为他决心把它变成现实。

这是罗纳德·里根与理查德·尼克松的一个重要区别。两人的实际政策并行不悖，但绝不相同。尼克松把外交政策当成没有终点的努力，就像一套需要跟上的音乐节拍。他像完成一位异常严厉的老师留下的作业一样，一丝不苟地理清其中的纷乱和矛盾。他希望美国大获全胜，但那可能是一项漫长、艰苦而且在他离任之后才能完成的事业。相形之下，1977 年，里根用他特有的乐观口吻对其助手总结了他的冷战策略：“我们会获胜，他们将失败。”尼克松的决策风格对提升冷战外交的活力至关重要，里根的风格则对以外交方式结束冷战不可或缺。

在一个层面上，里根的言辞（包括他 1983 年 3 月称苏联为邪恶帝国的讲话）可能预示着东西方外交前途渺茫。在更深的层面上，它象征着一段过渡时期。苏联逐渐意识到军备竞赛徒劳无益，而年迈的领导层也面临着接班问题。里根化繁为简，提出了与苏联和解的设想，但尼克松可能永远不会那么直言不讳。

里根深信，共产主义者拒不妥协，是出于无知而不是恶意，是因为误解而不是敌对。尼克松认为对自身利益的深思熟虑可以促使美国与苏联达成和解，但里根不同，他认为，对手只要意识到美国原则的优越性，斗争就会结束。1984 年，资深共产党人契尔年科被任命为苏联最高领导人。里根在日记中透露："我有一种冲动，想跟他面对面地谈一下我们之间的问题，看看能不能让他相信，如果他们加入国际大家庭，苏联会得到实际利益。"[28]

一年后，米哈伊尔·戈尔巴乔夫接替契尔年科，里根的乐观情绪高涨起来。他告诉同事他有一个梦想，就是陪同这位新任苏联领导人参观美国工人阶级社区。一位传记作者回忆道，里根曾经设想："直升机落地后，里根上前邀请戈尔巴乔夫去挨家挨户敲门，问这些居民，'你们认为我们的制度怎么样？'工人们会告诉他生活在美国多么美好。"[29]

这一切将会说服苏联加入全球民主运动，进而缔造和平，因为“得到被统治者认可的政府不会向邻国开战”[30]。这正是威尔逊国际秩序观的核心原则。

里根把这一设想应用到了核军备控制上。1986年，他与戈尔巴乔夫在雷克雅未克举行峰会，提议销毁所有核武器运载系统，只保留和建设反导弹系统。这样的结果将实现里根经常强调的一个目标，即废除进攻能力，消除发生核战争的可能性；建设导弹防御系统，牵制违反协议的国家。这个想法超出了戈尔巴乔夫的想象，所以他在一个无关紧要的问题上努力讨价还价，要求把导弹防御系统的试验限制在“实验室里”。（销毁核武器运载系统的提议无论如何也没有可操作性，因为英国首相玛格丽特·撒切尔和法国总统弗朗索瓦·密特朗会强烈反对。他们深信如果没有核武器，欧洲将无法防御，而他们的独立威慑力量则是最后的保障。）多年以后，我问苏联驻美大使阿纳托利·多勃雷宁，苏联为什么不在核试验问题上做出妥协。他回答：“因为我们没想到里根会拂袖而去。”

戈尔巴乔夫想用苏联的改革概念对抗里根的设想。可是，到 20 世纪 80 年代，苏联领导人几十年来一直挂在嘴上的“力量对比”已经对他们不利。运转不灵的经济模式已经支撑不了这个帝国长达 40 多年的四面扩张。美国虽然有分裂和摇摆，但保留了实力地位的关键要素：在两代人的时间里，它已经建立了由主要工业中心和多数发展中国家组成的非正式反苏联盟。戈尔巴乔夫意识到苏联无法维持现行路线，但低估了苏联制度的脆弱性。他的改革呼吁释放出来的力量杂乱无章，无法进行真正的改革，也打击了士气，无法继续实施极权主义领导。这验证了半个世纪前凯南的预测。

只靠里根对民主的理想主义承诺不可能产生这种结果。强大的国防和经济政策、对苏联弱点的精准分析、极为有利的外部环境，都是他的政策成功的必要条件。不过，没有里根的理想主义（有时近于藐视历史），苏联的挑战也不会在全世界都支持民主的氛围中终结。

40 年前以及之后的数十年里，人们一直认为建立和平国际秩序的主要挑战来自苏联。这背后的逻辑是，共产主义的崩溃（只是想象，要在遥远的将来才会发生）将开启一个社会稳定和国家友好的时代。但事实很快表明，历史运行的周期通常更长一些。在新的国际秩序建立之前，必须先清理冷战的断壁残垣。

这个任务落在了乔治 · H · W · 布什的肩上。他靠节制和智慧保持着美国的优势地位。布什在康涅狄格接受了良好教育，却在美国较质朴、重创业的得克萨斯州起家。布什拥有政府各个层级的任职经验，运用娴熟的技巧处理了一系列让人目不暇接的危机。这些危机既考验着美国价值观的适用性，也考验着美国巨大实力的极限。上任几个月后，中国1989 年的政治风波引发的动荡挑战了美国的基本价值取向，也凸显了美中关系对维持全球平衡的重要性。布什曾经（在中美建交之前）担任美国驻北京联络处主任，他的处事方式既维护了美国的原则，也保留了最终走向合作的前景。他以巧妙的外交手段应对德国统一，在那之前，人们一直以为德国统一会引发战争，他决定不在苏联帝国崩溃时落井下石，也使得德国统一之路更加顺畅。在这种精神指导下，当柏林墙 1989 年倒塌时，布什拒绝了所有提议，没有飞往柏林去庆祝苏联政策的失败。

布什终结冷战的老练手法掩盖了国内的争议。美国从这些争议中一路走来，且争议仍是下一阶段面临的挑战。随着冷战落下帷幕，美国人形成了共识，认为意识形态演变的主要工作已经完成。只要民主国家潜心帮助仍处于威权统治之下的国家进行最后一波民主转型，和平的世界秩序就会浮现，威尔逊的终极愿景就会实现，自由的政治和经济体制将会扩展，埋葬过时的对抗态势，实现更大范围的和谐。

秉持这种精神，布什在第一次海湾战争中通过联合国组建了自愿者联盟，击退了伊拉克对科威特的侵略。这是朝鲜战争以来大国首次采取联合行动。一旦达到了联合国决议中的授权界限，他就停止了军事行动（也许曾任美国驻联合国代表的他想吸取麦克阿瑟将军的教训，不愿意重蹈麦克阿瑟仁川大捷后决定跨过南北朝鲜分界线的覆辙）。

美国 1991 年率军击退萨达姆 · 侯赛因军事占领科威特，这背后有强大的全球共识。在一段时间里，这好像证明美国多年来希望建立的以原则为基础的国际秩序确已存在。1990 年 11 月在布拉格，布什提出了“自由联合体”概念，联合体将接受法治管理，是“一个致力于自由理想的道义共同体”[31]。所有国家都能参加联合体，也许有一天，它将包括全世界的每一个国家。就其本身而言，这个“自由联合体伟大且日益壮大的力量”将“为所有国家打造一个新世界秩序，它比我们已知的秩序更加稳定、更加安全”[32]。美国及其盟国将“超越遏制政策，实行积极接触政策”[33]。

由于 1992 年大选失败，布什的任期戛然而止。在某种意义上，他之所以败选是因为他是以熟谙外交政策的总统形象参加选举的。而竞选对手比尔·克林顿承诺集中精力处理国内事务，受到厌战民众的欢迎。尽管如此，新当选总统很快重申了与布什相差无几的外交政策使命。在 1993 年联合国大会发言时，克林顿表达了时代的自信。他把自己的外交政策理念描述成“扩大”而不是遏制。[34] 他宣称：“我们最重要的目标必须是扩大和加强世界上以市场为基础的民主国家的共同体。”这种观点认为，“从波兰到厄立特里亚，从危地马拉到韩国”，这种政治和经济自由原则是普世性的，所以它的传播无须使用武力。在描述推动这个不可避免的历史演变时，克林顿保证美国的政策将致力于建立“一个民主国家茁壮成长的世界，各国互帮互助，和平相处”[35]。

当国务卿沃伦·克里斯托弗将扩大理论应用到中国，试图以中国制度的调整作为条件发展经济关系时，他遭到了断然回绝。中国领导人坚持对美关系只能按照地缘政治现实来推进，不能像美国建议的那样，以所谓的“中国政治自由化进程”为基础。进入执政第三年时，克林顿处理世界秩序的手法开始变得灵活起来，不再一成不变。

同时，“扩大”理论遭遇了一个更加好战的对手。“圣战”运动千方百计地传播自己的信息，将西方尤其是美国的价值观和体制视为主要障碍，对其发动攻击。克林顿在联合国大会发表讲话几个月前，一群国际极端分子（包括一名美国公民）袭击了纽约市的世界贸易中心。如果第一个目标失手，他们的第二个目标是联合国秘书处大楼。“国家”和“国际法”等威斯特伐利亚概念所依据的规则在《古兰经》里没有明确指示，所以成了“圣战”运动憎恨的对象。同样令他们反感的是民主，因为它允许在伊斯兰教义之外再行立法。在“圣战”分子眼中，穆斯林要完成自己的全球使命，而美国却是穆斯林的压迫者。随着 2001 年 9 月 11 日纽约和华盛顿遭遇袭击，这一挑战大白于天下。冷战结束开启的不是梦寐以求的民主共识时代，而是又一个意识形态和军事对抗时代。

阿富汗战争与伊拉克战争

关于“越战教训”的痛苦讨论结束30年后，同样严峻的困境再次出现在阿富汗和伊拉克战争中。两场冲突都源于国际秩序的瓦解。对美国而言，两场冲突都以撤出而告终。

阿富汗

基地组织寄身于阿富汗，阿富汗统治当局塔利班拒绝将其头目和战士驱逐出境。基地组织1998年即发出伊斯兰教令，号召不加区分地屠杀世界各地的美国人和犹太人。美国的领土被袭，美国必然要反击，也得到了全世界的广泛理解。

一个新的挑战几乎马上浮现出来：当主要对手是没有特定领土、拒绝既有合法性原则的非国家组织时，应该如何建立国际秩序？

在美国举国一致、国际支持的氛围中，阿富汗战争开始了。当北约在历史上第一次使用《北大西洋公约》第5条（规定欧洲或北美洲的一个或多个北约盟国遭到武装袭击时，应被视为对所有盟国的袭击）时，以规则为基础的国际秩序好像得到了维护。“9 · 11”恐怖袭击事件发生9天后，乔治 · W · 布什总统向庇护基地组织的阿富汗塔利班政权发出最后通牒：“把藏在你们领土上的基地组织所有头目交给美国……允许美国不受限制地接近恐怖分子训练营，以便确保结束它们的运作。”[36] 塔利班没有遵从，于是美国及其盟国发动了战争。正如布什10月7日谈到战争的目标时所说，“这些目标明确的行动旨在阻止阿富汗被用作恐怖分子行动基地，并打击塔利班政权的军事能力”[37]。

起初，有人警告称阿富汗是“帝国的坟墓”，但好像有些杞人忧天。在美、英和阿富汗盟军的快速行动下，塔利班被赶下了台。2001年12月，在德国波恩召开的国际会议宣布成立阿富汗过渡政府，哈米德 · 卡尔扎伊担任首脑并开始召集传统部落会议，设计和审议战后阿富汗的体制。盟国的作战目标好像已经实现。

参加波恩磋商的人士乐观地推出一个宏大愿景："建立基础广泛、尊重性别、多民族且具有完全代表性的政府。"[38] 2003年，联合国安理会决议授权扩大北约国际安全援助部队：

> 支持阿富汗过渡政府及其继任者维护喀布尔及郊区以外地区的安全。确保阿富汗政府及联合国人员……在安全的环境中工作。[39]

美国及盟国的工作重心变成了"重建阿富汗"，即建设民主、多元和透明的阿富汗政府，使其政令通行全国。建设阿富汗国防军，使其能够在全国范围履行安全职责。这些工作都带有浓重的理想主义色彩，几乎可以与"二战"后德国和日本的民主建设相提并论。

阿富汗的历史或阿富汗任何一地都无法为这项基础广泛的工作提供先例。[40] 传统上，阿富汗还算不上一个常规意义上的国家，只是一个从未被单一政权连续施政的地理符号。在大多数有记载的历史中，阿富汗各部落和教派不断交战，只是偶尔团结起来抵抗外来侵略，或者联手对邻国发动劫掠。喀布尔的精英或许会不定期地开展议会制实验，但在首都之外，古老的部落准则大行其道。外国人无意之间促成了阿富汗的统一，因为他们的入侵使得各部落和各教派联合起来进行对抗。

因此，美国和北约部队在21世纪初遇到的局面，与年轻的温斯顿·丘吉尔在1897年遇到的情况大致相同：

> 除了收获季节出于自卫的需要各派暂时停火之外，帕坦（普什图）部落一直处于秘密或公开交战状态。每个人都是战士、政治家和神学家，每一所大房子都是领地要塞……每一个村庄都有防御设施。每一个家庭都有未偿的血债，每一个宗族都有世仇。众多部落和部落群体之间都有账要算。任何事情都无法淡忘，任何债务都要偿还。[41]

在这种情况下，打造所谓的联合政府，以及联合国试图建立透明、民主、在安全环境中运转的阿富汗中央政府，无异于彻底改写阿富汗的历史。这实际上是抬高一个宗族（哈米德·卡尔扎伊的普什图波帕尔扎伊部落）压低其他宗族，并要求它通过武力（自己的军队或国际联合部队），或者通过分发外国援助的物资，或两种手段并用，来号令全国。强制推行这些制度将不可避免地剥夺历史形成的特权，重组千变万化的部落联盟。任何外来力量都很难理解和掌控这种局面。

2008 年的美国选举给这种复杂性又增添了矛盾性。新总统巴拉克 · 奥巴马的竞选主张是打算结束在伊拉克的“不智”战争，把部分兵力调去打“必要的”阿富汗战争。但一上台，他就决心结束战争，聚焦于国内的重大改革议题。结果，“二战”后与美国军事行动如影随形的矛盾再次出现：再向阿富汗“增兵”3 万，同时又公开了 18 个月后开始撤军的最后期限。有人认为，公开最后期限的目的是刺激卡尔扎伊政府加速建立现代中央政府和军队，以取代美军。但塔利班等武装游击战略的目标就是和美军耗时间。对喀布尔的领导层来说，宣布失去外来支持的固定日期则开启了包括塔利班在内的各派系间的明争暗斗。

这一时期阿富汗的大踏步前进是非常重要而且来之不易的。民众实施了选举制度，这需要很大的勇气，因为塔利班一直对参加民主架构的人发出死亡威胁。美国也实现了寻找和除掉奥萨马·本·拉登的目标，发出了美国全球出击、暴行必惩的强势信号。

然而该地区的前景依然充满挑战。美国撤出（本书写作之时已经日益临近）以后，阿富汗政府的政令可能只会在喀布尔及其郊区执行，在其他地区得不到统一实施。在外部国家争相施加影响的情况下，阿富汗可能会以民族画线，组成一个半自治的封建地区同盟。如果这样，独立的阿富汗与地区政治秩序能否相容，将依然不得而知。

促进阿富汗团结、使其远离“圣战”，这对于阿富汗的邻国的国家利益至少与对美国的国家利益一样重要，从长期来看，对邻国的重要性要大得多。如果阿富汗回到战前状态，成为非国家“圣战”组织的基地，或者成为一个遵循“圣战”政策的国家，那么每个邻国都有发生境内动荡的风险。巴基斯坦首当其冲，整个国内架构都面临风险。俄罗斯有部分穆斯林居住在南部和西部。中国有大量穆斯林居住在新疆地区。甚至什叶派的伊朗也会受到逊尼派原教旨主义趋势的影响。从战略角度看，如果阿富汗倒向恐怖主义，那么所有这些国家受到的威胁都比美国严重。（也许伊朗除外。

伊朗会认为，境外局势的动荡可以让它操纵各派之间的争斗，就像它在叙利亚、黎巴嫩和伊拉克所做的那样。）

最具讽刺意味的也许是，备受战争蹂躏的阿富汗将成为一块试金石，检验能否从各种不同的安全利益和历史角度中生成地区秩序。关于阿富汗安全，如果没有可持续的国际计划，每个重要邻国只能以古老的民族和宗派画线，支持不同的派别相互争斗。最可能的结果是一个事实上的分裂局面，巴基斯坦控制南部的普什图族，印度、俄罗斯（有可能还有中国）支持民族混杂的北方。为了防止出现真空，需要做出重大外交努力，明确地区秩序，防止阿富汗再次成为“圣战”主义中心。19世纪，各大国确保了比利时的中立。这种担保结果持续了近百年。[42] 这个概念做出适当调整后有可能适用于阿富汗吗？如果不积极探索这种想法（或类似的想法），阿富汗很可能将世界拖回永无休止的战争。

伊拉克

“9 · 11”恐怖袭击事件发生之后，乔治 · W · 布什总统旋即宣布了抗击“圣战”极端主义的全球战略，通过承诺支持民主转型来巩固现有国际秩序。2002 年白宫的《国家安全战略》指出，“20 世纪的伟大斗争”已经展示了“唯一可持续的国家成功模式：自由、民主和自由企业”。

《国家安全战略》文件强调，当前这个时刻，整个世界被前所未有的恐怖暴行所震惊，所有大国“都团结在一起，共同面对恐怖暴力和混乱的危险”。自由制度和大国合作关系提供了自 17 世纪民族国家兴起以来前所未有的“机遇，可以建立大国和平竞争而非不断扩军备战的世界”[43]。所谓“自由纲领”的核心任务，是将伊拉克从中东最不自由的国家转型为多党制民主国家，进而激励整个地区的民主转型：“伊拉克的民主将会成功。这一成功将传递明确的信息，从大马士革到德黑兰，自由将属于每个国家的未来。”[44]

不像后来有人所言，“自由纲领”是一个总统及其身边人士的主观发明。它的基本内容是对美国重大问题的详细阐述。2002 年的《国家安全战略》文件首次宣布了这一政策，实际上重申了 1950 年明确美国冷战使命的NSC-68 号文件的主旨，尽管两者间有一个关键性区别。1950 年的文件援引美国的价值观来捍卫自由世界。2002 年的文件主张，为了普世性的自由价值，要终结世界各地的暴政。

1991 年联合国安理会 687 号决议要求伊拉克销毁所有大规模杀伤性武器库存，承诺永远不再发展此类武器。[45] 自那之后安理会通过了 10 项决议，都确认伊拉克实质性违反了决议。

在伊拉克军事行动的独特之处，在于美国决定把在伊拉克的强制行动当成传播自由和民主工程的一项内容，这也是传统的美国方式。美国回应日益增长的极端伊斯兰普世主义浪潮的方法是，重申美国自身价值观和世界秩序观的普世性。

这一切起初得到了美国民众的强烈支持，尤其是支持除掉萨达姆·侯赛因。1998 年，在两党压倒性的支持下，美国国会通过了《伊拉克解放法案》（众议院 360 票对 38 票，参议院全票通过），宣称：“美国的政策应当是，在伊拉克支持废除以萨达姆·侯赛因为首的政权，帮助促成一个民主政府，取代萨达姆政权。” 10 月 31 日，在参议院通过的同一天，克林顿总统就签署了这项法案，使之成为法律。克林顿表达了两党的共识：

> 美国希望伊拉克重新加入国家大家庭，成为热爱自由、安分守法的成员。这符合我们的利益，也符合本地区盟国的利益……美国正向伊拉克社会各界的反对派提供支持，以最终形成一个得到普遍支持的政府。[46]

在伊拉克，除了萨达姆·侯赛因铁腕控制之下的阿拉伯复兴社会党执掌政权，不允许存在其他政治党派，因而也不存在正式的反对党。所以美国总统的言下之意是，美国将实施一个隐蔽计划，推翻伊拉克的独裁者。

军事介入伊拉克之后，在 2003 年 11 月纪念“美国国家民主基金”会成立 20 周年时，布什发表演讲，详细阐述了这一行动更广泛的意义。布什谴责美国以往对这个地区的政策是以自由为代价寻求稳定：

> 中东没有自由，西方国家对此辩解和迁就了 60 年，却根本没有为我们带来安全——因为从长远来看，以自由为代价不可能换来稳定。

在 21 世纪已经变化了的环境中，传统的政策手段带来了无法接受的风险。因此，这届政府将从稳定政策转向“中东自由的推进战略”[47]。美国在欧洲和亚洲的经验表明，“推动自由会带来和平”。

我赞成在伊拉克实施政权更迭的决定。但我也曾在公开或政府的论坛上表达过疑虑，我不确定是否应该将其扩展到国家建设领域，把摊子铺得如此之大。在和盘托出我的保留意见之前，我想在此对乔治 · W · 布什总统表示我一如既往的尊敬和欣赏。他在一段风雨飘摇的时期，以勇气、尊严和信仰领导着美国。他确定的目标和为之做出的努力给这个国家带来了荣耀，虽然在某些情况下，由于美国的政治周期，这些目标无法实现。布什在卸任总统之后仍孜孜不倦地从事这一事业，并把这当成达拉斯总统图书馆的重要主题，体现了他对“自由纲领”做出的贡献。

我童年时在极权制度下备受种族歧视，后来移民到美国，亲身体验了美国价值观的自由一面。像马歇尔计划等经济援助计划一样，通过树立榜样和民间援助传播这些价值，是美国传统中光荣而重要的组成部分。可是事实证明，在这些价值观没有历史根基的地方，试图通过军事干预来传播它们，指望在一段政治上极其重要的时期内实现根本性改变，这是伊拉克事业的许多支持者和批评者设定的标准。美国公众无法支持，伊拉克社会也无法适应。

伊拉克逊尼派与什叶派之间长期不和，有着千年纷争冲突，以巴格达市中心为界，教派分野泾渭分明。要在冲突环境中推翻这些历史遗留的问题，再加上美国国内争论不休，使美国在伊拉克的努力看不到尽头。邻国政权的坚决反对使之难上加难。这成了一项永无休止、胜利无望的事业。

事实证明，以多元民主取代萨达姆·侯赛因的残暴统治比推翻这个独裁者要困难得多。在萨达姆几十年压迫之下，什叶派被长期剥夺公民权，积怨极深，把民主等同于认可他们的人数优势。而逊尼派认为民主是压制他们的外来阴谋。因此，多数逊尼派教徒抵制了2004年有利于确定战后宪政秩序的选举。北部的库尔德人一直不忘巴格达对他们的残暴攻击，试图提高自己的军事能力，努力控制油田，提高收入，不再依赖国库。他们的自治定义与民族独立几乎没有什么区别。

在革命和外国占领的氛围中，民族激情已经高涨，2003

年之后无情地被外来势力点燃和利用。伊朗支持什叶派破坏新生政府的独立性。叙利亚支持通过其领土转运军火和“圣战”分子（最终对本国的团结造成了灾难性影响）。基地组织开始有计划地攻击什叶派。各个团体都越来越把战后秩序当成争夺权力、领土和石油收入的零和战场。

在这种氛围中，布什于 2007 年 1 月大胆地做出“增兵”决定，部署更多军队平息暴力事件。结果众议院 246 名议员投票通过了不赞成这一决定的非约束性决议。这一决议在参议院因程序原因未获通过，但有 56 名参议员联名反对增兵。参议院多数党领袖马上宣布，“战争已经失败，增兵于事无补”[48]。同月，众议院和参议院通过了要求美国一年内开始撤军的议案，被总统否决。

据报道，布什在 2007 年一次规划会议结束时问道：“如果不去打胜仗，那我们去那儿干什么？”[49]这句话体现了总统性格的坚毅，也是一个国家的悲剧。这个国家的人民在长达半个多世纪的时间内，只要需要就送自己的儿女到世界遥远的角落去捍卫自由，但它的政治制度却无法凝聚起同样统一坚定的意志。布什毅然下达了增兵的命令，大卫·彼得雷乌斯将军出色地执行了命令，在风雨欲来之际赢得了一个体面的结局。但是，这时美国人的心态已经发生变化。巴拉克·奥巴马获得了民主党提名，部分是因为他强烈反对伊拉克战争。就职之时，他依然公开批评其前任，并采取了一个“重退出、轻战略的退出战略”。撰写本书时，伊拉克再次成为地区教派争夺的主战场，政府倒向伊朗，部分逊尼派教徒与政府军事对抗，两个教派的成员都支持叙利亚的“圣战”分子，恐怖组织“伊斯兰国”企图在其大半领土上建立哈里发政权。

上述问题超越了关于“伊斯兰国”来历的政治争论。一个“圣战”实体在阿拉伯世界的心脏地带站稳脚跟，拥有大量缴获的武器和跨国作战部队，与伊朗和伊拉克的什叶派进行宗教战争。这些都要求国际社会做出一致强烈的反应，否则它就会扩散到其他地方。美国以及安理会其他常任理事国，可能还有美国在这一地区的对手，都需要做出持久的外交努力。

目标与可能

当苏联崛起成为威斯特伐利亚国家体系的挑战之时，人们对国际秩序的本质众说纷纭。回顾这几十年，人们可以争论美国所寻求的平衡是否理想，但难以否认，在一个充满大规模杀伤性武器和政治社会动荡的世界里，美国维护了和平，帮助恢复了欧洲的活力，给新兴国家提供了关键的经济援助。

但在“热”战过程中，美国难以处理好目标与可能性的关系。在“二战”后美国所打的五场战争（朝鲜战争、越南战争、海湾战争、伊拉克战争和阿富汗战争）中，只有乔治·H·W·布什总统领导的第一次海湾战争实现了美国开战时提出的目标，国内也没有出现显著的分歧。其他战争的结局（从僵局到单方面撤出）是何时注定的，是另一个争论话题。目前，我们完全可以说，在寻求世界秩序的过程中，一个作用不可或缺的国家在履行职责前，必须对这个职责以及自身有清醒的认识。

身处历史事件之中，对其本质总是当局者迷。伊拉克战争可被视为地区大转型的催化剂。这个地区转型的根本性质至今仍不清晰，还要等待“阿拉伯之春”、伊朗构成的核挑战和地缘政治挑战以及“圣战”分子对伊拉克和叙利亚的袭击等问题尘埃落定。2004 年伊拉克实现了选举政治，必然激起本地区其他国家建立参与式制度的要求；但这些要求能否与和平妥协和宽容精神结合起来，还要拭目以待。

美国总结 21 世纪战争教训的时候不应忘记，除了美国，没有其他大国能把改善人类境遇作为战略目标之一。美国的战争目标不仅是惩罚敌人，还要改善人民的生活，追求胜利不是为了占领土地而是分享自由的果实，这样的国家必定与众不同。如果放弃这一重要的理想主义，美国就是背叛自己。不理会国家经历中这一核心内容，美国也无法安抚朋友，战胜敌人。然而，要想取得成效，雄心勃勃的政策离不开对深层因素客观冷静的分析。这些深层因素包括其他地区的文化和地缘政治结构，反对美国利益和价值观的敌人的决心和策略。实现美国的道德愿望，要依靠可行的方法，要考虑政策的战略要素，赢得美国人民的支持，并延续多个政治周期。

前国务卿乔治·舒尔茨曾经一针见血地阐述了美国的矛盾心态：

> 美国人是讲道义的人民，希望外交政策反映举国拥护的价值观；但是美国人也是务实的人民，希望外交政策收到成效。[50]

美国的国内辩论经常被描述为理想主义与现实主义之争。对美国和世界来说，两者之争的结果也许是：如果美国不能二者兼顾，二者都会落空。

| 第九章 |

技术、均衡与人的意识

每个时代都有其主旋律。它是一套解读世界的信念，通过解释周围发生的各种事件，激励或安慰个人。在中世纪时期，主旋律是宗教；在启蒙时期，是理性；在 19~20 世纪，是民族主义和历史观。科学和技术是我们这个时代的主导观念，它们推动了人类福祉史无前例的进步。科技发展突破了传统的文化限制，但也催生了足以毁灭人类的武器。技术带来的通信方式使全球各地的个人或机构能够即时联络，一触按钮便可储存和提取海量信息。可是，技术应该用于什么目的呢？如果技术成为日常生活中不可或缺的一部分，甚至自成一体，会对国际秩序产生什么影响？面对破坏性如此巨大的现代武器技术，共同恐惧能促使人类团结起来消除战争灾难吗？还是拥有这些武器会让人永不安宁？通信的方便快捷和无处不及能够突破社会和个人之间的壁垒吗？在透明的世界里，能让古老的人类共同体梦想变成现实吗？还是正好相反，由于大规模杀伤性武器、网络透明度、缺乏隐私，人类被迫进入一个没有任何界限或秩序的世界，在无法理解的危机之中挣扎？

作者自认无法跟上这些先进的技术，但关心技术所代表的内涵。

核时代的国际秩序

自从有历史记载以来，政治单元（不管是否称为国家）都把战争作为最后的手段。不过，技术让战争成为可能，也限制了战争的范围。面对众多的战争目标，实力最强大、装备最精良的国家也只能在有限的距离内部署一定数量的兵力。雄心勃勃的领导人既受制于传统，也受制于通信技术的发展水平。大胆的行动方案受到实施步伐的制约。外交指令必须考虑信息传递期间发生的突发事件。这强迫人们暂停下来进行反思，并承认领导人有些事情能够控制，有些则无能为力。

不管国家之间的均势是正式原则，还是没有理论根据的具体做法，某种形式的均衡都是国际秩序的重要组成部分。罗马帝国和中华帝国关注外围的均势，欧洲则把均势作为核心运行原则。

随着工业革命的到来，变化的步伐加快，现代军队的力量更具破坏性。在技术差距巨大的时代，甚至（按照现在的标准来看）普通技术也能造成种族灭绝的后果。欧洲的技术和疾病在很大程度上摧毁了美洲原有的文明。新的能力带来了新的毁灭潜力，正如大规模征兵制强化了技术的复合效应。

核武器的诞生把这一进程推到恐怖的顶点。“二战”中，各大国的科学家潜心研究，掌握了原子的秘密，并能让它释放出能量。美国的努力取得了胜利，这就是众所周知的曼哈顿工程。这项工程动用了美国、英国最优秀的人才和散居各地的欧洲犹太移民。1945 年 7 月，在新墨西哥州沙漠中第一次成功进行了核试验，领导这一秘密武器研发项目的理论物理学家J·罗伯特·奥本海默被自己的成功震撼。他想起了《薄伽梵歌》里的一句诗："我成了死神，世界的毁灭者。"

在以前，人们对战争有一个心照不宣的盘算：胜利的收益大于成本。弱者努力增加强者的成本，以打破这个等式，于是组建同盟扩大实力，让对手对己方的力量联盟放弃幻想，打消开战动机（在主权国家社会里，消除人们对终极意图的疑虑是可能的）。一般认为，军事冲突带来的损失小于战败的损失。与之相反，在核时代，使用核武器的成本远远大于收益。

核时代带来一个难题，即如何从道德和政治层面考虑现代武器的毁灭性与战争目标的关系。不管建设何种国际秩序，乃至为了人类生存，当务之急都是缓和大国冲突，如果无法消除大国冲突的话。人们努力寻求理论上的限制，不让任何一个超级大国最大限度地使用军事能力。

战略稳定的定义是一种均势，其中任何一方都不能使用大规模杀伤性武器，因为对方的报复措施总能造成不可接受的破坏。[1] 20世纪50年代和60年代，在哈佛大学、加州理工学院、麻省理工学院和兰德公司的一系列研讨会上，有人提出“有限使用论”，试图把核武器的使用限制在战场或军事目标上。但这些理论探索均告失败，因为不管设置了什么限制，一旦越过核战争的门槛，现代技术就会突破有形的限制措施，对手总有能力让战争升级。最终，美苏双方的战略家在“确保相互摧毁”概念上至少达成了心照不宣的共识，这个概念成为核时代的和平机制。鉴于美苏双方都拥有能挺过首轮打击的核武库，所以目标是消除各种骇人的威胁，让双方放弃这种尝试。

到 20 世纪 60 年代末，两个超级大国的主流战略学说都是基于对假想敌造成“无法接受的”损害的能力。当然，敌人认为什么无法接受不得而知，双方也不可能就此进行沟通。

对威慑力的计算都是基于各种假设。它需要在各种假想情况之间建立起“合乎逻辑的”等式，即假定伤亡水平超过四年世界大战总和，以及几天或几小时内伤亡多少人。因为从来没人真正使用过造成这类威胁的武器，所以威慑在很大程度上取决于对敌人心理的影响力。20 世纪 50 年代，毛泽东声称在核战争中中国不惜牺牲数亿人口，这被西方广泛认为是情绪失控或意识错乱的表现。[2]其实，这很可能是深思熟虑的结果。为了抵御前所未有的军事威胁，一个国家需要展现出超越人类理解力的牺牲意愿。对于这句话，西方和华约国家都感到震撼，但它们恰恰忘记了超级大国本身的威慑理念正是建立在世界末日的风险之上。说得更委婉一些，确保相互摧毁论背后的逻辑是，领导人为了和平而故意把平民置于灭绝的威胁之下。

各国做出了不懈努力，避免陷入拥有庞大核武库却不能使用甚至不能威胁使用的困境。人们曾经推演出种种复杂的战争场景。但据我所知（一度我也能直接知悉），在两个超级大国之间的具体危机中，双方都没有达到真正使用核武器的地步。[3]除了在 1962 年古巴导弹危机中，苏联某个作战师起初获得授权可以使用核武器进行自卫，在相互对抗或针对第三方非核国家时，双方都没有接近使用核武器的临界点。

在这一背景下，占用超级大国大量国防预算的最令人恐惧的武器，在领导人面对危机时失去了意义，于是“双方一起自杀”成了国际秩序机制。冷战期间，华盛顿和莫斯科互相挑衅也只能通过代理人战争。核时代到达巅峰时，常规力量反而扮演了关键角色。这个时代的军事斗争发生在遥远的边缘地带：朝鲜的仁川、越南的湄公河三角洲、安哥拉的罗安达，以及伊拉克和阿富汗。衡量成功的标准是对发展中国家盟友提供有效支持。简言之，大国的战略武器库与想要实现的政治目标不相匹配，事态的实际发展击碎了核武器无所不能的错觉。

在这个背景下，1969 年，尼克松总统与苏联就限制战略武器（简称SALT）开始正式谈判。1972 年双方签署协议，设立了进攻性武器增长的上限，并将每个超级大国的反弹道导弹发射场限制为 1 个（实际上变成了训练场，因为根据 1969 年尼克松最初的提议，美国要部署完整的反弹道导弹系统需要 12 个发射场）。美国的考虑是，既然国会拒绝批准两个以上导弹防御发射场，就必须在确保相互摧毁的基础上建立威慑。按这种战略导弹要求，双方的进攻性核武器已经足够（实际上远甚于此）造成无法接受的伤亡水平。没有导弹防御，消除了不确定性，确保了相互威慑。当然一旦威慑失败，结果也必然是整个社会的毁灭。

在 1986 年的雷克雅未克峰会上，里根颠倒了确保相互摧毁的方式。他提议销毁双方的所有进攻性武器，废除《反弹道导弹条约》，允许建立防御系统。他试图通过禁止进攻系统，把防御系统作为对抗违规的手段，从而抛弃确保相互摧毁理念。但是戈尔巴乔夫（错误地）认为美国导弹防御项目进展顺利，而苏联因缺乏相应的技术和经济基础无法跟进，于是坚持维持《反弹道导弹条约》。实际上，苏联三年后放弃了战略武器竞赛，结束了冷战。

从那时起，根据与苏联（俄罗斯）的协议，先是乔治 · W · 布什总统，然后是奥巴马总统，削减了进攻性战略核弹头数量，减至每方约 1 500 枚，约为确保相互摧毁战略高峰时期弹头数量的 10%。（削减后的数量也远远足以实施确保相互摧毁战略。）

核均势对国际秩序产生了矛盾的影响。历史上的均势帮助西方控制了当时的殖民地世界。相比之下，（西方自己创造的）核秩序却产生了相反的效果。与历史上任何时期相比，发达国家相对于发展中国家的军事优势比历史上任何时期都大。但由于发达国家投入大量精力发展只在严重危机时才能使用的核武器，核武器的用途反而无意之间打了折扣。地区性大国可以通过拖长战争时间的战略，消磨“发达”国家公众支持战争的意愿，来弥补整体军事差距，比如法国在阿尔及利亚和越南的经历，美国在朝鲜半岛、越南、伊拉克和阿富汗的经历，苏联在阿富汗的经历。（除了朝鲜战争，其他几场战争的最终结局都是经过旷日持久的常规力量冲突后，实力强大得多的国家单方撤军。）传统的战争学说是线性的，针对的是敌方领土，而现在出现了非对称战争。游击战不需保卫任何领土，但能集中制造伤亡，销蚀公众继续支持战争的政治意愿。在这种意义上，技术上的优势变成了地缘政治上的无能。

核扩散的挑战

随着冷战结束，现有核大国之间的核战争威胁基本消失。但是技术的传播，尤其是和平使用核技术的推广，大大增加了获得核武器能力的可能性。意识形态分歧日益扩大，地区冲突旷日持久，都增强了获取核武器的动机，包括“流氓国家”和非国家行为体。冷战时核大国相互之间没有安全感，于是产生了相互克制。但对那些核领域的新进入者来说，这一点不可能同样适用，更别说对非国家行为体了。核武器扩散已经成为当前国际秩序中一个全面的战略问题。

为了应对这些风险，美国、苏联和英国谈判达成了《不扩散核武器条约》（NPT），并于1968年开放供其他国家签署。（美国、苏联和英国于1968年签署，法国和中国于1992年签署。）该条约旨在防止核武器进一步蔓延。非核国家只要接受保障措施，确保核项目纯粹用于非军事用途，有核国家就可以在和平利用核技术方面给予援助。撰写本书之时，这份核不扩散协议共有189个缔约国。

不过，这个全球防扩散机制难以成为真正的国际准则。有人攻击它是一种“核种族隔离”，许多国家认为它偏向富裕国家。《不扩散核武器条约》的限制条款诱劝其他国家必须遵约，但常常沦为一种愿望，而不具有约束力。非法制造核武器的迹象难以发现，也难以抵制，因为它的最初步骤与《不扩散核武器条约》授权的和平利用核能完全相同。该条约禁止但未能防止缔约国（例如利比亚、叙利亚、伊拉克和伊朗）从事违反《不扩散核武器条约》保障措施的秘密核项目，也未能阻止朝鲜2003年退出《不扩散核武器条约》，并在不受任何国际监控的情况下试验和扩散核技术。

当一国违反或拒绝执行《不扩散核武器条约》条款，打擦边球，或者干脆拒绝承认防扩散这一国际准则的合法性时，并没有明确的国际机制来强制其履约。迄今为止，只有美国针对伊拉克、以色列针对伊拉克和叙利亚采取了先发制人的行动（这也是对萨达姆·侯赛因发动战争的因素之一），苏联20世纪60年代曾考虑对中国动手，但最终收手。

在通过协商放弃核计划方面，防扩散机制也取得了几次重要成功。南非、巴西、阿根廷和几个前苏联加盟共和国先后放弃了核武器项目。那些核武器项目中有的接近完成，有的已经取得重要技术进展。同时，自从1949年美国的核垄断地位终结以来，核武器已被苏联（俄罗斯）、英国、法国、以色列、中国、印度、巴基斯坦和朝鲜掌握，伊朗也处于核门槛水平。而且巴基斯坦和朝鲜已经广泛扩散了核技术。

新拥核国家使用核武器的意愿对核均势产生了不同的影响。英国和法国的核能力只是对北约核武库的微不足道的补充。如果英国和法国被美国遗弃，且英法两国的根本国家利益受到某个大国威胁，才会使用这一最后手段，或者凭借核武器在核战争中置身事外。印度和巴基斯坦的核设施首先是相互瞄准对方，并以两种方式影响着战略均势。冲突升级的风险可能降低在这个次大陆全面爆发常规战争的可能性。但是核武器系统易受攻击，技术也难以防范短程袭击，先发制人的诱惑成为这种技术与生俱来的特点，尤其是在群情激愤的情况下。总之，核扩散带来了典型的核困境：核武器降低了战争的可能性，但战争一旦爆发，惨烈程度将大大提高。

印度与中国的核关系最接近冷战对手之间的威慑态势。也就是说，它们倾向于避免使用核武器。巴基斯坦的核设施对地区和全球问题也有影响。巴基斯坦靠近中东，国内有大量的穆斯林，它偶尔会暗示自己承担着核保护者或核军械师的角色。向伊朗扩散核武器将会使这些问题更加复杂（参见第四章）。

久而久之，核武器的持续扩散甚至会影响核超级大国之间的核均势。现有核国家领导人必须为最坏情况做好准备。这既包括其他超级大国的核威胁，也包括核扩散国家带来的威胁。他们必须通盘考虑核战略，既要顾及主要潜在对手的威胁，也要为应对扩散留有余力。如果每个核大国都这样盘算，核扩散将导致这种余力成比例增长，接近或超过现在的极限。而且随着扩散的加剧，这些核关系相互交叠，日趋复杂。冷战期间相对稳定的核秩序将被新的国际秩序取代。在新秩序中，拥有核武器的国家宁愿给人留下不怕世界末日到来的印象，因为这也许反而使之比对手更能占据优势。

为了获得一张防范核超级大国的安全网，拥核国家甚至也会暗中或公然依附在某个超级大国的保护之下（例如处于核门槛的以色列、欧洲核国家和日本，还有中东地区其他核扩散或接近扩散的国家）。所以人们会发现，核武器扩散会形成联盟体系。虽然该体系在全球影响力和破坏力上远超导致“一战”的各种同盟体系，但僵硬程度与其大体相似。

当一个拥核国家的军事进攻能力接近两个核超级大国时（中国和印度都能做到），就可能出现极其严重的不平衡。任何一个核大国，如果能置身于另外两国核冲突之外，它就能逐渐占据支配地位。在多极的核世界，如果这个国家能联合其中一个超级大国，这种情况也会出现，因为两者力量相加就有了战略优势。在这样的情况下，当前超级大国间的大致核均势就有可能发生不利于战略稳定的变化。俄罗斯与美国核裁军幅度越大，就越是如此。

核武器进一步扩散会大大提高核对抗的可能性。这增加了蓄意或未经授权转移核武器的危险，最终会影响核超级大国之间的平衡。而且，随着核武器的研发（无视正在进行的所有谈判）蔓延至伊朗乃至朝鲜，其他国家跟风效仿的动机将无法抑制。

面对这些趋势，美国需要不断审视自己的技术。冷战期间，核技术被广泛视为美国科技成就的前沿，是一种带来最大战略挑战的领先知识。当前，最优秀的技术人才都致力于对公众更加有益的项目。也许部分地由于这个原因，禁止发展核技术被视为不可改变，尽管与此同时，核扩散国家在发展核武器，其他国家也在竞相提高核技术。即使美国在谈判限制使用核技术的同时，它也必须始终处于核技术的前列。

过去半个世纪没有发生大国冲突，从这个角度看，核武器似乎让这个世界更不容易爆发战争。但是，随着战争次数的减少，非国家行为体或一些国家以非战争名义制造的暴力事件大幅增加。巨大的风险，再加上意识形态上的极端化，揭示了非对称战争的可能性，也凸显了非国家行为体无法长期保持克制带来的挑战。

最重大的挑战也许是，如果核扩散国家真的相互使用核武器，现有核大国该作何反应。首先，在现有协议之外，如何防止使用核武器？如果依然使用了核武器，必须马上采取什么措施来阻止战争？对人类和社会造成的破坏如何处理？在维护威慑的有效性，或者威慑失败时必须采取措施时，如何防止报复升级？绝不能因技术进步而忽视这些人类发明有多么恐怖可怕，也不能忘记对这些技术的限制措施多么不堪一击。绝对不能允许核武器变成常规武器。在此关键时刻，要维持国际秩序，现有核大国就必须达成谅解，坚持核不扩散，否则核战争灾难将降临，并强加给我们另一种秩序。

网络技术和世界秩序

回顾历史，科技历经数十年、数世纪不断发展，提炼和整合了原有技术。甚至根本性的技术创新，也能随着时间的推移逐渐融入以前的战术和战略学说。坦克代替了数个世纪以来的骑兵，飞机是另一种形式的炮兵，战舰是移动的堡垒，航空母舰是飞机跑道。尽管核武器的破坏力极大提升，它在某些方面也是以往经验的延伸。

当前这个时代的最新发展，是计算能力的快速提升和信息技术扩展至社会的每个领域。戈登·摩尔还记得20世纪60年代他在英特尔公司担任工程师的经历。他发现了一种按照一定时间间隔持续变化的趋势，即计算机集成电路上的晶体管数量每两年翻一番。[4]“摩尔定律”被证明有惊人的预见性。计算机的尺寸变小了，成本下降了，但速度以指数级加快。先进的计算机处理器现在几乎可以嵌入任何物体中，包括电话、手表、汽车、家用电器、武器系统、无人机和人体内。

计算机信息处理技术的革命首先把众多个人和程序纳入同一交流媒介，并用同一种技术语言来翻译和追踪它们的行为。[5] 网络空间（20 世纪 80 年代杜撰的一个新词，当时基本上是一个假设概念）已经开始主导实体空间，并且开始在大型城市中心与实体空间融合。[6] 网络空间的节点以指数级增加，节点之间的通信即时完成。一代人之前依靠人工或纸张的工作（阅读、购物、教育、交友、工业和科学研究、政治运动、财务、政府档案保管、监视和军事战略）都经过了计算领域的过滤筛选。人类活动变得越来越“数据化”，成为一个“可计量、可分析”系统的一部分。[7]

这一趋势将不断深化，目前连接互联网的终端设备约为 100 亿台，2020 年将达到 500 亿台。“物联网”或“万联网”已经浮出水面。创新者现在预测会出现一个计算无处不在的世界，小型数据处理设备将嵌入所有日常物品（智能门锁、牙刷、腕表、健身追踪器、烟雾感应器、监控摄像机、烤箱、玩具和机器人）中，或浮在空中以“智能尘埃”的形式勘测和塑造环境。[8] 每个物体都接入互联网并程序化，与中央服务器或其他网络设备沟通。

这种具有革命性的影响扩展到人类组织的每个层面。智能手机用户（当前约 10 亿人）[9] 现在享有的信息和分析能力已经超过一代人之前的许多情报机构。聚合和监控这些信息的公司拥有的影响力和监视能力，已经超过当前许多国家和几乎所有传统大国。各国政府不愿把这个新领域拱手让给对手，因此踊跃进入这个还没有多少规则和约束的领域。所有的技术创新都具有诱惑力，这一新领域也将被视作一个战略优势领域。

这些变化速度之快，已经把那些技术能力不足以理解其长远影响的国家远远地甩在了后面。科技发展把人类带入了一些迄今无法解释、不可想象的领域。结果，许多革命性技术只能在有能力、有判断力的技术先进国家得到使用。

任何一国政府，哪怕是极权主义政府，都无法阻挡信息的流动，也无法阻挡前所未有的数字化趋势。大多数民主国家都有一种根深蒂固的本能，认为试图削弱信息革命的影响是不可能的，或许也是不道德的。自由民主世界之外的多数国家也不再试图拒绝变化，转而追求掌控变化。每个国家、公司和个人现在都是技术革命队伍中的一员，或是主体，或是客体。本书的侧重点是探讨科技变化对国际秩序前景的影响。

在当代世界，核武器依然足以毁灭文明生活。尽管后果是灾难性的，但核武器的意义和用途依然可根据战争与和平周期来分析。而新的互联网技术开辟了全新图景，网络空间挑战了所有历史经验。它无处不在，但本身不具威胁性，威胁取决于如何使用。网络空间带来的威胁尚不明朗，无法定义，更难定性。网络通信在社会、金融、工业和军事部门的广泛应用带来诸多优势，也带来了前所未有的弱点。它超越了多数规则和规定（其实也超出了许多监管者的技术理解力），在许多方面造成了哲学家所说的“自然状态”。根据霍布斯的说法，逃离这种状态的愿望就成了创建政治秩序的动力。

网络时代之前，国家实力取决于人力、装备、地理、经济和士气等要素。和平与战争时期有明确的分野。敌对状态由特定的事件触发，所执行的战略有明确的理论依据。情报部门主要在评估及偶尔削弱敌人实力方面发挥作用。情报活动受制于心照不宣的共同行为准则，或者至少受制于几十年的通行惯例。

互联网技术超越了战略和学说，至少目前如此。在这个新时代，对于能力还没有共同的解释，甚至没有共同的理解。对于使用这些能力，尚缺少或明或暗的约束。当隶属关系不清的个人也能实施极具野心和侵入性的行动时，国家行动这个概念可能也变得模糊了。事实上，实施网络攻击比网络防御更为容易，这助长了新网络能力的进攻倾向，让情况更加复杂。[10]

更加危险的是，实施这些行为的嫌疑人可以合理地推诿，而且也没有相关国际协议。即便有国际协议，现在也没有强制执行的制度。一台笔记本电脑就能造成全球性后果。一个人只要有足够的计算机能力，就能进入网络领域，在一个无人知晓的角落，让重要基础设施陷入瘫痪或彻底毁坏。在一国实际领土之外发起的行动，就可以让电网崩溃、电厂瘫痪。地下黑客集团已经证明能够侵入政府网络系统，散播机密信息，其结果足以对外交活动产生影响。“震网”就是一种由国家支持的网络攻击，它成功地破坏和延迟了伊朗的核努力，在破坏程度上相当于一次有限军事打击。[11]2007 年，俄罗斯对爱沙尼亚发起的“僵尸网络”攻击让通信瘫痪数日。

这种状况即便暂时对发达国家有利，也不可能无限期地持续下去。通向世界秩序的道路也许漫长坎坷，但如果一个极为普遍的问题被排除在严肃对话之外，那么国际社会不会取得有意义的进展。所有各方，尤其是那些受不同文化传统影响的国家，不可能殊途同归，就这种侵入能力的本质和使用达成同样的结论。不过，对这一新形势形成共同认识、做出尝试非常必要。没有这种认识，各方将继续自行其是，从而扩大出现混乱结局的可能性。在虚拟网络世界采取的行动能够对现实世界采取的对策产生压力，而且它们造成的潜在破坏在本质上与以往的军事袭击相当。如果不做出明确的限制，不就相互克制的规则达成协议，危机很可能爆发，哪怕事出无意。国际秩序本身可能会面临越来越大的压力。

在其他战略能力方面，各国政府逐渐认识到，国家行为不受约束在本质上是自掘坟墓。即便潜在对手之间，也需要走一条可持续的道路，就是综合使用威慑和相互克制，再加上一些措施，防止因误解和沟通不畅而发生危机。

网络空间在战略上已经不可或缺。撰写本书之时，用户（不管是个人、公司还是国家）行为都是取决于自己的判断。美国网络司令部司令预言：“下一次战争将在网络空间打响。”[12] 我们无法想象这样一种国际秩序：一个关乎各国生存和进步的领域却没有任何国际行为标准，各国如何行事取决于单方面的决定。

战争史表明，每一种进攻性技术能力最终都会被相应的防御性措施抵消，虽然每个国家不会平等地获得这种防御能力。这意味着技术欠发达国家必须接受高科技社会的保护吗？结果会是过度紧张的力量平衡吗？核威慑表现为破坏力的平衡，但一旦使用核武器，这种平衡将不复存在，因为最大的危险是攻击没有预警，威胁突然降临。

与核武器一样，网络空间的威慑也不能建立在对称报复基础之上。如果网络攻击只限于特定的功能或范围，“同等反应”对美国和对攻击者可能产生全然不同的影响。例如，如果一个重要工业经济体的金融架构遭到破坏，那么受害者只能针对袭击者微不足道的同等资产进行反击吗？或者只针对实施攻击的电脑？这都无法构成充分的威慑，那么问题变成了“虚拟”进攻是否应该受到“相应”反击？应在多大程度上以及按照何种对应方式反击？新的威慑理论和战略学说尚在酝酿之中，急需向前推进。

最后，建立一个全球网络环境框架势在必行。它也许跟不上技术的发展，但建立框架的过程将有助于领导者认识到危害和后果。在对抗过程中，协议即便无足轻重，至少也能防止因误解而陷入不可挽回的冲突。

此类技术的困境在于，除非对一些关键能力形成共识，否则不可能确立行为准则。但主要行为体不愿将这些能力公之于世。美国要求中国约束利用网络获取商业秘密的活动，并声称这些活动的规模前所未有。可是，美国在多大程度上愿意公开自己的网络行为呢？

因此，在外交和战略上，网络大国之间的关系具有内在的非对称性，是一种内在的混乱秩序。许多战略对抗的重点由实体转向信息领域，如数据收集和处理、网络渗透和心理操纵。如果没有明确的国际行为准则，这个体系的内在动力就会产生危机。

人的因素

自从 16 世纪近代史开启以来，政治哲学家一直在争论人类与环境的关系。霍布斯、洛克、卢梭从生物学、心理学角度对人类意识进行了描述，并以此为起点形成了他们的政治立场。美国的建国先驱们也是如此，麦迪逊的《联邦党人文集》第十篇就鲜明地体现了这一点。追溯社会的演变时，他们探究“根深蒂固的人性”因素：每个人都有强大却易错的理性和与生俱来的“自恋”，二者相结合便使人“形成了不同的观点”；人的能力不同直接导致“学历和财产不同”，“社会划分成不同的利益和党派”。[13] 虽然这些思想家对具体因素的分析及结论不同，但都从人性角度构建其理论框架，而人性的内在本质和现实体验是永恒不变的。

当今世界，人类意识是经过一个前所未有的滤器过滤形成的。全天当中，电视、电脑和智能手机这“三大件”让人与屏幕几乎不停地互动。现实世界的人际交流被无情地推入网络设备构成的虚拟世界之中。最近的研究表明，成年美国人在屏幕前约花掉一半醒着的时间，而且这个时间还在延长。[14]

这一文化剧变对国家关系有何影响？决策者肩负着多重任务，其中许多是由他所在社会的历史和文化决定的。他必须首先分析他所处的社会，因此自然需要回顾过去，展望未来；没有对历史和未来的直觉，就无法做出判断。然后他必须努力了解这条轨迹将把他和社会带向何方。他必须抵制诱惑，不能照搬过去的决策，因为未来的路上会发生停滞，也会有衰落。在技术和政治剧变的时代，智慧不断告诉我们，必须另辟蹊径。显然，带领社会从此岸走向未知的彼岸时，一条新路既有优势也有劣势，而且好像总是优劣相当。沿着从未走过的道路前进需要睿智和勇气：需要睿智，是因为这个选择并非显而易见；需要勇气，是因为开始走这条路时将会形单影只。政治家必须激励人民坚持下去。伟大的政治家（丘吉尔、两位罗斯福、戴高乐和阿登纳）既有远见，又有决心，而当今社会越来越难以培养这些品质。

互联网给我们这个时代带来了伟大且不可或缺的成就，但它侧重已然而非偶然、事实而非概念，侧重由共识而非自省形成的价值观。对于一碰按钮便能获取数据的人来说，历史和地理知识不是必需的。对那些在脸谱网上寻求成百上千的朋友点“赞”认可的人来说，那些孤独地在政治道路上跋涉的人的思维模式并不是显而易见的。

在互联网时代，世界秩序经常等同于如下假设：如果人们能够自由获取和交流信息，人对自由的天然冲动会生根发芽，自由将会自动实现，历史将会自动前行。可是哲学家和诗人长期以来一直把思想分成三个部分：信息、知识和智慧。互联网聚焦于信息领域，极大地促进了信息的传播。越发复杂的功能被设计出来，尤其是能够对一些事实问题（不会随着时间而改变）做出回应。搜索引擎能够越来越快地处理越来越复杂的问题。可是，过度抓取信息可能反而抑制了知识的获取，让智慧更加遥不可及。

诗人T · S · 艾略特在《磐石》的合唱词中捕捉到了这一点：

> 我们在生活中丢失的生命去哪儿了？
> 我们在知识中丢失的智慧去哪儿了？
> 我们在信息中丢失的知识去哪儿了？[15]

事实很少不言自明，它的意义、分析和解释（至少在外交政策领域）取决于环境和相关性。随着更多问题被当作涉及具体事实的问题，人们就形成了这样一种思维，即每个问题都必须有一个可以追索的答案，问题和对策都不必深思熟虑，“上网查查”就行了。但在国家关系中（与其他许多领域一样），信息要想真的有用，就必须被置于广阔的历史背景和经验之中，逐渐成为实用的知识。如果领导人能够偶尔达到睿智的水平，于这个社会来说就是非常幸运的。

从书籍中获取知识是一种与互联网不同的体验。阅读比较花费时间，为了让这个过程更轻松，文风非常重要。因为一个人不可能读完有关某个主题的所有书籍，更不可能穷尽所有书籍，把读过的内容总结归纳也不容易，所以向书本学习有利于概念思考，即能够识别可比的数据和事实，并把这种模式应用于未来。文风把内容与美学结合在一起，使读者与作者建立起关系，也与主题建立起关系。

传统上，另一个获取知识的途径是私人谈话。几千年来，思想的探讨和交流，除了交换信息中的实质性内容，还涉及情感和心理维度。它能让人了解对方的信念和个性等无形的东西。当今的网络文化非常奇怪，使人不愿面对面交流，尤其是一对一谈话。

在很大程度上，计算机解决了信息的获取、保存和提取问题。数据可以不限量地以可处理的形式有效储存。计算机提供了一些书籍时代无法获取的数据。它被高效包装，文风不再必要，记忆也无用武之地。当脱离环境处理一个决定时，计算机可以提供10年前无法想象的工具，但它也限制了视角。因为信息唾手可得，通信瞬间完成，所以对“意义”的关注度下降，甚至对“意义”也失去了清晰定义。这可能鼓励决策者不用未雨绸缪而是坐等问题出现，把决策当成一系列的独立事件，而不是历史连续体的一部分。如果这样，操控信息将取代思考成为主要政策工具。

同样，互联网还有淡化历史记忆的倾向。这种现象被描述为：“人们可以忘记那些他们认为可以从外部获得的信息，记住那些他们认为将会找不到的信息。”[16] 现在大量信息都可以从外部获得，互联网降低了记忆的动力。通信技术增加了人们对技术的依赖，技术被视为思想的辅助和媒介，而降低了人们向内求索的能力。信息俯拾即是，人们更愿意当研究者，而不是思想者。[17] 人类意识的变化可能改变个人的性格和交流的本质，也会改变人类社会本身。印刷时代的人们与中世纪的先人看到的是同一个世界吗？在计算机时代，我们用肉眼看世界的方式会被改变吗？

西方历史和心理学迄今依然认为，真相与观察者的性格和经历无关。可是我们这个时代正在改变真相本质的概念。几乎每个网站都包含某种定制功能，根据互联网追踪记录，确定用户的背景和偏好。这些方法意在鼓励客户“消费更多内容”，并在此过程中接触更多广告，最终推动互联网经济。[18] 这些微妙的导引与传统上人类做选择的更大趋势是一致的。商品被分门别类，那些“你喜欢的”东西被优先展示，在线新闻被称为“最适合你的新闻”。[19] 两个人使用同一搜索引擎查询同一问题，不一定得到同样的答案。真相的概念被相对化、个人化，失去了普遍性。信息被标榜为免费。其实，信息接收者支付的是供陌生人利用的数据，且会进一步影响他未来获得的信息。

无论这一手段在消费领域效用如何，都会对制定决策产生影响。决策面临的各种困难选择总是相近的。在社交网络无处不在的世界里，一个人还有空间拿出勇气，做出并非基于共识的决定吗？“预言家得不到他所处时代的承认”这个说法是有道理的，因为他们不按常规观念行事，这是成就预言家的秘诀。在我们这个时代，留给预言家的提前期可能完全消失了。生活的方方面面都追求透明和互联，破坏了隐私，抑制了个性培养和独立决策的力量。

美国的选举，特别是总统选举，代表了这一演变的另一个方面。据报道，2012 年选举活动中有数以千万的潜在独立选民。对社交网络、公共文件、医疗记录的研究表明，这些档案实际上是每个人的情况介绍，精确程度甚至超过其本人的记忆。这让竞选活动可以选择喜欢的战术，可以是好朋友上门拜访（通过互联网发现）、个性化信件（源于社交网络研究），也可以是小组会议。

总统竞选几乎变成了互联网运营大师之间的媒体竞争。候选人以前谈论治国理政的实质问题，现在则沦为营销发言人，其营销方法的侵入性在一代人之前还属罕见。候选人的主要作用变成了筹集资金，而不是阐述议题。营销活动是为了传达候选人的理念，还是候选人表达的理念只是“大数据”研究的结果，意在迎合选民的偏好和偏见？能否避免只照顾大众情绪，而将建国先驱们设想的理性过程抛诸脑后，使民主演变成蛊惑人心的结局？如果选举所要求的素质与执政所必需的素质差距太大，外交政策中所需的理念把握和历史感就会丧失。培养这些素质可能耗费总统第一任期太多时间，不利于美国发挥领导作用。

数字时代的外交政策

有思想深度的观察家认为，互联网和先进计算能力崛起带来的全球转型，是一个大众赋权和走向和平新时代的开端。不管是曝光当局的胡作非为，还是消除导致误解的文化壁垒，他们都欢迎这种增强个人能力、促进透明度的新技术能力。乐观主义者不无道理地指出了即时全球网络给通信带来的令人惊讶的新威力。他们注重电脑网络和“智能”设备创造新的社会、经济和环境效率的能力，希望在网络上群策群力，解开以前无法解决的技术难题。[20]

有一派观点认为，与网络通信相似的原则，如果正确运用到国际事务领域，可以帮助解决由来已久的暴力冲突问题。这派理论认为，“想延续宗教、文化、种族神话的人，必须努力让他们讲述的故事在见多识广的新听众海洋里不至于沉没。有了更多数据，每个人都有了更好的参照系”[21]，传统的民族和教派对抗在互联网时代就可能缓和。它有可能让国家对抗降温，解决历史性纷争，因为“有了今天的技术设备、平台和数据库，政府将来更难以在这样的诉求上互相争论。这不仅是因为有了永久证据，也是因为别人也能获得同样的原始资料”。这种观点认为，网络数字设备的普及将成为积极推动历史发展的引擎，新通信网络将减少权力滥用，软化社会和政治矛盾，帮助迄今仍处于分裂状态的地区融入更加和谐的全球体系。

这种观点的乐观之处酷似伍德罗·威尔逊的预言，相信民主、公开外交和共同准则会把整个世界团结起来。恰如威尔逊最初对务实派和理想派之间区别的看法，这种观点作为政治或社会秩序的蓝图，也提出了相同的问题。

自文明之初，同一社会内部和不同社会之间就存在冲突。冲突的根源并不限于缺乏信息或无法分享信息。冲突不仅出现在缺乏相互了解的社会之间，也出现在相互过于熟悉的社会之间。即便面对同样的原始资料，人们也会对其意义或主观价值争执不下。在价值观、理想或战略目标存在根本矛盾的地方，披露信息和互联互通能缓和冲突，有时也会火上浇油。

新的社交和信息网络刺激了增长和创造力。它们允许个人表达观点，报道以前未引起注意的不公正。在危机形势下，它们提供了重要的快速沟通能力，以可靠方式报道事态和宣传政策的能力，还有可能防止由于误解而导致的冲突。

然而，新的社交和信息网络也会让相互冲突、有时互不相容的价值体系短兵相接。[22] 互联网新闻和评论的出现，以及数据驱动的选举策略并没有显著软化美国政治的党派立场。如果说有什么作用的话，就是让极端派赢得了更多的拥护者。在国际上，一些不为人知、未被注意的表达方式现在被全世界宣传，被人当成了煽动暴力的借口，就像伊斯兰世界中有人对丹麦报纸上的煽动性漫画或一部无足轻重的美国自制电影做出的反应一样。同时，在冲突形势下，社交网络既能消除传统社会裂痕，也可能扩大裂痕。叙利亚内战的视频广泛传播，看来没有阻止杀戮，反击更加坚定了交战各派的决心。而臭名昭著的“伊斯兰国”也使用社交媒体宣布建立哈里发政权，鼓动开展“圣战”。

一些威权政府可能会因为在线传播的信息或通过社交网络上发起的抗议事件而倒台，迅速被支持人道和包容价值观的更加开放的参与式制度取代。还有一些地方，执政当局会获得更加强大的镇压手段。无所不在的传感器跟踪并分析每个人，记录并传播他们的每项经历（现在基本从出生开始），（利用最前沿的计算能力）预测他们的想法。传感设备的普及应用既有利于自由，也有利于镇压。[23] 这些新技术最不可思议的方面也许是，它赋予处于政治和经济架构顶端的小团体以力量。他们用这种技术处理和监控信息，引导辩论，甚至在一定程度上塑造真相。[24]

西方赞扬脸谱网和推特在“阿拉伯之春”中发挥的作用。[25] 手持数字设备的人群在最初的示威中取得成功，但使用新技术不能保证占据上风的是设备发明者想要的价值观，甚至也不是大多数民众想要的价值观。而且，召集民众示威的技术同样可以用来跟踪和镇压他们。现在，任何一个大型城市的大多数公共广场都受到视频监控，任何使用智能手机的人都能被实时电子跟踪。最近一次调查得出结论，“互联网使跟踪更容易、更便宜、作用更大”[26]。

通信的全球覆盖和方便快捷消除了国内动荡和国际动荡的差别，模糊了领导者的要求和呼声最大群体即时提出的要求。过去，一些事件的影响数月后才能看清，现在几秒之内就传遍全球。人们期待决策者在几个小时内就表明立场，并影响事态的发展，决策效果也会通过同一即时网络全球传播。迎合数字化大众要求的冲动，可能会破坏所需的判断力，导致无法制定符合长期目标的复杂路线图。信息、知识和智慧之间的区别消失了。

新外交认为，如果足够多的人聚集起来，公开呼吁政府下台，并用数字手段传播他们的诉求，那么这就是一种民主的表现，西方应当给予道义甚至物质支持。这种做法要求西方领导人（尤其是美国领导人）通过同样的社交网络立即明确表达认可。西方国家放弃该国执政当局的消息会再次通过互联网传播，获得进一步的宣传和肯定。

如果说旧外交有时无法向值得给予道义支持的政治力量提供帮助，新外交则有与战略脱钩、不分青红皂白进行干预的风险。新外交还未能评估主要参与方的长期意图、成功前景及执行长期政策的能力，就要向全球受众宣称绝对的道义。一时的情绪压倒一切，而主流人群的动机、协同领导能力、该国的基本战略和政治因素以及与其他战略重点的关系反而退居次席。

秩序不应高于自由，但是对自由的肯定不应仅仅是一种情感诉求，更应上升为一种战略。为了追求人类价值，表达崇高的原则是第一步，之后在处理人类事务内在的模糊和矛盾时必须贯彻这些原则，这正是政策的职责所在。在这个过程中，分享信息和公众对自由制度的支持是我们这个时代重要的崭新方面。但仅凭这些，而不关注根本战略和政治因素，诺言将难以实现。

伟大的政治家，不管个性多么不同，几乎都对他们社会的历史有本能的感情。正如埃德蒙·伯克所写的："从不回首追忆前人的人，也无法寄望于后人。"[27] 那些致力于成为互联网时代伟大政治家的人持什么态度呢？习惯性的不安全感，再加上顽固的一意孤行，威胁着互联网时代的领导者和民众。由于领导者越来越不是计划的发起者，他们需要靠意志或魅力来掌控局面。广大民众更难接触到公开辩论背后人们看不到的东西。美国、欧洲等地的重要法律文本经常长达数千页，其确切含义即便对投赞成票的议员来说也晦涩不清。

尽管认识到领导工作不只是每天按照民意调查结果行事，但西方历代领导人还是履行了民主职能。将来的领导人熟谙信息环境，可以采取目标精准的短期政策，有利于连选连任。但如果离开数据挖掘技术，他们可能不愿或无法行使领导职责。

在这样的环境中，参加公开辩论的人有可能更愿意迎合当下的情绪，而不是进行严谨的论证。那些靠渲染夸大而获得地位的谋利者每天都把即时热点灌输到公众意识中。参加公众示威的人很少能团结在一个具体计划的周围。实际上，许多人为了获得片刻的兴奋，主要把他们在事件中的作为当成了一种情感体验。

这些态度部分反映了社交媒体时代界定身份的复杂性。社交媒体宣称突破了人际关系，鼓励最大限度共享信息，不管是个人信息还是政治信息。人们被鼓励（甚至请求）向公共网站上传最私密的行为和想法，而网站管理公司的内部规则，普通用户大多无法理解。最敏感的信息只有“朋友”才能看到，而实际上这样的“朋友”可能成千上万。人们都想要获得认可。如果不是为了这个目的，共享个人信息就不会那么普遍，有时甚至有些令人不快。只有非常强大的个性才能抵挡住网上大量夸张的负面判断。共识的达成，越来越不是靠思想的交流，而是靠情绪的分享。在一个貌似志同道合者组成的群体中，其成员无法逃避狂热情绪的影响。这些网络会成为人类历史上首个不再时而遭到滥用，因此不再需要传统制衡的体系吗?

新技术开启了无限可能性，但与此同时，对国际秩序的思考必须顾及靠大众共识驱动的社会中存在的内部危险，因为这些社会失去了符合其历史特征的必需的环境和远见，在其他时代，这一直被认为是领导能力的精髓。而在我们这个时代，它有可能沦为一串口号，只是为了获得即时的短期认可。外交政策不再是塑造未来的实践，有成为国内政治一部分的危险。如果大国都在本国内以这种方式推行政策，国际舞台上的大国关系将遭到相应的扭曲。交换看法很可能变成固化分歧，政治家风范变成装腔作势。随着外交变成迎合激情的姿态，寻求均衡有可能变成试探极限。

为了避免这些危险，无愧于技术时代，我们需要智慧和远见，需要深化和优化对历史和地理的了解。这项任务不只是一个技术问题。社会需要调整教育政策，使其适应国家长远目标和培养价值观的终极目标。设备发明者彻底改变了信息的收集和分享，他们也可以做出同样（如果不是更大）的贡献，设计出深化理念基础的工具。在通向第一个真正全球性世界秩序的道路上，人类在取得伟大技术成就的同时，必须发挥人道主义精神，抛弃偏见，提高道德评判力。

结论

Couclusion

当今时代能建立世界秩序吗?

第二次世界大战结束后的几十年里，一种世界大家庭的意识似乎即将形成。世界先进的工业化地区因战争而疲敝。不发达地区开始非殖民化进程，重新确立自己的身份。所有国家都需要合作而不是对抗。美国不但没有受到战火的破坏，反而通过这场战争加强了自己的经济实力和国家自信，开始推行它认为适用于整个世界的理想和实践。

美国开始接过世界领袖的火炬，并为世界秩序增添了一个新维度。这是一个明确建立在自由和代议制政府思想之上的国家，它把自己的崛起视为自由和民主的扩展，认为自由和民主这股力量能够带来迄今为止遥不可及的公正持久的和平。关于秩序，传统上欧洲认为各国及各国人民之间本来就相互竞争，为了限制它们各自的抱负引发冲突可能带来的影响，欧洲依靠均势和一批开明的政治家。美国的主流看法认为人类天生理性，倾向于互谅互让，讲究情理和公平交易。传播民主因此成为国际秩序的首要目标。自由市场将激励个人，富足社会，经济相互依赖将取代传统的国际对抗。这种观点认为，冷战是共产主义的脱序悖逆造成的，苏联迟早会重返国际社会。此后，新的国际秩序将覆盖全球所有地区，共同的价值观和目标将使各国社会变得更加人性化，从而国家之间的冲突更不可能发生。

几代人建立世界秩序的努力在许多方面已经结出果实。这一成功表现为：当今众多独立的主权国家管理着世界大部分领土；民主和参与式治理的扩展即便不是普遍的现实，也已经成为共同的志向；全球通信和金融网络实时运转，历代人难以想象的大规模的人际互动成为可能；人类共同努力应对环境问题，至少有做出努力的动力；国际科技、医疗和慈善团体集中精力应对重大疾病和卫生事件，而这些疾病和卫生事件昔日被认为是不可抗拒的天灾。

美国对这一进步做出了重大贡献。不管受益者请求与否，美国的军事实力为全世界提供了安全盾牌。在基本上由美国单方面提供的军事保护伞下，大部分发达国家结成了一个联盟体系，而发展中国家则免于遭受它们有时没有认识到，更不要说承认的某种威胁。全球性经济得以发展，美国提供了融资、市场和大量创新。从1948年到世纪之交是人类历史上一段短暂的时期。在此期间，一种全球性世界秩序初步显现，它既体现了美国的理想主义，又融合了传统的均势概念。

正是由于这一事业的成功，它必然最终会受到挑战，而且对它的挑战有时是打着世界秩序的旗号。威斯特伐利亚体系的普遍意义源自它的程序性特征，即在价值观上是中立的。它的规则适用于任何国家：不干涉他国内部事务，边界神圣不可侵犯，国家享有主权，鼓励遵守国际法。威斯特伐利亚体系的弱点是其长处的反面。尽管这个体系由饱经战乱的国家设计，但它并没有提供一种方向感。它给出了分配和维持权力的方法，但没有解答如何产生合法性。

在建立世界秩序的过程中，一个关键问题必然涉及该世界秩序普遍原则的实质。而正是在这个问题上，西方国家和非西方国家对待秩序的方式截然不同。从文艺复兴以来，西方一直坚信：对观察者来说，现实世界是外部因素；知识包括记录和区分数据（越准确越好）；外交政策的成功取决于准确评估现实和各种趋势。威斯特伐利亚体系下的和平反映了对现实（尤其是权力和领土的现状）的判断，代表了一种世俗的秩序概念，而不是宗教诉求。

在当代其他伟大文明中，现实情况是观察者内在认识的反映，是由心理、哲学或宗教信念界定的。儒家思想按照接近中华文化的程度把世界划分成不同层次的进贡国。伊斯兰教把世界秩序划分成伊斯兰教的和平世界和异教徒所在的征伐世界。

因此，中国认为没有必要走出国门去发现世界，认为通过在内部弘扬道德，已经在世界上建立了秩序，而且是最合理的秩序。而伊斯兰教则只能通过征服或全球传教从理论上建立世界秩序，因为现在不存在征服或全球传教的客观条件。印度教相信历史轮回，认为超自然现实高于现世体验，把自己的信仰世界当成一个完整的系统，不会通过征服或劝说去争取新的皈依者。

这种区别决定着对待科学技术的态度。西方在实证研究上取得了成就，因此积极探索世界，培育科学和技术。而认为自己是世界秩序中心的其他传统文明没有这样的动力，因而在技术上落在了后面。

那段时期已经结束了。世界其他地区正在追求科学技术。由于不受既有模式的制约，它们可能比西方具有更大的能量和灵活性，至少像中国这样的国家是如此。

在地缘政治世界中，西方一手建立并声称全球适用的秩序正处在一个转折点上。[1] 这一秩序给出的对策已经全球知晓，但在这些对策的应用上却没有共识。对民主、人权和国际法等概念的解释千差万别，交战各方动辄把它们作为战斗口号攻击敌人。这个体系的规则虽然已经公布，但因缺乏强制实施手段而始终不起作用。在有些地区，对伙伴关系和共同体的承诺已经被测试对方底线的更强硬姿态取代，或至少伴有这种姿态。

有人认为，西方的说教和所作所为造成了，至少是助长了长达四分之一世纪的政治和经济危机。这一观点以及崩溃的地区秩序、不同教派之间的厮杀、恐怖主义和没有取胜的战争，导致后冷战时代初期的乐观设想——民主和自由市场的扩展会自然产生一个公正、和平与包容的世界——备受质疑。

在世界的几个地区，出现了一种抗衡的动力，要构筑堡垒以抵御西方发达国家诱发危机的政策，包括全球化方方面面的影响。曾经作为根基的安全承诺现在受到质疑，有时疑虑竟来自这些安全承诺旨在保护的国家。西方国家正在大量削减核武库，或降低核武器在它们战略学说中的作用，而所谓发展中世界的国家却在大力研发核武器。曾经支持美国推行美国版世界秩序的政府（虽然有时也对该世界秩序感到困惑），现在开始怀疑美国最终是否有足够的耐心把这项事业坚持到底。这种观点认为，接受西方的世界秩序"规则"会带来一些不可预测的不利因素。这一观点明显导致美国的一些传统盟国与它渐行渐远。实际上，在一些地方，普世准则（例如人权、法定程序和男女平等）被嘲笑为北大西洋的偏好，而且这种嘲弄还被看作一种美德和另外的价值体系的核心内容。为了排他性利益，更基本的自我认同形式受到推崇。[2]

结果不仅造成了权力的多极化，还导致世界上的各种现实矛盾交织。绝不能想当然地认为，以上趋势会在某一时刻自动融入一个平衡、合作的世界，甚至融入某种秩序。

国际秩序的演变

每一种国际秩序迟早都要面对挑战其凝聚力的两种倾向的影响：要么重新界定合法性，要么均势发生重大变化。当支撑各种国际安排的价值观被根本改变时（或是被负责维护这些价值观的国家遗弃，或是被推翻，代之以全新的合法性概念），就会出现第一种倾向。西方上升时期对非西方世界的许多传统秩序就产生了这种影响。伊斯兰教在 7 世纪和 8 世纪第一波扩张时也是这样。18 世纪法国大革命对欧洲外交也产生了这种影响。此外，还有 20 世纪的共产主义和法西斯极权主义，以及当今时代伊斯兰主义者对中东脆弱的国家结构发动的袭击都是如此。

这些剧变的实质是，虽然它们通常以武力为基础，但究其根本还是在心理上造成的冲击。那些遭到冲击的国家不仅要保卫疆土，还要捍卫它们的基本生活方式以及生存和行为的道德权利。这种行为方式在受到挑战前，一直被认为不容置疑。特别是多元社会的领导人，自然倾向于与革命代表协商谈判，期望后者所要的只是在现有秩序前提下进行谈判，达成一个理性的解决方案。秩序之所以沦陷，并非主要因为军事上的失败或资源的不平衡（虽然经常是这种情况），而是因为未能看清它所面临的挑战的性质和范围。从这个意义上讲，伊朗核谈判的最终考验是：伊朗表示愿意通过谈判解决问题是战略上的变化，还是为了追求长期政策而采取的战术安排？西方是否把战术行为当成了战略方向的改变？

导致国际秩序危机的第二个原因是，事实证明它不能适应权力关系发生的重大变化。有时候秩序之所以崩溃，是因为其中一个重要组成部分停止发挥作用或不再存在，就像 20 世纪末苏联解体时共产主义国际秩序发生的情况一样。抑或崛起国家不愿扮演它未参与设计的体系分配给它的角色，而现存大国也许无力对这一体系的平衡做出调整，以包容它的崛起。在 20 世纪的欧洲，德国的崛起就对国际体系造成了这样的挑战，引发了两次灾难性战争，欧洲再也没有从中恢复过来。21 世纪，中国的崛起也带来了类似的结构性挑战。美中两国（21 世纪的主要竞争者）首脑承诺通过建立“新型大国关系”，避免欧洲悲剧的重演。这一概念的具体内容仍有待两国共同阐明。美中（或其中一个）提出这个概念也许是一种战术策略。尽管如此，这是避免重蹈昔日历史悲剧覆辙的唯一出路。

求得秩序两方面（权力和合法性）的平衡是政治韬略之本。不考虑道德因素的权力算计会将每一次分歧变成实力的较量，各方野心将永远得不到抑制。面对不断变化的权力组合，各国将不得不计算得失，却得不出任何结果。这种做法实难持久。另外，不考虑均衡的道德惩戒也容易导致使用武力解决问题，或推出容易受到挑战的虚弱政策。以上两种极端倾向，哪一种都容易危及国际秩序本身的凝聚力。

部分地由于第九章讨论过的技术原因，当今时代的权力处于前所未有的变动中。每一个 10 年间，合法性诉求的范围都会以迄今为止难以想象的方式倍增。当武器能够毁灭人类文明，不同价值体系之间的互动能够瞬间完成，而且具有前所未有的侵入性时，现有的维持均势或价值共同体的算计方式可能已经过时。

随着以上不平衡的增长，21 世纪的世界秩序结构显然在几个重要方面存在着重大缺陷。

首先，国家作为国际生活的基本正式单元，它本身的性质面临重重压力，遭到蓄意攻击和拆解，在有些地区因忽视而受到侵蚀，常被应接不暇的事件淹没。欧洲开始走出国家范畴，主要凭借软实力和价值观来谋划外交政策。但是，脱离战略概念去寻求合法性能否长久维持世界秩序令人怀疑。欧洲还没有赋予自己国家特性，这容易导致内部权力真空和边境地区力量失衡。中东部分地区已经被分割成相互冲突的教派和族裔，宗教意识浓厚的民兵及背后支持他们的势力肆意侵犯边境和主权。亚洲的挑战与欧洲正好相反，威斯特伐利亚均势的各项原则大行其道，但都基于同一种合法性概念。

冷战结束以来，我们在世界的几个地区目睹了“失败国家”、“无主空间”等现象。有些国家连这个称呼都配不上，无法控制武力的使用，也不能行使有效的中央权威。形形色色的准主权单元行为方式模糊不清，而且常常信奉暴力，很多情况下源自对各自迥异的文化做出极端的诠释。如果大国把操纵这些单元作为外交政策的话，无政府状态在所难免。

其次，这个世界的政治组织和经济组织不同步。国际经济体系已经全球化，而世界政治结构还是以民族国家为基础。全球经济动力旨在消除不利于货物和资本流动的障碍，而国际政治体系依然主要基于各种迥异的世界秩序观，旨在调和不同的国家利益观。经济全球化在本质上不顾及国家边界，国际政策努力调和各国相互冲突的目标，但依然强调边界的重要性。

在这些动力作用下，世界经济连续几十年持续增长，其间不时地被似乎日益严重的金融危机打断，例如 20 世纪 80 年代的拉美、1997 年的亚洲、1998 年的俄罗斯、2001 年及 2007 年的美国和 2010 年的欧洲发生的金融危机。赢家（即在一段合理的时间内挺过这些风暴并继续发展的国家）没有什么怨言。而输家（比如深陷结构性泥潭的国家，欧洲南部一些国家就属于这种情况）寻求的解救办法否定或至少阻碍了全球体系发挥作用。

尽管危机发生的原因各有不同，但都具有一个共同特点：过度投机和忽视风险。人们发明出来的金融工具掩盖了相关交易的本质。放贷者难以评估自己做出的承诺，而借款者（包括大国）难以了解债务的含义。

因此，国际秩序面临一个悖论：繁荣取决于全球化的成功，而这个过程经常产生不利于实现夙愿的政治反应。全球化的经济管理者几乎没有机会参与全球化的政治进程。而政治进程的管理者不愿意冒失去国内支持的风险对经济或金融问题未雨绸缪，因为这些问题非常复杂，只有专家才懂。

在这种情况下，挑战变成了一个治理问题。各国政府面临让全球化进程向有利于本国利益或重商主义方向倾斜的压力。在西方，全球化问题与奉行民主的外交政策问题密不可分。寻求国际政治秩序与国际经济秩序的和谐挑战了原有的观点：之所以追求世界秩序，是因为它需要扩大国家框架；之所以需要对全球化加以规范，是因为可持续发展需要调整传统的模式。

再次，是没有一个有效的机制，使大国能在重大问题上磋商，也许还能合作。由于今天的多边论坛比历史上任何时期都多，以上批评也许显得有点奇怪。除了最具权威，但经常在最重要的问题上陷入僵局的联合国安理会外，现在还有北约和欧盟定期举办的大西洋领导人峰会。亚太地区领导人有亚太经合组织和东亚峰会，发达国家有七国集团或八国集团，主要经济体有二十国集团。美国是所有这些论坛的关键参与者。不过，这些会议的性质和频率不利于阐释长期战略。讨论日程安排和磋商正式议程占用了大部分准备时间。一些论坛实际上围绕着各国领导人的日程转，因为很难定期把各国首脑召集到一个地方开会。与会各国元首由于职务原因，必然更加关注他们在会议上采取的行动的公共影响，倾向于强调战术意义或公关效果。这个过程除了拿捏公开姿态之外别无他用，顶多是讨论一下迫在眉睫的战术问题，弄得不好就只是一场新形式的“社交媒体”活动。当代的国际规则和规范架构如果还有用的话，不能只靠共同宣言来确认，必须培育出一种共同信念。

总体来看，美国的领导作用始终不可或缺，尽管有时美国扮演领导角色时犹豫再三。它一直寻求保持稳定和倡导普世价值之间的平衡，但这种平衡并不总是与不干涉主权或尊重他国历史经验的原则吻合。在美国经验的独特性与对其普世性理想的自信之间、过度自信和内敛自省之间寻求这种平衡必然是一个永无休止的过程，但它绝不能退缩。

我们走向何方？

重建国际体系是对我们这个时代政治家才能的终极挑战。失败的后果不一定是国家之间的大规模战争（虽然在一些地区不能排除这种可能），更有可能的是演变成与特定国内结构和治理形式相一致的种种势力范围（如威斯特伐利亚模式或极端伊斯兰版本）。[3] 在其边缘地带，各势力范围都可能对它认为不合法的秩序实体试探自己的力量。它们会连成网络，进行即时通信，不断地相互碰撞。这一过程造成的紧张状态最终会升级为谋取整个大洲乃至全球的地位和优势。地区之间的争斗有可能比以前国家之间的争斗更加惨烈。

当代建立世界秩序需要一个在各地区内部确立秩序观

的一致战略，并将不同地区的秩序相互联系起来。这些目标不一定完全相同或能自我调和。一种极端运动若是获胜，或许会给一个地区带来秩序，但有可能在其他地区造成冲突，或是引发与其他地区的冲突。一国在军事上控制一个地区即使看上去似乎带来了秩序，但有可能给世界其他地区带来一场危机。

均势概念应当重新评估。从理论上讲，均势应该是不难计算的。但事实证明，协调一国与他国的考量并对考量的极限达成共识是极其困难的。外交政策所含的臆测性是指有必要根据判断调整行动，而判断做出之时又无法验证其正确与否。在大动荡时期，尤其如此。旧秩序陷于动荡之中，它会被什么样的秩序取代又是一个未知数。因此，一切都取决于对未来的评估。然而，各国内部结构不同，对现有趋势意义的评估也会不同，更重要的是，处理这些差异的标准也会相互冲突。这就是我们这个时代的困境。

一种肯定个人尊严和参与式治理、遵照一致同意的规则开展国际合作的世界秩序不失为一条出路，也是激励我们的动力。但是，朝着这个目标前进还需要走过一系列的中间阶段。在任何一段时间，如果我们能像埃德蒙·伯克所写的那样，“默许没有达到抽象的完美的可行计划，而不是追求更加完美”，通常会更好。而坚持一蹴而就有可能引发危机，甚至导致幻灭。[4] 美国的战略和外交需要容忍前进道路上的复杂曲折，既看到目标的崇高伟大，也认识到人类为实现这些目标做出的努力必然是不完美的。

在 21 世纪世界秩序的演变过程中，美国要发挥负责任的作用，就必须准备好回答以下几个问题：

无论以何种方式，哪怕是独自行动，美国要努力防止什么？这个问题的答案界定了社会生存下去的最低条件。

即使得不到任何多边支持，美国也要努力实现什么？这界定了美国国家战略的最低目标。

只有在联盟的支持下，美国才会实现什么，防止什么？这界定了美国作为全球体系一部分的国家战略追求目标的外沿。

即便一个多边集团或联盟敦促美国，美国也不应该参与什么？这界定了美国参与世界秩序的限制条件。

最重要的是，美国努力促进的价值观的本质是什么？

推行哪些价值观要部分地取决于具体情况？

以上问题原则上也适用于其他社会。

美国在两个层面上追求世界秩序：拥抱普世原则，同时需要接受其他地区的历史和文化现实。除了分析过去困难重重的数十年积累的教训，我们还必须继续肯定美国的独特性。有些国家放弃自己的承诺或特性，择易而行，但历史不会善待它们。作为现代世界人类自由的坚定倡导者和捍卫人文价值的一支不可缺少的地缘政治力量，美国必须坚持自己的努力方向。

无论从哲学角度还是从地缘政治角度看，为了应对我们这个时代的挑战，美国必须目标坚定。然而，任何一国都不可能单枪匹马地建立世界秩序。要建立真正的世界秩序，它的各个组成部分在保持自身价值的同时，还需要有一种全球性、结构性和法理性的文化，这就是超越任何一个地区或国家视角和理想的秩序观。

在当前的历史时刻，这意味着根据当下的现实实现威斯特伐利亚体系的现代化。

相异的文化有可能构成一个共同体系吗？威斯特伐利

亚体系出自约200名代表之手。他们分两批汇聚在相距40英里（在17世纪是可观的距离）的两个德意志小镇，其中没有一人被作为重要人物列入史册。他们之所以克服了重重障碍，是因为他们都经历了惨烈的“三十年战争”，决心不让战争重现。我们这个时代的前景更加严峻，必须应势而动，否则就会被挑战吞没。

远古的神秘历史碎片揭示出，人类社会无可救药地充满着变化和冲突。“世界秩序”就像火焰，“适度地燃烧，适时地熄灭”，而战争则是“世间的圣父和国王”，带来了世界上的变化。但是，“在表面之下，事物统一在一起；而统一取决于在相互对立的事物之间做出平衡的应对”。[5]当今时代的目标必须是约束战祸，实现平衡，而且必须在历史的激流中完成这一使命。对此，一个著名的隐喻便是：“人不可能两次踏进同一条河流。”世人也许永远把历史看作一条河流，但河水会变化不止。

多年前，我年轻自负，曾妄想就“历史的意义”建言立说。[6]我现在明白了，历史的意义需要探索发现，而不应断言。我们必须尽我们所能给出这一问题的答案，同时认识到今后仍需公开讨论这一问题。评判每一代人时，要看他们是否正视了人类社会最宏大和最重要的问题，而政治家必须在结果难料的情况下做出应对挑战的决策。

致谢

Acknowledgements

本书源自与查理·希尔在一次晚宴上的谈话。他是耶鲁大学布雷迪–约翰逊大战略项目的杰出研究员、人文科学项目的高级讲师。我担任国务卿的时候，他是政策规划司的重要成员。从那时起，我们就成了朋友，有时是合作者。

在那次晚宴上，我们共同得出结论：世界秩序观的危机是我们当下面临的最根本的国际问题。当我决定就这个题目写书的时候，查理给予我许多宝贵的建议和帮助。查理将他写的有关这个主题各个方面的几篇文章提供给我，还在本书初稿阶段审阅了几个章节，随时跟我进行讨论，并在本书即将付梓之际帮助我校订了全部书稿。

斯凯勒·斯考滕不知疲倦，不可或缺。我三年前已用过这两个形容词，来描述他对《论中国》所做的贡献。从技术上讲，他是我的研究助理，但像密友一样和我一起追求知识。他承担了大部分研究工作，从研究资料中提炼出有思想深度的摘要，数次审阅书稿，并多次跟我就这个主题深入讨论。他对本书的贡献至关重要；他重任在肩，却能从容应对，可见他能力非凡。

我的出版商企鹅出版社的编辑非同一般。这是我第一次同时与两位编辑合作，但他们相互补充，相得益彰。安·葛道夫作为总裁和总编辑，也主动参与本书的编辑。她凭借深刻的理解力和良好的常识，帮助我深入浅出地阐明了一些普通读者不甚熟悉的晦涩措辞和历史典故。她也在全书结构上提出了重要建议。我不知道她怎么有时间形成这么全面深入的认识，我对此深表感激。

她的同事斯图亚特·普罗菲特是企鹅出版社英国分公司的发行人，是一个近乎痴迷的历史爱好者。她也主动阅读每一章节，提出了一丝不苟、深思熟虑的建议，并提醒我注意一些重要的参考书目。与斯图亚特共事，就像接受一位博学、耐心、和蔼的大学导师的单独辅导。

我从未就互联网事务写过东西，对这个问题的技术方面也几乎一窍不通，但我对这一新技术对政策制定的影响做了大量思考。埃里克·施密特耐心而亲切地帮我认识这个世界。我与他在东海岸和西海岸多次见面，就广泛的议题进行了极具启发意义的探讨。有几次，贾里德·科恩也加入进来，对本书的写作做出了极大贡献。有两次，埃里克邀请我去拜访谷歌，与他的几个才华横溢、魅力四射的同事交换意见。

有几位朋友和故交架不住我的再三请求，阅读书稿的某些章节并提出建议。他们是：芮效俭和温斯顿·洛德（亚洲部分），迈克尔·格菲勒和艾玛·斯凯（中东部分），牛津大学的拉纳·米特尔教授（整部书稿）。老朋友莱斯·盖尔布、迈克尔·柯尔达、佩吉·努南、罗伯特·卡普兰也对书中的几章提出了深邃洞见。

特里莎·阿曼泰亚是第六次与我合作。在我的办公室，她以特有的组织技巧和热情监督了文字录入、事实核查和所有其他技术问题。由于截止日期迫近，特里莎也做了大量文字录入工作，乔迪·威廉斯则从旁提供协助。两人已跟我共事几十年。我感谢她们的高效工作，更感谢她们的尽职尽责。

路易丝·库斯纳新近才加入团队，但她同样全情投入。她高效完成了编辑修改建议的确认工作。此外，在我集中精力写作的时候，她从容淡定地把我的整个日程安排得井然有序。

杰西·莱波里和凯瑟琳·厄尔也都提供了宝贵的帮助。

企鹅出版社的英格丽德·斯特纳、布鲁斯·吉福德和诺伊林·卢卡斯编辑了书稿的文字，卓有成效地完成了相关任务，在编辑制作阶段展现了非凡的耐心和细致。

与出版《论中国》时一样，安德鲁·怀利代表我，以智慧、韧性和果断与世界各地的出版商打交道。我对他深表感激。

我将本书献给我的妻子南希。她是我的生命。她一如既往地阅读了整部书稿，以不同寻常的敏锐视角做出了评论。

不必多说，本书的疏漏由我本人负责。

注释

Notes

序言　对世界秩序问题的思考

1. Franz Babinger, *Mehmed the Conqueror and His Time* (Princeton, N.J.: Princeton University Press, 1978), as quoted in Antony Black, *The History of Islamic Political Thought* (Edinburgh: Edinburgh University Press, 2011), 207.

第一章　欧洲：多元化的国际秩序

1. Kevin Wilson and Jan van der Dussen, *The History of the Idea of Europe* (London: Routledge, 1993).

2. Frederick B. Artz, *The Mind of the Middle Ages* (Chicago: University of Chicago Press, 1953), 275–80.

3. Heinrich Fichtenau, *The Carolingian Empire: The Age of Charlemagne*, trans. Peter Munz (NewYork: Harper & Row,

1964), 60.

4. Hugh Thomas, *The Golden Age: The Spanish Empire of Charles V* (London: Allen Lane, 2010),23.

5. James Reston Jr., *Defenders of the Faith:Charles V, Suleyman the Magnificent, and the Battle for Europe, 1520–1536* (New York: Penguin Press, 2009), 40,294–95.

6. 见第三章。

7. See Edgar Sanderson, J. P. Lamberton, and John McGovern, *Six Thousand Years of History,* vol. 7, *Famous Foreign Statesmen* (Philadelphia: E. R. DuMont, 1900),246–50; Reston, *Defenders of the Faith,* 384–89. 对日后桀骜不驯、对普世诉求存有戒心的欧洲而言，查理大帝的统治更像盛气凌人的威胁，而不是他几乎实现了人民期待的统一。正如18世纪启蒙运动的重要人物、苏格兰哲学家大卫·休谟所说，"查理大帝将众多王国和公国置于统一管理之下，使人类再次感到了单一君主统治世界的威胁。" David Hume, "On the Balance of Power," in *Essays, Moral, Political, and Literary* (1742), 2.7.13.

8. See Jerry Brotton, *A History of the World in Twelve Maps* (London: Penguin Books, 2013), 82–113 (discussion of the Hereford Mappa Mundi, ca. 1300); 4 Ezra 6:42; Dante Alighieri, *The Divine Comedy*, trans. Allen Mandelbaum (London: Bantam, 1982), 342; and Osip Mandelstam, "Conversation About Dante," in *The Poet's Dante*, ed. Peter S. Hawkins and Rachel Jacoff (New York: Farrar, Straus and Giroux, 2001), 67.

9. 黎塞留自己有一位“灰衣主教”，即他的心腹谋士弗朗索瓦 · 勒克莱尔 · 德 · 特朗布莱。他因身披嘉布遣会约瑟夫神甫的袍子而被人称为黎塞留的“灰衣主教”。此后，在外交史上，这一称号被用来指幕后的权势人物。Aldous Huxley, *Grey Eminence: A Study in Religion and Politics* (New York: Harper and Brothers, 1941).

10. See, for example, Niccolò Machiavelli, *The Art of War* (1521), *Discourses on the First Ten Books of Titus Livy* (1531), *The Prince* (1532).

11. Joseph Strayer, Hans Gatzke, and E. Harris Harbison,

The Mainstream of Civilization Since 1500 (New York: Harcourt Brace Jovanovich, 1971), 420.

12. Richelieu, “Advis donné au roy sur le sujet de la bataille de Nordlingen,” in *The Thirty Years War: A Documentary History,* ed. and trans, Tryntje Helfferich (Indianapolis: Hackett,2009), 151.

13. Peter H. Wilson, *The Thirty Years War: Europe's Tragedy* (Cambridge, Mass.: Harvard University Press, 2009), 673.

14. 大多数代表都是带着非常实际的指示来参加会议的。Ibid., 676.

15. *Instrumentum pacis Osnabrugensis* (1648)and *Instrumentum pacis Monsteriensis* (1648), in Helfferich, *Thirty Years War*, 255, 271.

16. Wilson, *Thirty Years War*, 672.

17. 这些倡导宽容的正式条文只适用于三个得到承认的基督教教派：天主教派、路德教派和加尔文教派。

18. 巴麦尊对下院的演讲，1848 年 3 月 1 日。奥兰治的威廉亲王也表达了同样的思想。他为反对法国称霸企图奋斗了一代人的时间（先任荷兰执政，后来又是英格兰、爱尔兰和苏格兰的国王）。他向一位助手吐露说，假如他活在哈布斯堡王朝即将称霸欧洲的16世纪50年代，他会“既是一位西班牙人（哈布斯堡人），也是一位法国人”。日后的温斯顿·丘吉尔也是一样。20世纪30年代有人抨击他反德。他回复说：“假如目前情形颠倒过来，我们同样会亲德反法。”

19. Palmerston to Clarendon, July 20, 1856, quoted in Harold Temperley and Lillian M. Penson, *Foundations of British Foreign Policy from Pitt (1792) to Salisbury(1902)* (Cambridge, U.K.: Cambridge University Press, 1938), 88.

20. 促使霍布斯撰写《利维坦》的主要原因是英国的内战。这场战争给英国造成的破坏虽然不及“三十年战争”给欧洲大陆造成的破坏，但依然很严重。

21. Thomas Hobbes, *Leviathan* (1651) (Indianapolis: Hackett, 1994), 233.

22. 记住以下一点很重要：当时中欧只有一个大国——奥地利及其领地。普鲁士尚是位于德国最东边的一个二流国家。德意志是一个地理概念，而不是一个国家。数十个小邦国，有的微不足道，各有各的治理方式。

23. Lucy Norton, ed., *Saint-Simon at Versailles* (London: Hamilton, 1958), 217–30.

24. 直到残酷的外交导致波兰连续三次被瓜分前，腓特烈治下的疆土东边三面与波兰接壤，另一面邻波罗的海。

25. Gerhard Ritter, *Frederick the Great: A Historical Profile,* trans. Peter Paret (Berkeley: University of California Press, 1968), 29–30.

26. Frederick II of Prussia, *Oeuvres,* 2, XXV (1775), as quoted in Friedrich Meinecke, *Machiavellism: The Doctrine of Raison d'État and Its Place in Modern History,* trans. Douglas Scott (New Haven, Conn.: Yale University Press, 1957) (originally published in German, 1925), 304.

27. "Not so bad for the eve of a great battle." Frederick II, as quoted in Otto von Bismarck, *Bismarck: The Man and the Statesman* (New York: Harper & Brothers, 1899), 316; and Otto von Bismarck, *The Kaiser vs. Bismarck: Suppressed Letters by the Kaiser and New Chapters from the Autobiography of the*

Iron Chancellor (New York: Harper & Brothers, 1921), 144–45.

28. 正如蒲柏在 1734 年所说，“关于种种治理方式的问题，还是让愚人去争论吧。什么治理效果最好，什么就是最好 的。” Alexander Pope, *An Essay on Man* (1734), epistle iii, lines 303–4.

29. As quoted in G. P. Gooch, *Frederick the Great* (Berkeley: University of California Press, 1947), 4–5.

30. David A. Bell, *The First Total War: Napoleon's Europe and the Birth of Warfare as We Know It* (Boston: Houghton Mifflin, 2007), 5.

31. 一些论著生动讲述了这一社会现象。See Susan Mary Alsop, *The Congress Dances: Vienna,1814–1815* (New York: Harper & Row, 1984); Adam Zamoyski, *Rites of Peace:The Fall of Napoleon and the Congress of Vienna* (London: HarperPress, 2007).

32. Jean Le Rond d'Alembert,"Éléments de Philosophie" (1759), as quoted in Ernst Cassirer, *The Philosophy of the Enlightenment,* trans. Fritz C. A. Koelln and James P.

Pettegrove,(Princeton, N.J.: Princeton University Press, 1951), 3.

33. Denis Diderot, "The Encyclopedia" (1755), in *Rameau's Nephew and Other Works,* trans. Jacques Barzun and Ralph H. Bowen (Indianapolis: Hackett, 2001), 283.

34. Ibid., 296.

35. Montesquieu, *Considérations sur les causes de la grandeur des Romains et de leur décadence* (1734), as quoted in Cassirer, *Philosophy of the Enlightenment*, 213.

36. Immanuel Kant, "Idea for a Universal History with a Cosmopolitan Purpose" (1784), in *Kant: Political Writings,* ed. H. S. Reiss (Cambridge, U.K.: Cambridge University Press, 1991), 44.

37. Ibid.,46.

38. Ibid., 47.

39. Immanuel Kant, "Perpetual Peace: A Philosophical Sketch (1795)," in Reiss, *Kant,* 96.

40. 换言之，是指实行参与式统治、遵守平等适用于所有公民的法律体系的一批国家。"永久和平"此后被当作当代的“民主和平理论”。然而，康德在文中对共和国和民主制做了区分。他把前者说成是具有代表性的政治结构，“行政权力（政府）与立法权力相分离”。康德称，“真正意义上的民主”——即直接民主制，例如古希腊雅典晚期实行的民主，一切国家事务均付诸大众表决决定——“必然是一种专制主义”。Ibid., 101.

41. Ibid., 100.“亲身”两字值得强调。康德习惯抽象思维，故未提共和制的法国一例。当时法国与四周所有邻国交战并得到民众的热烈拥护。

42. Kant, “Idea for a Universal History,” 49.

43. 卢梭的著名论断：“人生而自由，但却无往不在枷锁之中。”“当第一个人圈了一小块地，脑子里冒出一个念头后脱口而出‘这是我的’”时，人类发展道路就走入了歧途。因此，只有废除私有财产，而由人们共同拥有，同时消灭人为的社会等级制度后，才能实现正义。由于拥有财产或地位的人会抵制重新引入绝对平等，这一结果只有通过暴力革命方能实现。Jean-Jacques Rousseau, *Discourse on the Origin of Inequality* and *The Social Contract,* in *The Basic Political*

Writings (1755; 1762) (Indianapolis: Hackett, 1987), 61, 141.

44. 卢梭争辩说，只有当“我们每一个人把自己及个人的一切能力置于为公众意愿服务之下时，并且我们把每一个成员看作整体中不可分的一部分时”，才会有合法的统治。异见将被彻底消灭，因为在一个由理性和平等的社会结构组成的世界里，大众意愿内部的分歧代表了对给予民众权力原则的非法抵制。“无论是谁，只要拒绝遵从大众的意愿，全体民众就要强迫他遵从。这意味着他将被迫自由，因为每一位公民把自己托付给他的国家是确保他人身不依附他人的条件。” Rousseau, *Social Contract, in The Basic Political Writings,* 150.

45. “Declaration for Assistance and Fraternity to Foreign Peoples” (November 19, 1792), in *The Constitutions and Other Select Documents Illustrative of the History of France, 1789–1907* (London: H. W. Wilson, 1908), 130.

46. “Decree for Proclaiming the Liberty and Sovereignty of All Peoples” (December 15, 1792), in ibid., 132–33.

47. Hegel to Friedrich Niethammer,October 13, 1806, in

Hegel: The Letters, trans. Clark Butler and Christine Seiler with commentary by Clark Butler (Bloomington: Indiana University Press, 1985).

第二章　欧洲均势体系及其终结

1. Marquis de Custine, *Empire of the Czar: A Journey Through Eternal Russia* (1843; New York: Anchor Books, 1990), 69.

2. Epistle of Filofei of Pskov, 1500 or 1501, as quoted in Geoffrey Hosking, *Russia: People and Empire* (Cambridge, Mass.: Harvard University Press, 1997), 5–6. 伊凡之后的历代继任人后来给这一哲学理念又加上了一层地缘政治意义。叶卡捷琳娜大帝想出了一个“希腊计划”，其最终目标是收复君士坦丁堡，封恰好与该城同名的她的孙子为当地统治者。她的弄臣波将金甚至在主子前往克里米亚的道路一侧做了“通往拜占庭之路”的标记（同时还假造了根本不存在的村庄）。对俄国（一个缺少不冻港的帝国）来说，收回失去的东正教首都成为一个具有深远的宗教和战略意义的目标。19世纪一位泛斯拉夫知识分子尼古拉·丹尼列夫斯基对这一思想脉络的概括振聋发聩：从我们国家建国之初起，君士坦丁堡始终是俄国人民渴望的目标，代表了我们的启蒙理想，象征着我们祖先的荣耀、辉煌和伟大，既是正教的中心，也是欧洲和我们之间的争议点。如果我们不理睬欧洲，能把它从土耳其人手中夺回来，君士坦丁堡对我们该有多大的历史意义啊！我们在阿亚索菲亚大教堂穹顶上放置的十字架放射出的光芒会多么令人欣喜！且不说君士坦丁堡还能带来诸多其他好处……它在世界上的地位、商业重要性、迷人的地理位置以及南方的一切魅力。" Nikolai Danilevskii, *Russia and Europe: A View on Cultural and Political Relations Between the Slavic and German-RomanWorlds* (St. Petersburg, 1871), as translated and excerpted in *Imperial Russia: A Source Book, 1700–1917,* ed. Basil Dmytryshyn (Gulf Breeze,Fla: Academic International Press,1999), 373.

3. Vasili O. Kliuchevsky, *A Course in Russian History: The Seventeenth Century* (Armonk, N.Y.: M. E. Sharpe, 1994), 366. See also Hosking, *Russia,* 4.

4. John P. LeDonne, *The Russian Empire and the World,*

1700–1917: The Geopolitics of Expansion and Containment (New York: Oxford University Press, 1997), 348.

5. Henry Adams, *The Education of Henry Adams* (1907; New York: Modern Library, 1931), 439.

6. Orlando Figes, *Natasha's Dance: A Cultural History of Russia* (New York: Picador, 2002), 376–77.

7. 1864 年俄国军队开进今天的乌兹别克斯坦时，外交大臣戈尔恰科夫把俄国的扩张定义为完全靠自身力量驱动的平定周边地区的一项永久性的义务：

> 国家（俄国）因此必须做出一项抉择：要么放弃这一不间断的努力，从而导致边界地区动乱不已，难以实现繁荣、安全和文化进步；要么不断向荒蛮之地纵深挺进，每向前走一步，长途跋涉造成的困难就会增大一分，这不是出于野心，而是出于紧迫的需要。最难的是不需要再往前走。

George Verdansky, ed., *A Source Book for Russian History: From Early Times to 1917* (New Haven, Conn.: Yale University Press, 1972), 3:610.

8. Marquis de Custine, *Empire of the Czar,* 230. 现代学者对此仍在进行研究。 See, for example, Charles J. Halperin, *Russia and the Golden Horde: The Mongol Impact on Medieval Russian History* (Indianapolis: Indiana University Press, 1985); Paul Harrison Silfen, *The Influence of the Mongols on Russia: A Dimensional History* (Hicksville, N.Y.: Exposition Press,1974).

9. 彼得大帝事必躬亲的霸气作风令西欧国家感到惊奇。他在荷兰时去码头当木匠，在伦敦时拆卸钟表，再把它们修好。他还尝试牙科医学和解剖学领域里的新成果，令他的随从提心吊胆。See Virginia Cowles, *The Romanovs* (New York: Harper & Row, 1971), 33–37; Robert K. Massie, *Peter the Great* (New York: Ballantine Books, 1980), 188–89, 208.

10. B. H. Sumner, *Peter the Great and the Emergence of Russia* (New York: Collier Books, 1962), 45.

11. Cowles, *Romanovs,* 26–28; Sumner, *Peter the Great and the Emergence of Russia,* 27; Figes, *Natasha's Dance,* 4–6.

12. Catherine II, *Nakaz* (Instruction) to the Legislative Commission of 1767–68, in Dmytryshyn, *Imperial Russia,* 80.

13. Maria Lipman, Lev Gudkov, Lasha Bakradze, and Thomas de Waal, *The Stalin Puzzle: Deciphering Post-Soviet Public Opinion* (Washington, D.C.: Carnegie Endowment for International Peace, 2013)（对当代俄罗斯人的民意调查显示，47%的人接受以下说法："斯大林是一位睿智的领导人，他使苏联繁荣强大。" 30%的俄罗斯人认同以下说法："我国人民永远需要一位像斯大林一样的领导人。他将现身恢复秩序。"）

14. Catherine II, *Nakaz* (Instruction) to the Legislative Commission of 1767–68, 80.

15. Nikolai Karamzin on Czar Alexander I, as quoted in W. Bruce Lincoln, *The Romanovs: Autocrats of All the Russias* (New York: Anchor Books, 1981), 489.

16. Halperin, *Russia and the Golden Horde,* 126.

17. Fyodor Dostoevsky, *A Writer's Diary* (1881), as quoted in Figes, *Natasha's Dance*, 308.

18. Pyotr Chaadaev, "Philosophical Letter" (1829, published 1836), as quoted in Figes, *Natasha's Dance,* 132, and

Dmytryshyn, *Imperial Russia,* 251. 恰达耶夫的评论因一针见血而广为流传，尽管当局马上查封此文，宣布作者有神经病，并把他置于警察监视之下。

19. Mikhail Nikiforovich Katkov, May 24, 1882, editorial in *Moskovskie vedomosti (Moscow News),* as excerpted in Verdansky, *A Source Book for Russian History,* 3:676.

20. Figes, *Natasha's Dance,* 150.

21. Lincoln, *The Romanovs,* 404–5.

22. Ibid., 405.

23. Wilhelm Schwarz, *Die Heilige Allianz* (Stuttgart, 1935), 52.

24. 指 1954 年联邦德国决定加入大西洋联盟。它曾与今天新结成的伙伴打了一场残酷的战争，联邦德国做出的这一决定距它在战争结束时宣布无条件投降还不到 10 年。

25. Klemens von Metternich, *Aus Metternich's nachgelassenen Papieren,* ed. Alfons v. Klinkowstroem (Vienna, 1881), 1:316.

26. Palmerston's dispatch no. 6 to the Marquess of

Clanricarde (ambassador in St. Petersburg), January 11, 1841, in *The Foreign Policy of Victorian England,* ed. Kenneth Bourne (Oxford: Clarendon Press, 1970), 252–53.

27. See Isaiah Berlin, *Vico and Herder: Two Studies in the History of Ideas* (New York: Viking,1976), 158, 204.

28. Jacques Barzun, *From Dawn to Decadence: 500 Years of Western Cultural Life* (New York: Perennial, 2000), 482.

29. Sir Lewis Namier, *Vanished Supremacies: Essays on European History, 1812–1918* (NewYork: Penguin Books, 1958), 203.

30. Otto von Bismarck, *Die gesammelten Werke,* 3rd ed. (Berlin, 1924), 1: 375.

31. The battle was memorialized in classic literature on both sides, including Alfred Tennyson's "Charge of the Light Brigade" and Leo Tolstoy's *Tales of Sevastopol.* See Nicholas V. Riasanovsky, *A History of Russia* (Oxford: Oxford University Press, 2000), 336–39.

32. *Allgemeine deutsche Biographie 33* (Leipzig: Duncker

& Humblot, 1891),266. Metternich left office in 1848.

33. Heinrich Sbrik, *Metternich, der Staatsmann und der Mensch,* 2 vols. (Munich, 1925), 1:354, as cited in Henry A. Kissinger, "The Conservative Dilemma: Reflections on the Political Thought of Metternich," *American Political Science Review* 48, no. 4 (December 1954): 1027.

34. Metternich, *Aus Metternich's nachgelassenen Papieren,* 1:33, 8:184.

35. Algernon Cecil, *Metternich, 1773–1859* (London: Eyre and Spottiswood, 1947), 52.

36. Metternich, *Aus Metternich's nachgelassenen Papieren*, 1:334.

37. *Briefwechsel des Generals Leopold von Gerlach mit dem Bundestags-Gesandten Otto von Bismarck* (Berlin, 1893), 334.

38. Ibid. (February 20, 1854), 130.

39. Horst Kohl, *Die politischen Reden des Fursten Bismarck* (Stuttgart, 1892), 264.

40. Bismarck, *Die gesammelten Werke* (November 14,

1833), vol. 14,nos. 1, 3.

41. Ibid. (September 29, 1851), 1:62.

42. Speech of February 9, 1871, in Hansard, *Parliamentary Debates,* ser. 3, vol. 204 (February–March 1871), 82.

43. 与此形成鲜明对照的是，为普鲁士赢得统一德国的战争的战略家老毛奇当时曾计划在两条战线上采取守势。

44. For stimulating accounts of these developments, see Christopher Clark, *The Sleepwalkers: How Europe Went to War in 1914* (New York: HarperCollins, 2013) and Margaret MacMillan, *The War That Ended Peace: The Road to 1914* (New York: Random House, 2013).

45. See John Maynard Keynes, *The Economic Consequences of the Peace* (New York: Macmillan, 1920), Chapter 5.

46. See Chapters 6 and 7.

第三章 伊斯兰主义和中东：世界乱局

1. Adda B. Bozeman, “Iran: U.S. Foreign Policy and the

Tradition of Persian Statecraft," *Orbis* 23, no. 2 (Summer 1979): 397.

2. See Hugh Kennedy, *The Great Arab Conquests: How the Spread of Islam Changed the World We Live In* (London: Weidenfeld & Nicholson,2007), 34–40.

3. Kennedy, *Great Arab Conquests,* 113.

4. See generally Marshall G. S. Hodgson, *The Venture of Islam: Conscience and History in a World Civilization,* vol. 1, *The Classical Age of Islam* (Chicago: University of Chicago Press, 1974).

5. Majid Khadduri, *The Islamic Law of Nations: Shaybani's Siyar* (Baltimore: Johns Hopkins University Press, 1966), 13.

6. Majid Khadduri, *War and Peace in the Law of Islam* (Baltimore: Johns Hopkins University Press, 1955), 56. See also Kennedy, *Great Arab Conquests,* 48–51; Bernard Lewis, *The Middle East: A Brief History of the Last 2,000 Years* (New York: Touchstone, 1997), 233–38.

7. 民主制和人权推动了人们为实现全球变革采取行动。在此意义上，事实证明它们的内涵和适用性比跟在军队后面迫使他人皈依的宗教教义更灵活。毕竟不同国家人民的民主意愿可以带来极其不同的结果。

8. Labeeb Ahmed Bsoul, *International Treaties* (Muāhadāt) *in Islam: Theory and Practice in the Light of Islamic International Law* (Siyar) *According to Orthodox Schools* (Lanham,Md.: University Press of America,2008), 117.

9. Khadduri, *Islamic Law of Nations,* 12.See also Bsoul, *International Treaties,*108–9.

10. See James Piscatori, "Islam in the International Order," in *The Expansion of International Society,* ed. Hedley Bull and Adam Watson (New York: Oxford University Press, 1985), 318–19; Lewis, *Middle East,* 305; Olivier Roy, *Globalized Islam: The Search for a New Ummah* (New York: Columbia University Press, 2004), 112 (on contemporary Islamist views); Efraim Karsh, *Islamic Imperialism: A History* (New Haven, Conn.: Yale University Press, 2006), 230–31. But see Khadduri, *War and Peace in the Law of Islam*, 156–57 (on the traditional conditions under which territory captured by non-Muslims

might revert to being part of *dar al-harb*).

11. An analysis of this schism and its modern implications may be found in Vali Nasr, *The Shia Revival: How Conflicts Within Islam Will Shape the Future* (New York: W. W. Norton, 2006).

12. Brendan Simms, *Europe: The Struggle for Supremacy from 1453 to the Present* (New York: Basic Books, 2013), 9–10; Black, *History of Islamic Political Thought,* 206–7.

13. 在英语里它们被误称为“降书”，不是因为奥斯曼帝国在任何一点上“屈从了”，而是因为这些文件被分为章节或条款（拉丁文是*capitula*）。

14. 1526 年 2 月，苏莱曼答复法国的弗朗西斯。Roger Bigelow Merriman, *Suleiman the Magnificent, 1520–1566* (Cambridge, Mass.: Harvard University Press, 1944), 130. See also Halil Inalcik, “The Turkish Impact on the Development of Modern Europe,” in *The Ottoman State and Its Place in World History*, ed. Kemal H. Karpat (Leiden: E. J. Brill, 1974), 51–53; Garrett Mattingly, *Renaissance Diplomacy* (New York:

Penguin Books, 1955), 152. 大约 500 年后，在一段双边关系紧张时期，土耳其总理埃尔多安出于礼节送给法国总统萨科齐一份这封信的复印件，但抱怨说：“我觉得他没看这封信。” *Today's Zaman,* December 23, 2011.

15. 1853 年，据说俄国沙皇尼古拉一世告诉英国大使：“我们手上有一个病夫，一个病得很重的人。如果有一天他从我们手中溜走了，尤其是在尚未做出必要安排之前，那可就麻烦大了。” Harold Temperley, *England and the Near East* (London: Longmans, Green,1936), 272.

16. Sultan Mehmed-Rashad,“Proclamation,” and Sheik-ul-Islam, “Fetva,” in *Source Records of the Great War*, ed. Charles F. Horne and Walter F. Austin (Indianapolis: American Legion, 1930), 2:398–401. See also Hew Strachan, *The First World War* (New York: Viking, 2003), 100–101.

17. Arthur James Balfour to Walter Rothschild, November 2, 1917, in Malcolm Yapp, *The Making of the Modern Near East, 1792–1923* (Harlow: Longmans, Green), 290.

18. See Erez Manela, *The Wilsonian Moment:Self-*

Determination and the International Origins of Anticolonial Nationalism,1917–1920 (Oxford: Oxford University Press, 2007).

19. See Roxanne L. Euben and Muhammad Qasim Zaman, eds., *Princeton Readings in Islamist Thought: Texts and Contexts from al-Banna to Bin Laden* (Princeton, N.J.: Princeton University Press, 2009), 49–53.

20. Hassan al-Banna, "Toward the Light," in ibid., 58–59.

21. Ibid., 61–62.

22. Ibid., 68–70.

23.Sayyid Qutb, *Milestones,* 2nd rev.English ed. (Damascus, Syria: Dar al-Ilm, n.d.), 49–51.

24. Ibid., 59–60, 72, 84, 137.

25. For a discussion of the evolution from Qutb to bin Laden, see Lawrence Wright, *The Looming Tower: Al-Qaeda and the Road to 9/11* (New York: Random House, 2006).

26. 奥巴马总统在与加拿大总理哈珀举行的联合记者招待会上的讲话，2011 年 2 月 4 日；2011 年 2 月 6 日接受福克斯电视网的采访时，奥巴马总统针对埃及的谈话；“总统对埃及的表态”，2011 年 2 月 11 日。

27. 总统对叙利亚局势的谈话，2011 年 8 月 18 日。http://www.whitehouse.gov/the-press-office/2011/08/18/statement-president-obama-situation-syria.

28. Mariam Karouny, “Apocalyptic Prophecies Drive Both Sides to Syrian Battle for End of Time,” Reuters, April 1, 2014.

29. 应利雅得的要求，以阻止萨达姆·侯赛因夺取沙特阿拉伯油田的任何企图。

30. See “Message from Usama Bin-Muhammad Bin Ladin to His Muslim Brothers in the Whole World and Especially in the Arabian Peninsula: Declaration of Jihad Against the Americans Occupying the Land of the Two Holy Mosques; Expel the Heretics from the Arabian Peninsula,” in FBIS Report, “Compilation of Usama bin Ladin Statements, 1994–January 2004,” 13; Piscatori, “Order, Justice, and Global Islam,” 279–80.

31. For an exposition of this phenomenon, see David

Danelo, “Anarchy Is the New Normal: Unconventional Governance and 21st Century Statecraft” (Foreign Policy Research Institute, October 2013).

第四章 美国与伊朗：不同的秩序理念

1. Ali Khamenei, “Leader’s Speech at Inauguration of Islamic Awakening and Ulama Conference” (April 29,2013), *Islamic Awakening* 1, no. 7(Spring 2013).

2. Ibid.

3. “Islamic Invitation Turkey, “The Leader of Islamic Ummah and Oppressed People Imam Sayyed Ali Khamenei: Islamic Awakening Inspires Intl. Events,” November 27, 2011.

4. 关于这一传统，最著名的例子之一是公元前 6 世纪波斯阿契美尼德帝国的开国君主居鲁士解放被巴比伦奴役的人民，包括犹太人。自称“四极之王”的居鲁士推翻巴比伦帝国进入巴比伦后发出敕令：巴比伦所有的奴隶都可自由返乡，一切宗教都将得到包容。居鲁士是第一个推行宗教多元主义的统治者。据信 2 000 年后，托马斯 · 杰斐逊读了色诺芬的《居鲁士的教育》中的这个故事后深受激励，对居鲁士高度赞扬。See “The Cyrus Cylinder: Diplomatic Whirl,” *Economist, March* 23, 2013.

5. Herodotus, *The History,* trans. David Grene (Chicago: University of Chicago Press, 1987), 1.131–135, pp. 95–97.

6. Kenneth M. Pollack, *The Persian Puzzle: The Conflict Between Iran and America* (New York: Random House,2004), 18–19. See also John Garver, *China and Iran: Ancient Partners in a Post-imperial World* (Seattle: University of Washington Press, 2006).

7. “See Roy Mottahedeh, *The Mantle of the Prophet: Religion and Politics in Iran* (Oxford: Oneworld, 2002), 144; Reza Aslan, “The Epic of Iran,” *New York Times,* April 30, 2006. 阿布卡萨姆·费尔多西在伊斯兰教征服波斯两个世纪后写成的史诗《国王之书》叙述了波斯被伊斯兰教征服之前光辉灿烂的传说。身为伊斯兰教什叶派教徒的费尔多西通过史诗中的人物之口哀叹：“诅咒这个世界，诅咒这个时代，诅咒这个命运/野蛮的阿拉伯人把我变成了穆斯林。”此言捕捉到了波斯人复杂的心情。

8. See Sandra Mackey, *The Iranians: Persia, Islam, and the Soul of a Nation* (New York: Plume, 1998), 109n1.

9. Ruhollah Khomeini, "Islamic Government," in *Islam and Revolution: Writings and Declarations of Imam Khomeini (1941–1980),* trans. Hamid Algar (North Haledon, N.J.: Mizan Press, 1981), 48–49.

10. As quoted in David Armstrong, *Revolution and World Order: The Revolutionary State in International Society* (New York: Oxford University Press, 1993), 192.

11. Khomeini, "Islamic Government," "The First Day of God's Government," and "The Religious Scholars Led the Revolt," in *Islam and Revolution,* 147, 265, 330–31.

12. R. W. Apple Jr., "Will Khomeini Turn Iran's Clock Back 1,300 Years?," *New York Times,* February 4, 1979.

13. See Charles Hill, *Trial of a Thousand Years: World Order and Islamism* (Stanford, Calif.: Hoover Institution Press, 2011), 89–91.

14. 这些活动基本上是秘密的，因此有关报告必然只能披露其中的一部分。有人说德黑兰在一定程度上和塔利班以及基地组织合作，或至少默许它们的活动。See, for example, Thomas Kean, Lee Hamilton, et al., *The 9/11 Commission Report* (New York: W. W. Norton, 2004), 61, 128, 240–41, 468, 529; Seth G. Jones, "Al Qaeda in Iran," *Foreign Affairs,* January 29, 2012, http://www.foreignaffairs.com/articles/137061/ seth-g-jones/al-qaeda-in-iran.

15. Akbar Ganji, "Who Is Ali Khamenei: The Worldview of Iran's Supreme Leader," *Foreign Affairs,* September/October 2013. See also Thomas Joscelyn, "Iran, the Muslim Brotherhood, and Revolution," Longwarjournal.org, January 28, 2011.

16. Constitution of the Islamic Republic of Iran (October 24, 1979), as amended, Section I, Article 11.

17. Khomeini, "New Year's Message" (March 21, 1980), *in Islam and Revolution,* 286.

18. 这在伊朗《宪法》中做了规定："在（时代的监护

人，隐身的伊玛目）（愿真主加速他的重现）救世主掩蔽期间，伊斯兰乌玛的领导权由公正虔诚的人承担，他洞察世事、勇敢无畏、足智多谋、治理有方。他将根据107条担任该职务。”参见《伊朗伊斯兰共和国宪法》（1979年10月24日修订）第一部分第5条。伊朗革命的高潮期间，霍梅尼任由人们传说他是脱掩蔽而出的救世主，或至少是救世主的使者。See Milton Viorst, *In the Shadow of the Prophet: The Struggle for the Soul of Islam* (Boulder, Colo.: Westview Press,2001), 192.

19. “Address by H.E. Dr. Mahmoud Ahmadinejad, President of the Islamic Republic of Iran, Before the Sixty-second Session of the United Nations General Assembly” (New York: Permanent Mission of the Islamic Republic of Iran to the United Nations, September 25, 2007), 10.

20. Mahmoud Ahmadinejad to George W.Bush, May 7, 2006, Council on Foreign Relations online library; “Iran Declares War,” *New York Sun,* May 11, 2006.

21. As quoted in Arash Karami, “Ayatollah Khamenei:

Nuclear Negotiations Won't Resolve US-Iran Differences," Al-Monitor.com Iran Pulse, February 17, 2014, http://iranpulse.al-monitor.com/index.php/2014/02/3917/ayatollah -khamenei-nuclear-negotiations-wont-resolve-us-iran-differences/.

22. As quoted in Akbar Ganji, "Frenemies Forever: The Real Meaning of Iran's 'Heroic Flexibility,' " *Foreign Affairs,* September 24, 2013, http://www.foreignaffairs.com/articles/139953/akbar-ganji/frenemies-forever.

23. 核爆炸可利用两类材料引发——浓缩铀和浓缩钚。通常认为，通过控制浓缩钚反应比通过控制浓缩铀反应来引发核爆炸在技术上难度更大。所以，要防止获得核爆炸能力，主要是堵死铀浓缩这条通道。（钚反应堆也使用铀做燃料，因此需要得到一定数量的铀，也需要熟知铀加工的技术。）伊朗在实现铀浓缩和获得钚的生产技术这两个方面都有了进展，这两个问题也都属于伊核谈判的范围。

24. This account of the negotiating record makes reference to events and proposals described in a number of sources, including the Arms Control Association, "History of Official

Proposals on the Iranian Nuclear Issue," January 2013; Lyse Doucet, "Nuclear Talks: New Approach for Iran at Almaty," BBC.co.uk, February 28, 2013; David Feith, "How Iran Went Nuclear," *Wall Street Journal,* March 2, 2013; Lara Jakes and Peter Leonard, "World Powers Coax Iran into Saving Nuclear Talks," *Miami Herald,* February 27, 2013; Semira N. Nikou, "Timeline of Iran's Nuclear Activities" (United States Institute of Peace, 2014); "Timeline: Iranian Nuclear Dispute," Reuters, June 17, 2012; Hassan Rohani, "Beyond the Challenges Facing Iran and the IAEA Concerning the Nuclear Dossier" (speech to the Supreme Cultural Revolution Council), *Rahbord*, September 30, 2005, 7–38, FBISIAP20060113336001; Steve Rosen, "Did Iran Offer a 'Grand Bargain' in 2003?," *American Thinker,* November 16, 2008; and Joby Warrick and Jason Rezaian, "Iran Nuclear Talks End on Upbeat Note," *Washington Post,* February 27, 2013.

25. Ayatollah Ali Khamenei, remarks to members of the Iranian Majles (Parliament), Fars News Agency, as translated

and excerpted in KGS NightWatch news report, May 26, 2014.

26. David Remnick, "Going the Distance," *New Yorker*, January 27, 2014.

27. Address by Yitzhak Rabin to a joint session of the U.S. Congress, July 26, 1994, online archive of the Yitzhak Rabin Center.

第五章　亚洲的多样性

1. Philip Bowring, "What Is 'Asia'?," *Far Eastern Economic Review*, February 12, 1987.

2. Qi Jianguo, "An Unprecedented Great Changing Situation: Understanding and Thoughtson the Global Strategic Situation and Our Country's National Security Environment," *Xuexi shibao [Study Times],* January 21, 2013, trans. James A. Bellacqua and Daniel M. Hartnett (Washington, D.C.: CNA, April 2013).

3. See Immanuel C. Y. Hsu, *The Rise of Modern China* (New York: Oxford University Press, 2000), 315–17; Thant

Myint-U, *Where China Meets India* (New York: Farrar, Straus and Giroux, 2011), 77–78; John W. Garver, *Protracted Contest: Sino-Indian Rivalry in the Twentieth Century* (Seattle: University of Washington Press, 2001),138–40; Lucian W. Pye, *Asian Power and Politics* (Cambridge, Mass.: Harvard University Press, 1985), 95–99; Brotton, *History of the World in Twelve Maps*, chap. 4.

4. See, for example, David C. Kang, *East Asia Before the West: Five Centuries of Trade and Tribute* (New York: Columbia University Press, 2010), 77–81.

5. Kenneth B. Pyle, *Japan Rising* (New York: Public Affairs, 2007), 37.

6. John W. Dower, *War Without Mercy: Race and Power in the Pacific War* (New York: Pantheon, 1986), 222.

7. See Samuel Hawley, *The Imjin War: Japan's Sixteenth-Century Invasion of Korea and Attempt to Conquer China* (Seoul: Royal Asiatic Society, Korea Branch, 2005).

8. Kang, *East Asia Before the West,* 1–2, 93–97.

9. Hidemi Suganami, “Japan’s Entry into International Society,” in Bull and Watson, *Expansion of International Society,* 187.

10. Marius Jansen, *The Making of Modern Japan* (Cambridge, Mass.: Belknap Press of Harvard University Press, 2002), 87.

11. Suganami, “Japan’s Entry into International Society,” 186–89.

12. “ President Millard Fillmore to the Emperor of Japan (presented by Commodore Perry on July 14, 1853), in Francis Hawks and Matthew Perry, *Narrative of the Expedition of an American Squadron to the China Seas and Japan, Performed in the Years 1852, 1853, and 1854, Under the Command of Commodore M. C. Perry, United States Navy, by Order of the Government of the United States* (Washington, D.C.: A. O. P. Nicholson,1856), 256–57.

13. Translation of the Japanese reply to President Fillmore’s letter, in ibid., 349–50.

14. Meiji Charter Oath, in *Japanese Government Documents,* ed. W. W. McLaren (Bethesda, Md.: University Publications of America, 1979), 8.

15. Japanese memorandum delivered to the American Secretary of State Cordell Hull, December 7, 1941, as quoted in Pyle, *Japan Rising,* 207.

16. See, for example, Yasuhiro Nakasone, "A Critical View of the Postwar Constitution" (1953), in *Sources of Japanese Tradition,* ed. Wm. Theodore de Bary, Carol Gluck, and Arthur E. Tiedemann (New York: Columbia University Press, 2005), 2:1088–89. 中曾根这篇讲话是在哈佛大学的国际研讨会上做的，开办研讨会是为使世界各国的年轻领导人接触了解美国的学术环境。中曾根论称，为了“加速日本与美国永久友谊的发展”，日本的独立防卫能力应当加强，与美国的伙伴关系应更加平等。30年后中曾根成为日本首相，卓有成效地推动了这方面的政策，并得到了美国总统里根的支持。

17. National Security Strategy (Provisional Translation) (Tokyo: Ministry of Foreign Affairs, December 17, 2013), 1–3. The

document, adopted by Japan's Cabinet, stated that its principles "will guide Japan's national security policy over the next decade."

18. S. Radhakrishnan, "Hinduism," in *A Cultural History of India,* ed. A. L. Basham (New Delhi: Oxford University Press, 1997), 60–82.

19. 葡萄牙探险家瓦斯科 · 达 · 伽马就是这样对卡利卡特的国王解释的（卡利卡特是今天印度的科泽科德，当时是全球香料贸易的中心之一）。达 · 伽马和手下的船员因为有机会在印度兴旺的香料和宝石贸易中分一杯羹而兴奋欣喜。他们也受了关于"普莱斯特 · 约翰"的消失的王国这一传说的影响。许多中世纪和近代早期的欧洲人相信，普莱斯特 · 约翰是一位强大的基督徒国王，住在非洲或亚洲。See Daniel Boorstin, *The Discoverers* (New York: Vintage Books, 1985),104–6, 176–77.

20. *The Bhagavad Gita*, trans. Eknath Easwaran (Tomales,Calif.: Nilgiri Press, 2007), 82–91; Amartya Sen, *The Argumentative Indian: Writings on Indian History, Culture, and*

Identity (New York: Picador, 2005), 3–6.

21. See Pye, *Asian Power and Politics,* 137–41.

22. Kautilya, *Arthashastra,* trans. L. N. Rangarajan (New Delhi: Penguin Books India, 1992), 6.2.35–37, p. 525.

23. Ibid., 9.1.1, p. 588. Prussia's Frederick the Great, on the eve of his seizure of the wealthy Austrian province of Silesia roughly two thousand years later, made a similar assessment. See Chapter 1.

24. Ibid., 6.2.39–40, p. 526.

25. Ibid., 9.1.21, p. 589.

26. Ibid., 7.6.14, 15, p. 544.

27. See Roger Boesche, *The First Great Political Realist: Kautilya and His "Arthashastra"* (Lanham, Md.: Lexington Books, 2002), 46; Kautilya, *Arthashastra*, 7.13.43, 7.2.16, 9.1.1–16, pp. 526, 538,588–89.

28. 按照考底利耶的观念，征服四海的统治者的王国是“北起喜马拉雅山，南至大海，自东到西 1 000 由旬（*yojana*，古印度长度单位，约相当于 11.2 公里）的地方”——等于现代的巴基斯坦、印度和孟加拉国的领土之和。Kautilya, *Arthashastra*, 9.1.17, p. 589.

29. See Boesche, *First Great Political Realist,* 38–42, 51–54, 88–89.

30. Max Weber, “Politics as a Vocation,” as quoted in ibid., 7.

31. 当时，阿育王因宣扬佛教和非暴力而受到崇敬，但他完成了征服大业之后才采纳了这些理念，用它们来加强他的统治。

32. Robert Kaplan, *The Revenge of Geography: What the Map Tells Us About Coming Conflicts and the Battle Against Fate* (New York: Random House, 2012), 237.

33. John Robert Seeley, *The Expansion of England: Two Courses of Lectures* (London: Macmillan, 1891), 8.

34. Sir John Strachey, *India* (London: Kegan, Paul, Trench, 1888),as quoted in Ramachandra Guha, *India After Gandhi: The History of the World’s Largest Democracy* (New York: Ecco, 2007), 3.

35. Jawaharlal Nehru, "India's Foreign Policy" (speech delivered at the Constituent Assembly, New Delhi, December 4, 1947), in *Independence and After: A Collection of Speeches, 1946–1949* (New York: John Day, 1950), 204–5.

36. As quoted in Baldev Raj Nayar and T. V. Paul*, India in the World Order:Searching for Major-Power Status* (NewYork: Cambridge University Press, 2003), 124–25.

37. As quoted in ibid., 125.

38. Jawaharlal Nehru, "Speech to the Bandung Conference Political Committee" (1955), as printed in G. M. Kahin, *The Asian-African Conference* (Ithaca, N.Y.: Cornell University Press, 1956), 70.

39. "Agreement (with Exchange of Notes) on Trade and Intercourse Between Tibet Region of China and India, Signed at Peking, on 29 April 1954," United Nations Treaty Series, vol. 299 (1958), 70.

40. 在撰写本书时，阿富汗仍不肯正式承认与巴基斯坦的边界；印度和巴基斯坦对克什米尔地区有争议；印度和中国就阿克赛钦和藏南地区争执不下，1962年还因领土争端打了一仗；印度和孟加拉国表示愿意谈判解决两国在彼此领土上几十个飞地的问题，但没有达成协议，还因在这些领土上巡逻的问题发生过冲突。

41. See Pew Research Center Forum on Religion and Public Life, *The Global Religious Landscape: A Report on the Size and Distribution of the World's Major Religious Groups as of 2010* (Washington, D.C.: Pew Research Center, 2012), 22.

42. "European Russia," or Russia west of the Ural Mountains, constitutes roughly the westernmost quarter of Russia's landmass.

第六章　通往亚洲秩序之路：对抗还是伙伴关系?

1. See Mark Mancall, "The Ch'ing Tribute System: An Interpretive Essay," in *The Chinese World Order,* ed. John K. Fairbank (Cambridge, Mass.: Harvard University Press, 1968), 63.

2. See Mark Mancall, *China at the Center: 300 Years of*

Foreign Policy (New York: Free Press, 1984), 16–20; Jonathan Spence, *The Search for Modern China,* 2nd ed. (New York: W. W. Norton, 1999), 197 202.

3. Ying-shih Yü, *Trade and Expansion in Han China: A Study in the Structure of Sino-Barbarian Economic Relations* (Berkeley: University of California Press, 1967), 37.

4. Qianlong's First Edict to King George III (September 1793), in *The Search for Modern China: A Documentary Collection,* ed. Pei-kai Cheng, Michael Lestz, and Jonathan Spence (New York: W. W. Norton, 1999), 105.

5. 摄政王代乔治三世国王摄政，因为乔治三世得了精神病。

6. "The Emperor of China," *Chinese Recorder* 29, no. 10 (1898): 471–73.

7. *Papers Relating to Foreign Affairs Accompanying the Annual Message of the President to the First Session of the Thirty-eighth Congress* (Washington, D. C.: U.S. Government Printing Office, 1864), Document No. 33 ("Mr. Burlingame to

Mr. Seward, Peking, January 29, 1863"), 2:846–48.

8. James Legge, *The Chinese Classics; with a Translation, Critical and Exegetical Notes, Prolegomena, and Copious Indexes,* vol. 5, pt. 1 (Hong Kong: Lane, Crawford, 1872), 52–53.

9. See Rana Mitter, *Forgotten Ally: China's World War II, 1937–1945* (Boston: Houghton Mifflin Harcourt, 2013).

10. "Sixty Points on Working Methods—a Draft Resolution from the Office of the Centre of the CPC: 19.2.1958," in Mao Papers: Anthology and Bibliography, ed. Jerome Ch'en (London: Oxford University Press, 1970), 63–66.

11. "National Intelligence Estimate13-7-70: Communist China's International Posture" (November 12,1970), in *Tracking the Dragon: National Intel ligence Estimates on China During the Era of Mao, 1948–1976,* ed. John Allen, John Carver, and Tom Elmore (Pittsburgh: Government Printing Office, 2004), 593–94.

12. See Graham Allison, "Obama and Xi Must Think Broadly to Avoid a Classic Trap," *New York Times*, June 6,

2013; Richard Rosecrance, *The Resurgence of the West:How a Transatlantic Union Can Prevent War and Restore the United States and Europe* (New Haven, Conn.: Yale University Press, 2013).

13. In a speech of February 13, 2009, Secretary of State Hillary Clinton announced the Obama administration's "Pivot to East Asia" regional strategy, the extent of which has yet to be fully elaborated.

14. As quoted in Zhu Majie, "Deng Xiaoping's Human Rights Theory," in *Cultural Impact on International Relations,* ed. Yu Xintian, Chinese Philosophical Studies (Washington, D.C.: Council for Research in Values and Philosophy, 2002), 81.

15. 由于德国实现了统一，第一次世界大战前欧洲的均势只剩了 5 个参与方。见第二章。

第七章 "代表全人类行事"：美国及其秩序观

1. "Speech on Conciliation with America" (1775), in Edmund Burke, *On Empire, Liberty, and Reform: Speeches*

and Letters, ed. David Bromwich (New Haven, Conn.: Yale University Press, 2000), 81–83. 伯克同情美国独立战争，因为他认为这是英国式自由的自然演进。他反对法国大革命，他认为这场革命破坏了几代人努力的成果，也破坏了自然发展的前景。

2. Alexis de Tocqueville, "Concerning Their Point of Departure," in *Democracy in America,* trans. George Lawrence (New York: Harper & Row, 1969), 46–47.

3. Paul Leicester Ford, ed., *The Writings of Thomas Jefferson* (New York: G. P. Putnam's Sons, 1892–99), 8:158–59, quoted in Robert W. Tucker and David C. Hendrickson, *Empire of Liberty: The Statecraft of Thomas Jefferson* (New York: Oxford University Press, 1990), 11.

4. Jefferson to Monroe, October 24, 1823, as excerpted in "Continental Policy of the United States: The Acquisition of Cuba," *United States Magazine and Democratic Review,* April 1859, 23.

5. Jefferson to Madison, April 27, 1809, in ibid.

6. 对来自英格兰和北欧的移居者来说，在很大程度上是这种情况；而来自西班牙的人则把它主要看作有待开发的领土，居住在那里的土著人将转而皈依基督教。

7. John Winthrop, “A Model of Christian Charity” (1630). See Brendan Simms, Europe, 36.

8. Publius [Alexander Hamilton], *The Federalist* 1, in Alexander Hamilton, James Madison, and John Jay, *The Federalist Papers* (New York: Mentor, 1961), 1–2. 这里的“帝国”是指拥有完全主权的独立实体。

9. John O’Sullivan, “Annexation,”*United States Magazine and Democratic Review,* July–August 1845, 5.

10. John Quincy Adams, “An Address Delivered at the Request of the Committee of Citizens of Washington, 4 July 1821” (Washington, D.C.: Davis and Force, 1821), 28–29.

11. Ibid.

12. “从东往西迁移”从理论上讲，是指世界统治权的转移，即最高政治权力宝座的时空变化：从巴比伦和波斯到希腊，到罗马，到法国或德国，再到英国和（摩尔斯设想的）美国。乔治 · 伯克莱（George Berkeley）在“关于美洲艺术和学识前景的诗歌”中就有如下著名的诗句：

帝国走向西行之路；

前四节已经落幕，

第五节是大戏的终点，

最后往往是关键一步。

13. Jedidiah Morse, *The American Geography; or, A View of the Present Situation of the United States of America,* 2nd ed. (London: John Stockdale, 1792), 468–69, as excerpted in *Manifest Destiny and American Territorial Expansion: A Brief History with Documents,* ed. Amy S. Greenberg (Boston: Bedford/St. Martin's, 2012),

14. John O'Sullivan, "The Great Nation of Futurity," *United States Magazine and Democratic Review,* November 1839, 426–27.

15. O'Sullivan, "Annexation," 9–10.

16. See Amanda Foreman, *A World on Fire: Britain's Crucial Role in the American Civil War* (New York:Random

House, 2011); Howard Jones, *Blue and Gray Diplomacy: A History of Union and Confederate Foreign Relations* (Chapel Hill: University of North Carolina Press, 2009).

17. Foreman, *World on Fire,* 784. 美国武装部队人员从南北战争结束时的 1 034 064 人下降到 18 个月后的正规军 54 302 人、志愿军 11 000 人。

18. Fareed Zakaria, *From Wealth to Power: The Unusual Origins of America's World Role* (Princeton, N.J.: Princeton University Press, 1998), 47.

19. Grover Cleveland, First Inaugural Address, March 4, 1885, in *The Public Papers of Grover Cleveland* (Washington, D.C.: Government Printing Office, 1889), 8.

20. Thomas G. Paterson, J. Garry Clifford, and Kenneth J. Hagan, *American Foreign Policy: A History* (Lexington, Mass.: D. C. Heath, 1977), 189.

21. Theodore Roosevelt, Inaugural Address, March 4, 1905, in *United States Congressional Serial Set* 484 (Washington, D.C.: Government Printing Office, 1905), 559.

22. Theodore Roosevelt, “International Peace,” Nobel lecture, May 5, 1910, in *Peace: 1901–1925: Nobel Lectures* (Singapore: World Scientific Publishing Co., 1999), 106.

23. Roosevelt’s statement to Congress, 1902, quoted in John Morton Blum, *The Republican Roosevelt* (Cambridge, Mass.: Harvard University Press, 1967), 137.

24. Roosevelt to Spring Rice, December 21, 1907, in *The Selected Letters of Theodore Roosevelt,* ed. H. W. Brands (Lanham, Md.: Rowman & Littlefield, 2001), 465.

25. Theodore Roosevelt, review of *The Influence of Sea Power upon History,* by Alfred Thayer Mahan, *Atlantic Monthly,* October 1890.

26. Theodore Roosevelt, “The Strenuous Life,” in T*he Strenuous Life: Essays and Addresses* (New York: Century, 1905), 9.

27. 当德国和英国战舰 1902 年向长期负债累累的委内瑞拉行进，准备强制收回一笔早就逾期的贷款时，罗斯福要求两国保证不得以追债方式寻求领土和政治扩张。但德国代表只承诺放弃“永久性”占有领土（留下了建立期限 99 年的租界的可能，如英国在埃及以及英国、德国在中国所做的那样），罗斯福于是威胁发动战争。他随即派一支美国舰队挥师南下，并把委内瑞拉海港的地图发放给媒体。这一策略奏效了。罗斯福保持沉默，好让威廉皇帝保全面子，退出这场危机。这个时候，德意志帝国在委内瑞拉的野心遭到了决定性重创。See Edmund Morris, *Theodore Rex* (New York: Random House, 2001), 176–82.

28. Theodore Roosevelt's Annual Message to Congress for 1904, HR 58A-K2, Records of the U.S. House of Representatives, RG 233, Center for Legislative Archives, National Archives.

29. Ibid.

30. 为展示美国的力量，罗斯福本人亲自前往视察运河区建设工程，这是美国在任总统第一次离开美国本土。

31. Morris, *Theodore Rex,* 389.

32. Ibid., 397.

33. Roosevelt's statement to Congress, 1904, quoted in

Blum, *Republican Roosevelt,* 134.

34. Morris, *Theodore Rex,* 495.

35. Letter to Kermit Roosevelt, April 19, 1908, in Brands, *Selected Letters,* 482–83.

36. Roosevelt to Admiral Charles S. Sperry, March 21, 1908, in ibid., 479.

37. Roosevelt to Hugo Munsterberg, October 3, 1914, in ibid., 823.

38. See James R. Holmes, *Theodore Roosevelt and World Order: Police Power in International Relations* (Washington, D.C.: Potomac Books, 2007), 10–13, 68–74.

39. Roosevelt, "International Peace," 103.

40. Roosevelt to Carnegie, August 6, 1906, in Brands, *Selected Letters*, 423.

41. Woodrow Wilson, Commencement Address at the U.S. Military Academy at West Point (June 13, 1916), in *Papers of Woodrow Wilson,* ed. Arthur S. Link (Princeton, N.J.: Princeton University Press, 1982), 37:212.

42. Woodrow, Wilson, Address to a Joint Session of Congress on the Conditions of Peace (January 8, 1918) ("Fourteen Points"), as quoted in A. Scott Berg, *Wilson* (New York: G. P. Putnam's Sons, 2013), 471.

43. 总体而言，美国先后与玻利维亚、巴西、智利、中国、哥斯达黎加、丹麦、厄瓜多尔、法国、英国、危地马拉、洪都拉斯、意大利、挪威、巴拉圭、秘鲁、葡萄牙、俄国和西班牙签订了这种仲裁协定。它还开始与瑞典、乌拉圭、阿根廷、多米尼加、希腊、荷兰、尼加拉瓜、巴拿马、波斯（即现在的伊朗）、萨尔瓦多、瑞士和委内瑞拉开始签约谈判。*Treaties for the Advancement of Peace Between the United States and Other Powers Negotiated by the Honorable William J. Bryan, Secretary of State of the United States, with an Introduction by James Brown Scott* (New York: Oxford University Press, 1920).

44. Woodrow Wilson, Message to Congress, April 2, 1917, in *U.S. Presidents and Foreign Policy from 1789 to the Present*, ed. Carl C. Hodge and Cathal J. Nolan (Santa Barbara, Calif.:

ABC-CLIO, 2007), 396.

45. "Peace Without Victory," January 22, 1917, in supplement to *American Journal of International Law* 11 (1917): 323.

46. Wilson, Message to Congress, April 2, 1917, in *President Wilson's Great Speeches, and Other History, Making Documents* (Chicago: Stanton and Van Vliet, 1917), 17–18.

47. Woodrow Wilson, Fifth Annual Message, December 4, 1917, in *United States Congressional Serial Set* 7443 (Washington, D.C.: Government Printing Office, 1917), 41.

48. Woodrow Wilson, "An Address at Mount Vernon," July 4, 1918, in Link, *Papers*, 48:516.

49. Wilson, Message to Congress, April 2, 1917, *President Wilson's Great Speeches,* 18.

50. Wilson, Fifth Annual Message, December 4, 1917, in *The Foreign Policy of President Woodrow Wilson: Messages, Addresses and Papers,* ed. James Brown Scott (New York: Oxford University Press, 1918), 306.

51. Ibid. See also Berg, *Wilson*, 472–73.

52. Woodrow Wilson, Remarks at Suresnes Cemetery on Memorial Day, May 30, 1919, in Link, *Papers,* 59:608–9.

53. Lloyd George, Wilson memorandum, March 25, 1919, in Ray Stannard Baker, ed., *Woodrow Wilson and World Settlement* (New York: Doubleday, Page, 1922), 2:450. For a conference participant's account of the sometimes less than idealistic process by which the new national borders were drawn, see Harold Nicolson, *Peacemaking, 1919* (1933; London: Faber & Faber, 2009). For a contemporary analysis, see Margaret MacMillan, *Paris 1919: Six Months That Changed the World* (New York: Random House, 2002).

54. Address, January 22, 1917, in Link, *Papers*, 40:536–37.

55. Wilson, Message to Congress, April 2, 1917, *President Wilson's Great Speeches,* 18.

56. Wilson, Address to a Joint Session of Congress on the Conditions of Peace (January 8, 1918) ("Fourteen Points"), in *President Wilson's Great Speeches,* 18. See also Berg, Wilson,

469–72.

57. 一般情况下，在主要大国力量没有直接卷入的地区，当它们都认为有必要监控有关国家之间协议的落实情况时，联合国提供了有益的维和机制。联合国比国联强得多，履行了许多重要职能：为处于困难中的外交接触提供论坛，完成了几次重大的维和行动，推出了许多人道主义举措。这些国际机制未能做到也不可能完成的是：当大国有分歧的时候，它们无法参与判断哪一项具体行为构成了侵略，无法决定采取什么方式抵制侵略。

58. “Differences Between the North Atlantic Treaty and Traditional Military Alliances,” appendix to the testimony of Ambassador Warren Austin, April 28, 1949, in U.S. Senate, Committee on Foreign Relations, *The North Atlantic Treaty,* hearings, 81st Cong., 1st sess. (Washington, D.C.: Government Printing Office, 1949), pt. I.

59. Roosevelt to James Bryce, November 19, 1918, in *The Letters of Theodore Roosevelt,* ed. Elting E. Morrison (Cambridge, Mass.: Harvard University Press, 1954), 8:1400.

60. 为了镇压对意大利殖民扩张的抵抗，1935 年，墨索里尼下令意大利军队入侵了今天的埃塞俄比亚。尽管国际上齐声谴责，国联也没有采取集体安全措施。通过不加区分地轰炸和使用毒气，意大利占领了阿比西尼亚。这个新生的国际共同体既没有有效地应对日本帝国入侵中国东北地区，也没有对这次意大利的侵略采取行动，导致国联名存实亡。

61. 美国与他国达成的规定放弃战争作为国家政策的条约，1928 年 8 月 27 日于巴黎签署，1929 年 1 月 16 日参议院建议批准，1929 年 1 月 17 日由总统批准。批准书于 1929 年 3 月 2 日分别存放于美国（华盛顿）、澳大利亚、加拿大自治领、捷克斯洛伐克、德国、英国、印度、爱尔兰自由邦、意大利、新西兰和南非联邦，1929 年 3 月 26 日存放于波兰，1929 年 3 月 27 日存放于比利时，1929 年 4 月 22 日存放于法国，1929 年 7 月 24 日存放于日本，1929 年 7 月 24 日宣布生效。

62. See Peter Clarke, *The Last Thousand Days of the British Empire: Churchill, Roosevelt, and the Birth of the Pax Americana* (New York: Bloomsbury Press, 2009).

63. Radio Address at Dinner of Foreign Policy Association, New York, October 21, 1944, in *Presidential Profiles: The FDR Years,* ed. William D. Peterson (New York: Facts on File, 2006), 429.

64. Fourth Inaugural Address, January 20, 1945, in *My Fellow Americans: Presidential Inaugural Addresses from George Washington to Barack Obama* (St. Petersburg, Fla.: Red and Black Publishers, 2009).

65. William C. Bullitt, "How We Won the War and Lost the Peace," *Life,* August 30, 1948, as quoted in Arnold Beichman, "Roosevelt's Failure at Yalta," *Humanitas* 16, no. 1 (2003): 104.

66. 罗斯福一抵达德黑兰，斯大林就宣称苏联情报部门发现了纳粹的阴谋，企图在峰会上一起暗杀丘吉尔、罗斯福和斯大林，代号"远跳"。美国代表团成员对苏联的报告深表怀疑。Keith Eubank, *Summit at Teheran: The Untold Story* (New York: William Morrow, 1985), 188–96.

67. As quoted in T. A. Taracouzio, *War and Peace in Soviet Diplomacy* (New York: Macmillan, 1940), 139–40.

68. Charles Bohlen, *Witness to History, 1929–1969* (New York: W. W. Norton, 1973), 211. See also Beichman, “Roosevelt’s Failure at Yalta,” 210–11.

69. Conrad Black, *Franklin Delano Roosevelt: Champion of Freedom* (New York: PublicAffairs, 2003). 虽然我倾向于布莱克的解释，但罗斯福也可以称得上是“斯芬克斯”，不会给出明确的答案。温斯顿 · 丘吉尔概括起来比较容易。战争期间，他曾若有所思地说，如果他能每周在克里姆林宫吃一顿饭，一切都会好起来的。随着“二战”接近结束，他命令参谋长准备与苏联开战。

第八章　美国：心情矛盾的超级大国

1.“二战”后第一位总统杜鲁门解释道，“美国的外交政策坚定地建立在公平正义的原则之上”，“我们一定要努力把这一黄金原则应用到这个世界的国际事务中去”。艾森豪威尔曾是一位坚强的士兵，作为总统，他几乎用同样的话语来表达目标：“我们希望和平……在国家生活中扎根。必须有正义，所有人民都能感受和分享……必须有法律，所有国家都援用和尊重它。”因此，正如杰拉尔德 · 福特在 1974 年国会联席会议上所说 ：“成功的外交政策，是把全体美国人民的希望向外延伸，追求一个有序和平、有序改良和有序自由的世界 。” Harry S. Truman, Address on Foreign Policy at the Navy Day Celebration in New York City, October 27, 1945; Dwight D. Eisenhower, Second Inaugural Address (“The Price of Peace”), January 21, 1957, in *Public Papers of the Presidents: Dwight D. Eisenhower, 1957–1961,* 62–63. Gerald Ford, Address to a Joint Session of Congress, August 12, 1974, in *Public Papers of the Presidents: Gerald R. Ford (1974–1977),* 6.

2. Lyndon B. Johnson, Address to the United Nations General Assembly, December 17, 1963.

3. For an eloquent exposition, see Robert Kagan, *The World America Made* (New York: Alfred A. Knopf, 2012).

4. Milovan Djilas, *Conversations with Stalin,* trans. Michael B. Petrovich (New York: Harcourt Brace & Company, 1962), 114.

5. Kennan to Charles Bohlen, January 26, 1945, as quoted in John Lewis Gaddis, *George Kennan: An American Life* (New York: Penguin Books, 2011), 188.

6. Bohlen, *Witness to History,* 176.

7. 美国大使馆当时暂时没有大使。W · 埃夫里尔 · 哈里曼已经离任，而沃尔特 · 比德尔 · 史密斯尚未赴任。

8. "X" [George F. Kennan], "The Sources of Soviet Conduct," *Foreign Affairs* 25, no. 4 (July 1947).

9. Ibid.

10. Robert Rhodes James, ed., *Winston S. Churchill: His Complete Speeches, 1897–1963* (New York: Chelsea House, 1974), 7:7710.

11. A Report to the National Security Council by the Executive Secretary on United States Objectives and Programs for National Security, NSC-68 (April 14, 1950), 7.

12. John Foster Dulles, "Foundations of Peace" (address to the Veterans of Foreign Wars, New York, August 18, 1958).

13. George H. W. Bush faced a similar issue after Saddam

Hussein's forces had been expelled from Kuwait in 1991.

14. Shen Zhihua, *Mao, Stalin, and the Korean War: Trilateral Communist Relations in the 1950s,* trans. Neil Silver (London: Routledge, 2012), 140.

15. Chen Jian, *China's Road to the Korean War: The Making of the Sino-American Confrontation* (New York: Columbia University Press, 1994), 149–50. On the Chinese leadership's analysis of the war and its regional implications, see also Sergei N. Goncharov, John W. Lewis, and Xue Litai, *Uncertain Partners: Stalin, Mao, and the Korean War* (Stanford, Calif.: Stanford University Press, 1993); Henry Kissinger, *On China* (New York: Penguin Press, 2011), chap. 5; Shen, *Mao, Stalin, and the Korean War;* and Shu Guang Zhang, *Mao's Military Romanticism: China and the Korean War, 1950–1953* (Lawrence: University Press of Kansas, 1995).

16. See Chapter 5.

17. General Omar N. Bradley, Chairman of the Joint Chiefs of Staff, testimony before the Senate Committees on Armed

Services and Foreign Relations, May 15, 1951, in *Military Situation in the Far East,* hearings, 82nd Cong., 1st sess., pt. 2, 732 (1951).

18. See Peter Braestrup, *Big Story: How the American Press and Television Reported and Interpreted the Crisis of Tet 1968 in Vietnam and Washington* (Boulder, Colo.: Westview Press, 1977); Robert Elegant, "How to Lose a War: The Press and Viet Nam," *Encounter* (London), August 1981, 73–90; Guenter Lewy, *America in Vietnam* (New York: Oxford University Press, 1978), 272–79, 311–24.

19. "An Interview with the President: The Jury Is Out," *Time,* January 3, 1972.

20. Richard Nixon, *U.S. Foreign Policy for the 1970's: Building for Peace: A Report to the Congress, by Richard Nixon, President of the United States,* February 25, 1971, 107. 直到这个时候，美国政府文件一直把中国称为“共产党中国”或泛称为北京或北平（国民党给这个城市的名称）当局。

21. Richard Nixon, Remarks to Midwestern News Media Executives Attending a Briefing on Domestic Policy in Kansas City, Missouri, July 6, 1971, in *Public Papers of the Presidents,* 805–6.

22. See Kissinger, *On China,* chap. 9.

23. Richard Nixon, Second Inaugural Address, January 20, 1973, in *My Fellow Americans,* 333.

24. Richard Nixon, *U.S. Foreign Policy for the 1970's: Building for Peace,* 10.

25. Richard Nixon, *U.S. Foreign Policy for the 1970's: A New Strategy for Peace,* February 18, 1970, 9.

26. Richard Nixon, U.S. *Foreign Policy for the 1970's: Shaping a Durable Peace,* May 3, 1973, 232–33.

27. Ronald Reagan, Farewell Address to the American People, January 11, 1989, in *In the Words of Ronald Reagan: The Wit, Wisdom, and Eternal Optimism of America's 40th President,* ed Michael Reagan (Nashville: Thomas Nelson, 2004), 34.

28. Ronald Reagan, *An American Life* (New York: Simon & Schuster, 1990), 592.

29. Lou Cannon, *President Reagan: The Role of a Lifetime* (New York: Simon & Schuster, 1990), 792.

30. Ronald Reagan, Address Before a Joint Session of Congress on the State of the Union, January 25, 1984, in *The Public Papers of President Ronald W. Reagan,* Ronald Reagan Presidential Library.

31. George H. W. Bush, Remarks to the Federal Assembly in Prague, Czechoslovakia, November 17, 1990, accessed online at Gerhard Peters and John T. Woolley, eds., *The American Presidency Project.*

32. Ibid.

33. George H. W. Bush, Remarks at Maxwell Air Force Base War College, Montgomery, Alabama, April 13, 1991, in Michael D. Gambone, *Small Wars: Low-Intensity Threats and the American Response Since Vietnam* (Knoxville: University of Tennessee Press, 2012), 121.

34. “Confronting the Challenges of a Broader World,” President Clinton Address to the UN General Assembly, New York City, September 27, 1993, in *Department of State Dispatch* 4, no. 39 (September 27, 1993).

35. Ibid.

36. George W. Bush, Presidential Address to a Joint Session of Congress, September 20, 2001, in *We Will Prevail: President George W. Bush on War, Terrorism, and Freedom* (New York: Continuum, 2003), 13.

37. George W. Bush, Presidential Address to the Nation, October 7, 2001, in ibid., 33.

38. “Agreement on Provisional Arrangements in Afghanistan Pending the Re-establishment of Permanent Government Institutions,” December 5, 2001, UN peacemaker online archive.

39. UN Security Council Resolution 1510 (October 2003).

40. 的确有人透露，即便呼吁新政府注意性别敏感性，在波恩的起草者们还是得赞扬“阿富汗的圣战者……是圣战英雄（heroes）”。

41. Winston Churchill, *My Early Life* (New York: Charles Scribner's Sons, 1930), 134.

42. See Chapter 2.

43. *The National Security Strategy of the United States of America* (2002).

44. George W. Bush, Remarks by the President at the 20th Anniversary of the National Endowment for Democracy, United States Chamber of Commerce, Washington, D.C. (November 6, 2003).

45. 1991 年的联合国 687 号决议敦促停止第一次海湾战争的敌对行为，条件是伊拉克立即销毁储存的大规模杀伤性武器，并承诺永远不再发展此类武器。伊拉克没有遵守 687 号决议。早在 1991 年 8 月，安理会就宣布伊拉克“实质上违背了”自身义务。海湾战争之后数年中，安理会又通过了十多项决议，要求伊拉克完全遵守停火条款。安理会后来发现，萨达姆 · 侯赛因“1998 年最终停止了与联合国武器检查特别委员会和国际原子能机构的所有合作”，赶走了停火协议要求它接待的联合国检查员。2002 年 11 月，安理会通过了 1441 号决议，"谴责"伊拉克十年来拒不遵守协议，确定"伊拉克一直且仍然实质违背了有关决议规定的义务"。首席检查员汉斯 · 布利克斯并不是主战派，他于 2003 年 1 月向安理会提出报告，称巴格达没有解决突出的问题且态度前后不一。世界将长期讨论这场军事行动的意义，也将思考之后民主改造伊拉克时将采取的战略。不过，只要还是忽略多边背景，这场争论及其对将来违反国际不扩散原则行为的意义也将模糊不清。

46. William J. Clinton, Statement on Signing the Iraq Liberation Act of 1998, October 31, 1998.

47. Remarks by the President at the 20th Anniversary of the National Endowment for Democracy, Washington, D.C., November 6, 2003.

48. Peter Baker, *Days of Fire: Bush and Cheney in the White House* (New York: Doubleday, 2013), 542.

49. Ibid., 523.

50. George Shultz, "Power and Diplomacy in the

1980s,"Washington, D.C., April 3, 1984, *Department of State Bulletin,* vol. 84, no. 2086 (May 1984), 13.

第九章 技术、均衡和人的意识

1. For a review of these theoretical explorations, see Michael Gerson, "The Origins of Strategic Stability: The United States and the Threat of Surprise Attack," in *Strategic Stability: Contending Interpretations,* ed. Elbridge Colby and Michael Gerson (Carlisle, Pa: Strategic Studies Institute and U.S. Army War College Press, 2013); Michael Quinlan, *Thinking About Nuclear Weapons: Principles, Problems, Prospects* (Oxford: Oxford University Press, 2009).

2. See Chapter 6.

3. 关于 1973 年中东危机中美国的"核戒备"，已经有许多著述。实际上，其主要目的是让常规部队（第六舰队和一个空降师）进入戒备状态，以应对勃列日涅夫在致尼克松的信中所发出的威胁，即他将派苏联部队赴中东作战。战略部队战备状态的升级是边际性的，莫斯科很可能根本就没有注意到。

4. C. A. Mack, “Fifty Years of Moore’s Law,”*IEEE Transactions on Semiconductor Manufacturing* 24, no. 2 (May 2011): 202–7.

5. For mostly optimistic reviews of these developments, see Rick Smolan and Jennifer Erwitt, eds., *The Human Face of Big Data* (Sausalito, Calif.: Against All Odds, 2013); and Eric Schmidt and Jared Cohen, *The New Digital Age: Reshaping the Future of People, Nations and Business* (New York: Alfred A. Knopf, 2013). For more critical perspectives, see Jaron Lanier, *Who Owns the Future?* (New York: Simon & Schuster, 2013); Evgeny Morozov, *The Net Delusion: The Dark Side of Internet Freedom* (New York: PublicAffairs, 2011); and *To Save Everything, Click Here: The Folly of Technological Solutionism* (New York: PublicAffairs, 2013).

6. 诺伯特 · 维纳在其 1948 年的著作《控制论》中引入了“网络”这个词，指一种沟通节点，不过所指的是人与人之间而不是计算机与计算机之间。接近当前用法的“网络空间”这个词出自20世纪80年代几位科幻小说作家的著作。

7. Viktor Mayer-Schönberger and Kenneth Cukier, *Big Data: A Revolution That Will Transform How We Live, Work, and Think* (Boston: Houghton Mifflin Harcourt, 2013), 73–97.

8. Don Clark, "'Internet of Things' in Reach," *Wall Street Journal,* January 5, 2014.

9. Smolan and Erwitt, *Human Face of Big Data,* 135.

10. See David C. Gompert and Phillip Saunders, *The Paradox of Power: Sino-American Strategic Relations in an Age of Vulnerability* (Washington, D.C.: National Defense University, 2011).

11. Ralph Langer, "Stuxnet: Dissecting a Cyberwarfare Weapon," *IEEE Security and Privacy* 9, no. 3 (2011): 49–52.

12. Rex Hughes, quoting General Keith Alexander, in "A Treaty for Cyberspace," *International Affairs* 86, no. 2 (2010): 523–41.

13. Publius [James Madison], *The Federalist* 10, in Hamilton, Madison, and Jay, *Federalist Papers,* 46–47.

14. See “Digital Set to Surpass TV in Time Spent with US Media: Mobile Helps Propel Digital Time Spent,” eMarketer.com, August 1, 2013 (reporting that the average American adult spends “5 hours per day online, on nonvoice mobile activities or with other digital media” and 4.5 hours per day watching television); Brian Stelter, “8 Hours a Day Spent on Screens, Study Finds,” *New York Times,* March 26, 2009 (reporting that “adults are exposed to screens... for about 8.5 hours on any given day”).

15. T. S. Eliot, *Collected Poems, 1909–1962* (Boston: Harcourt Brace Jovanovich, 1991), 147.

16. Betsy Sparrow, Jenny Liu, and Daniel M. Wegner, “Google Effects on Memory: Cognitive Consequences of Having Information at Our Fingertips,” *Science* 333, no. 6043 (2011): 776–78.

17. See Nicholas Carr, *The Shallows: What the Internet Is Doing to Our Brains* (New York: W. W. Norton, 2010).

18. Erik Brynjolfsson and Michael D. Smith, “The Great

Equalizer? Consumer Choice Behavior at Internet Shopbots" (Cambridge, Mass.: MIT Sloan School of Management, 2001).

19. Neal Leavitt, "Recommendation Technology: Will It Boost E-commerce?," *Computer* 39, no. 5 (2006): 13–16.

20. See Clive Thompson, *Smarter Than You Think: How Technology Is Changing Our Minds for the Better* (New York: Penguin Press, 2013).

21. Schmidt and Cohen, *New Digital Age,* 35, 198–99.

22. See for example, Ofeibea Quist-Arcton, "Text Messages Used to Incite Violence in Kenya," National Public Radio, February 20, 2008 and "When SMS Messages Incite Violence in Kenya," *Harvard Law School Internet & Democracy Blog,* February 21, 2008. For a discussion of this and other examples, see Morozov, *Net Delusion,* 256–61.

23. 也就是说，"预测分析"领域方兴未艾，既用于商业用途，也用于政府领域，预测社会和个人层面的思想和行为。See Eric Siegel, *Predictive Analytics: The Power to Predict Who Will Click, Buy, Lie, or Die* (Hoboken, N.J.: John Wiley &

Sons, 2013).

24. For an exploration of this concept, particularly as applied to the commercial realm, see Lanier, *Who Owns the Future?*

25. See Chapter 3.

26. Mayer-Schönberger and Cukier, *Big Data*, 150.

27. Edmund Burke, *Reflections on the Revolution in France* (1790; Indianapolis: Hackett, 1987), 29.

结论　当今时代能建立世界秩序吗？

1. For a compelling exploration of this shift and its possible implications, see Charles Kupchan, *No One's World: The West, the Rising Rest, and the Coming Global Turn* (New York: Oxford University Press, 2012).

2. The seminal work about prospects for a world ordered on such a basis is Samuel Huntington, *The Clash of Civilizations and the Remaking of World Order* (New York: Simon & Schuster, 1996).

3. On the evolution and appeal of different models, see John Micklethwait and Adrian Wooldridge, *The Fourth Revolution: The Global Race to Reinvent the State* (New York: Penguin Press, 2014).

4. Edmund Burke to Charles-Jean-François Depont, November 1789, in *On Empire, Liberty, and Reform,* 412–13.

5. G. S. Kirk and J. E. Raven, *The Presocratic Philosophers: A Critical History with a Selection of Texts* (Cambridge, U.K.: Cambridge University Press, 1957), 193, 195, 199 (on Heraclitus); Friedrich Nietzsche, *The Pre-Platonic Philosophers*, trans. with commentary by Greg Whitlock (Urbana: University of Illinois Press, 2001).

6. Henry A.Kissinger, "The Meaning of History:Reflections on Spengler, Toynbee and Kant" (undergraduate thesis, Department of Government, Harvard University, 1950).